025is Foto: wl

Werner Lips

Istrien

„In Histriae Veritas"
(lat.: In Istrien liegt die Wahrheit)

Impressum

Werner Lips
Istrien

erschienen im
REISE KNOW-HOW Verlag Peter Rump GmbH
Osnabrücker Str. 79, 33649 Bielefeld

2., neu bearbeitete und komplett aktualisierte Auflage 2010

Gestaltung
Umschlag: G. Pawlak, P. Rump (Layout); C. Kouperman (Realisierung)
Inhalt: G. Pawlak (Layout); M. Luck (Realisierung)
Karten: C. Raisin; der Verlag
Fotos/Titelfoto: der Autor

Lektorat: M. Luck
Lektorat (Aktualisierung): C. Kouperman

Druck und Bindung: Wilhelm & Adam, Heusenstamm

ISBN 978-3-8317-1900-6
Printed in Germany

Dieses Buch ist erhältlich in jeder Buchhandlung Deutschlands, der Schweiz, Österreichs, Belgiens und der Niederlande. Bitte informieren Sie Ihren Buchhändler über folgende Bezugsadressen:

Deutschland
Prolit GmbH, Postfach 9, D-35461 Fernwald (Annerod)
sowie alle Barsortimente

Schweiz
AVA-buch 2000, Postfach, CH-8910 Affoltern

Österreich
Mohr Morawa Buchvertrieb GmbH, Sulzengasse 2, A-1230 Wien

Niederlande, Belgien
Willems Adventure, www.willemsadventure.nl

Wer im Buchhandel trotzdem kein Glück hat, bekommt unsere Bücher auch über unseren
Büchershop im Internet: www.reise-know-how.de

Wir freuen uns über Kritik, Kommentare und Verbesserungsvorschläge, gern per E-Mail an info@reise-know-how.de.

Alle Informationen in diesem Buch sind vom Autor mit größter Sorgfalt gesammelt und vom Lektorat des Verlages gewissenhaft bearbeitet und überprüft worden. Da inhaltliche und sachliche Fehler nicht ausgeschlossen werden können, erklärt der Verlag, dass alle Angaben im Sinne der Produkthaftung ohne Garantie erfolgen und dass Verlag wie Autor keinerlei Verantwortung und Haftung für inhaltliche und sachliche Fehler übernehmen. Die Nennung von Firmen und ihren Produkten und ihre Reihenfolge sind als Beispiel ohne Wertung gegenüber anderen anzusehen. Qualitäts- und Quantitätsangaben sind rein subjektive Einschätzungen des Autors und dienen keinesfalls der Bewerbung von Firmen oder Produkten.

005is08 Foto: wl

Vorwort

Mit der Republik Kroatien bereitet sich der (nach Slowenien) zweite aus dem ehemaligen Jugoslawien hervorgegangene Staat auf den Beitritt zur Europäischen Union vor. Das „neue Kroatien", für die nächste Beitrittsrunde **offizieller EU-Kandidat,** verzeichnet eine politische und touristische Erfolgsgeschichte ohnegleichen.

Unter den Präsidenten *Stjepan Mesić* (bis 2010) und *Ivo Josipović* (seit Januar 2010) wandelte sich die unter dem ersten Präsidenten *Tuđman* eher nationalistische junge Republik zu einer Demokratie westlicher Prägung mit Bedacht auf Ausgleich mit allen Nachbarn. Man schuf und schafft die politischen Voraussetzungen, die das **„neue Kroatien"** Wirklichkeit werden ließen und das Land auf EU-Kurs führten.

Wie schon im „alten" Jugoslawien erfreut sich die kroatische Küste touristisch, und dabei vor allem Istrien, dank seiner zahlreichen malerischen Buchten, ungezählten Inseln und traumhaften Kleinstädten einer boomenden Beliebtheit insbesondere im deutschsprachigen Raum – wobei kleine Mankos im touristischen Komfort eher sympathisch und lebensnah und nicht als Ärgernis empfunden werden.

Dieser Reiseführer soll all denen eine Hilfestellung geben, die – egal ob pauschal oder individuell unterwegs, ob mit eigenem Fahrzeug, Mietwagen oder öffentlichen Verkehrsmitteln – die wundervolle istrische Küste und das Hinterland bereisen möchten, und zwar sowohl bei der Vorbereitung wie auch bei der Urlaubsgestaltung vor Ort. Eine kleine Landeskunde macht mit Kultur und Geschichte des Gastlandes, mit den Menschen und ihrem Leben vertraut.

Neben der Beschreibung aller lohnenswerten Ziele Kroatisch-Istriens wird im Rahmen dieses Buches einer breiten Interessensvielfalt Rechnung getragen; so finden sich unter anderem wertvolle Tipps für Segler, Taucher, Wanderer, Biker, Familien mit Kindern, Strandurlauber u.v.m.

Bleibt mir noch, die außerordentliche Gastfreundschaft der Bewohner der jungen Republik Kroatien ganz besonders hervorzuheben und allen Reisenden einen interessanten und gelungenen Urlaub zu wünschen. Gute Reise!

Werner Lips

008is08 Foto: wl

Inhalt

Karten

Auf die passenden Karten/Stadtpläne wird jeweils in den Kopfzeilen verwiesen. In den Überschriften ist ferner die Verortung des jeweiligen Ortes in der vorderen Umschlagkarte angegeben, z.B. Umag ⇗ A1, d.h. die Stadt findet sich im Planquadrat A1.

- **Halbinsel Istrien:** Umschlag vorn
- **Pula:** Umschlag hinten

Exkurse

Pula

Die Ostküste

Die Riviera von Opatija

Anhang

Abkürzungen

a/c – Klimaanlage, Air condition
AC – Autocamp (Campingplatz)
AI – All inclusive
Bbhf – Busbahnhof
DZ bzw. **EZ** – Doppel-/Einzelzimmer
FeWo – Ferienwohnung
frz. – französisch
Hbf – Hauptbahnhof
ital. – italienisch
krt. – kroatisch
lat. – lateinisch
p.P. – pro Person
TI – Touristeninformation
Zi – Zimmer

Landesüberblick Kroatien

- **Ländername:** Republik Kroatien/*Republika Hrvatska*
- **Klima:** an der Küste maritimes, mildes Mittelmeerklima, sonst Kontinentalklima mit heißen Sommern und kalten Wintern
- **Lage:** mediterraner und mitteleuropäischer Staat mit Landgrenzen zu Slowenien, Ungarn, Serbien, Bosnien-Herzegowina und Montenegro
- **Größe:** 56.691 km² plus 1185 Inseln (davon 67 bewohnt) mit einem Küstenhoheitsgebiet von insgesamt 31.139 km²
- **Hauptstadt:** Zagreb (ca. 780.000 Einwohner, mit Umland 1,2 Mio.)
- **Bevölkerung:** ca. 4,5 Mio., davon ca. 90 % Kroaten, 7 % Serben, 3 % Sonstige
- **Zeitzone:** MEZ und MESZ
- **Reisedokumente:** Personalausweis oder Reisepass, Kinderausweis mit Bild
- **Währung:** Kuna (April 2010: 1 Euro = 7,27 K, 1 K = 0,14 Euro; 1 SFr = 5,05 K, 1 K = 0,20 SFr)
- **Impfvorschriften:** keine, Standardimpfungen nach dem deutschen Impfkalender empfohlen
- **Landessprache:** Kroatisch; Fremdsprachen Deutsch, Englisch, Italienisch
- **Religionen:** 80 % römisch-katholisch, 5 % serbisch-orthodox, 1 % muslimisch
- **Nationaltag:** 30. Mai (Tag der kroatischen Eigenstaatlichkeit)
- **Unabhängigkeit:** Unabhängigkeitserklärung am 25.6.1991; Anerkennung durch Deutschland am 23.12.1991 mit Wirkung zum 15.1.1992, gemeinsam mit der Europäischen Union
- **Staats- und Regierungsform:** parlamentarische Demokratie; Zwei-Kammer-System und starke Stellung des Präsidenten, unterstützt von einem Regierungschef (derzeit *Jadranka Kosor*)
- **Staatsoberhaupt:** Präsident der Republik, seit Januar 2010 *Ivo Josipović*

Anmerkungen zu Istrien

Klassische Sommer-destination

Die Halbinsel Istrien (3476 km²), das Westeuropa am nächsten gelegene kroatische Ferienziel, gilt wegen der Vorzüge ihrer **242 km langen Küste** und der etwa **2400 Sonnenstunden** im Jahr als klassische Sommerdestination, besonders bei italienischen, österreichischen und deutschen Urlaubern. Bevorzugt werden dabei die istrischen Küstenorte bereist, das grüne Hinterland der an **Kultur- und Naturschätzen** so reichen Adria-Halbinsel wartet dagegen noch weitgehend auf seine massentouristische Entdeckung. Der Spätherbst ist nahezu ideal, um das unbekanntere Istrien in angenehm mildem Mittelmeerklima zu erwandern und zu erkunden.

Istrien ist anders

Was der Tourist nur in den seltensten Fällen erkennen wird, ist der besondere **politische Zündstoff,** den die Halbinsel für Kroatien birgt. Der aufmerksame Besucher wird sich vielleicht fragen, warum denn die Ortsschilder, teilweise auch die Straßenschilder und gelegentlich sogar Gebäude der öffentlichen Hand, **zweisprachig – kroatisch und italienisch** – beschriftet sind. Nun bietet natürlich die lange Zugehörigkeit Istriens zu Italien sowie zu den norditalienischen Besitzungen der k.u.k. Doppelmonarchie Österreich-Ungarn eine gewisse Erklärung. Allerdings wäre doch unter Berücksichtigung des kroatischen Nationalstolzes und der noch jungen Unabhängigkeit genau das Gegenteil zu erwarten. Immerhin betonen alle anderen Landesteile eine einheitliche kroatische Geschichte und bemühen sich geradezu krampfhaft um eine gemeinsame Erziehung und Gestaltung des Landes.

Istrien ist anders. Dies liegt zum einen an der durch den **intensiven Tourismus** entwickelten besonderen Wirtschaftskraft der Halbinsel. Zum anderen kann man sich zuweilen des Eindrucks nicht erwehren, dass es in Kroatien ähnlich wie in Italien einen Nord-Süd-Konflikt gibt, eine gewisse „Ungeduld“ der wohlhabenderen nördlichen Regionen gegenüber den eher eine Belastung darstellenden ärmeren Regionen des Südens. In der Tat entstand auch schon eine **istrische Unabhängigkeitspartei** (IDS) mit Sitz in Pula, die sich eine Sonderstellung oder Loslösung Istriens aus dem kroatischen Staatsverband (eher eine politische denn ernst gemeinte Drohung) vorstellen kann und längst mehr als nur eine Splittergruppe ist. Nicht vergessen werden darf auch die Tatsache, dass den über **20.000 Italienern,** die überwiegend in Kroatisch-Istrien ansässig sind (ein Drittel davon in Slowenien und der Kvarner Bucht), der Status einer autochthonen nationalen Gemeinschaft zusteht, dass zudem viele Bewohner sich als **„Istrianer“** bezeichnen und somit ebenfalls eher in eine istrische denn in eine kroatische Kerbe schlagen. Die weitere Entwicklung zu prognostizieren, wäre vermessen, sie verdient aber – auch durch den Besucher – eine intensive Beobachtung.

Riviera von Poreč

In Istrien lockt zunächst die **Westküste** mit der Riviera von Poreč, einer zusammenhängenden Kette von größeren und kleineren Ortschaften, Campingplätzen, Stränden und Ferienanlagen von Umag bis Rovinj. Hier werden im Sommer die Nächte zu Tagen, hier besteht das größte Angebot an Unterkünften und Verpflegungsmöglichkeiten landesweit, und hier sind die Orts- und Straßenschilder aufgrund der Geschichte zweisprachig gehalten: italienisch und kroatisch.

Pula

Das südlich gelegene Pula mit dem einmaligen „römischen“ Ambiente des Amphitheaters ist die **heimliche Hauptstadt Istriens** (offiziell gebührt diese Ehre Pazin im Zentrum der Halbinsel). Zu Pula zählt auch die **Südspitze um Medulin** mit etlichen kleinen Buchten und vielen Camping- und Bademöglichkeiten. Von Pula bestehen die besten Verkehrsverbindungen (Bahn, Bus, Schiff).

Ostküste Es schließt sich – wiederum sichtbar anders – die zerklüftete und dünn besiedelte Ostküste an, die mit **Labin/Rabac** nur über ein echtes Urlaubszentrum verfügt und insgesamt deutlich untouristischer wirkt.

Hinterland Auch das istrische Hinterland bietet **zahlreiche Schätze** wie den „Adlerhorst" Motovun, die Ruinen von Dvigrad, die Glagoliter-Allee oder das Tropfsteinlabyrinth von Baredine. Die abwechslungsreiche Landschaft prägen fruchtbare Weingärten und Gemüsefelder, aber auch malerische, unzugängliche Berglandschaften.

Geologie/ Geografie Geologisch-geografisch gliedert sich Istrien in drei Teile: Westistrien einschließlich seines Hinterlandes wird wegen des mit rötlicher Erde bedeckten Kalkgesteins auch **„Rot-Istrien"** genannt, die Ostseite mit ihrem Hinterland wegen des fruchtbaren hellen Bodens **„Gelb-Istrien"**, und das Čičarija-Gebirge im Norden ist wegen der kargen weißen Felsfarbe auch als **„Weiß-Istrien"** bekannt. Geomorphologisch besteht Istrien größtenteils aus Kalkgestein mit einer teils tief eingeschnittenen Küste. In Nord- und Zentralistrien liegen die Ortschaften häufig auf markanten und landschaftlich reizvollen Kalksteinhügeln.

Doch ganz gleich, welcher Gliederung man sich anschließen möchte, der Besucher wird die Halbinsel wegen ihrer landschaftlichen Schönheit und aufgrund der Gastfreundlichkeit der Istrianer und des interessanten kulturellen Erbes als eine untrennbare harmonische Einheit empfinden.

014is08 Foto: wl

Reisetipps A–Z

Anreise

Anreise mit dem Flugzeug

Nach Pula

Die meisten internationalen **Flughäfen in Kroatien** (Dubrovnik, Pula, Rijeka, Split, Zadar und Zagreb) werden aus dem Ausland **nur im Sommerhalbjahr** angeflogen; dies gilt auch für den **istrischen Flughafen Pula.** Nonstop-Verbindungen aus dem deutschsprachigen Raum mit Linienfluggesellschaften nach Pula gibt es nicht, immerhin aber eine ganze Reihe von **Umsteigeverbindungen** nach Pula mit Croatia Airlines über Zagreb.

Flugpreise

Ein Economy-Ticket von Deutschland, Österreich und der Schweiz hin und zurück nach Pula bekommt man bei den Billigfluggesellschaften je nach Jahreszeit und Aufenthaltsdauer **ab rund 100 Euro** (einschließlich aller Steuern, Gebühren und Entgelte, z.B. mit Germanwings Köln/Bonn – Pula und zurück um Pfingsten für 102 Euro, Wien oder Zürich – Pula und zurück knapp 150 Euro). Am teuersten ist es in der Hauptsaison im Sommerhalbjahr, in der die Preise für Flüge in den Sommerferien im Juli und August besonders hoch sind und über 300 Euro betragen können. Gleiches gilt bei Abflug von internationalen Großflughäfen wie Basel, Hamburg, Frankfurt usw., wo kaum Flüge unter 300 Euro zu haben sind. Indirekt sparen kann man als Vielflieger, z.B. bei Austrian Airlines und Lufthansa im Verbund www.star-alliance.com.

Buchtipps:
- Frank Littek, **Fliegen ohne Angst**
- Erich Witschi, **Clever buchen – besser fliegen**

(beide Bände Reise Know-How Praxis)

Kleines „Flug-Know-how“

Check-in

- Nicht vergessen: Ohne einen **gültigen Reisepass oder Personalausweis** (Letzterer nur für EU-Staatsbürger) kommt man nicht an Bord eines Flugzeuges nach Kroatien.
- Bei den innereuropäischen Flügen muss man mindestens **1 Stunde vor Abflug** am Schalter der Airline eingecheckt haben. Viele Airlines neigen zum Überbuchen, d.h., sie buchen mehr Passagiere ein, als Sitze im Flugzeug vorhanden sind, und wer zuletzt kommt, hat dann möglicherweise das Nachsehen.

Das Gepäck

- In der Economy Class darf man in der Regel nur **Gepäck bis zu 20 kg pro Person** einchecken (steht auf dem Flugticket) und zusätzlich ein Handgepäck von 7 kg in die Kabine mitnehmen, welches eine bestimmte Größe von 55 x 40 x 23 cm nicht überschreiten darf. In der Business Class sind es meist 30 kg pro Person und zwei Handgepäckstücke, die insgesamt nicht mehr als 12 kg wiegen dürfen. Man sollte sich beim Kauf des Tickets über die Bestimmungen der Airline informieren.
- **Flüssigkeiten** sowie wachs- und gelartige Stoffe (wie Kosmetik- und Toilettenartikel, Sprays, Shampoos, Cremes, Zahnpasta, Suppen) dürfen nur mit an Bord genommen werden, sofern sie die Höchstmenge von 100 ml nicht überschreiten und in einem durchsichtigen, wiederverschließbaren Plastikbeutel verpackt sind (den Beutel vorher kaufen, Fassungsvermögen: max. 1 l). Von den Einschränkungen ausgenommen sind verschreibungspflichtige Medikamente und Babynahrung sowie alle Flüssigkeiten/Getränke/Gels, die nach der Fluggastkontrolle z.B. in Travel-Value-Shops erworben wurden. Da sich diese Regelungen jedoch ständig ändern, sollte man sich im Reisebüro oder bei der Fluggesellschaft nach den jeweils gültigen Regelungen erkundigen.
- **Sperrige Gepäckstücke** (z.B. Fahrräder) müssen bei der Fluggesellschaft vorab angemeldet werden. Deren Beförderung kann mit Zusatzkosten verknüpft sein, die je nach Airline unterschiedlich sind.
- Aus Sicherheitsgründen dürfen **Taschenmesser, Nagelfeilen, Nagelscheren,** sonstige Scheren und Ähnliches nicht mehr im Handgepäck untergebracht werden. Diese Gegenstände sollte man unbedingt im aufzugebenden Gepäck verstauen, sonst werden sie bei der Sicherheitskontrolle einfach weggeworfen. Darüber hinaus gilt, dass Feuerwerke, leicht entzündliche Gase (in Sprühdosen, Campinggas), entflammbare Stoffe (in Benzinfeuerzeugen, Feuerzeugfüllung) etc. nichts im Passagiergepäck zu suchen haben.

Buchung im Internet

Grundsätzlich bieten sich für die Buchung alle großen Online-Anbieter an, wie www.expedia.de, www.fluege.de, www.billigflug.de, www.billigflieger.de, www.opodo.de oder www.de.kayak.com.

Last Minute

Wer sich erst im letzten Augenblick für eine Reise nach Kroatien entscheidet oder gern pokert, kann Ausschau nach Last-Minute-Flügen halten, die von einigen Airlines mit deutlicher Ermäßigung ab etwa **14 Tage vor Abflug** angeboten werden, wenn noch Plätze zu füllen sind. Diese Last-Minute-Flüge lassen sich buchen z.B. bei:

- **L'Tur,** www.ltur.com, (D)-Tel. 01805-212121 (0,12 Euro/Min.), (A)-Tel. 0820-600800 (0,12 Euro/Min.), (CH)-Tel. 0848-808088 (0,12 SFr/Min.); 140 Niederlassungen europaweit.
- **Lastminute.com,** www.de.lastminute.com, (D)-Tel. 01805-777257 (0,12 Euro/Min.).
- **5 vor Flug,** www.5vorflug.de, (D)-Tel. 01805-105105 (0,12 Euro/Min.).
- **www.restplatzboerse.at:** Schnäppchenflüge für Leser in Österreich.

Zubringerbus

Dienstag bis Sonntag fährt 3x tgl. ein Bus der Firma Brioni Pula (Tel. 060-304090) für 29 K die Strecke **Pula – Flughafen** und zurück. Informationen unter www.brioni.hr.

Anreise mit dem Bus

Gute und preiswerte Verbindungen

Von Pauschalreisen abgesehen (Infos und Buchung in jedem Reisebüro) gibt es gerade im Bereich des ehemaligen Jugoslawien (alle Nachfolgestaaten, nicht nur Kroatien), bedingt durch die langjährige Gastarbeitertradition, gute und insbesondere im Vergleich zur Bahn preiswerte Linienbusverbindungen zwischen Deutschland und Kroatien.

Zweisprachige Straßenschilder sind in Istrien keine Seltenheit

017is08 Foto: wl

Einzelheiten, Fahrpläne und Buchungen sind bei der **Deutschen Touring GmbH** erhältlich. Auf der Internetseite können Ausgangs- und Zielorte gewählt, Fahrtzeiten und Preise abgefragt sowie Kataloge bestellt werden:

- **Deutsche Touring GmbH,** Am Römerhof 17, D-60486 Frankfurt am Main, Tel. 069-7903-501, Fax 7903-219, service@deutsche-touring.com, www.touring.de. Ticketkauf und Reservierungen kann man in 17 DTG-Ticket-Center in Deutschland sowie in DER-Reisebüros und den meisten Reisezentren der Deutschen Bahn vornehmen.

Alle wichtigen Orte werden angefahren

Von allen deutschen Großstädten werden praktisch alle wichtigen Orte in Kroatien, Bosnien oder Serbien-Montenegro angefahren, für eine Busfahrt nach Istrien kommt ganzjährig allerdings nur Rijeka in der Kvarner Bucht in Betracht: Eine Rückfahrkarte kostet ab München 87 Euro; man kommt gegen 3 Uhr nachts an und fährt um 9 Uhr ab Rijeka für 89 Kuna bis Pula weiter (siehe www.auto

trans.hr). In den Sommermonaten (Juni bis September) fährt die Deutsche Touring auch direkt z.B. nach Poreč oder Pula (beide 19 Uhr ab München, Ankunft ca. 7 Uhr, Rückfahrkarte 115 Euro).

Auch für die Fahrt nach Rijeka gilt: Auf internationalen Routen erhalten Studenten mit Ausweis 10 % Rabatt, Kinder (4–12 J.) zahlen die Hälfte.

Die Mitnahme von **Reisegepäck** ist pro Person auf zwei Gepäckstücke in Koffermaßen und ein Handgepäckstück begrenzt. Pro Gepäckstück wird eine Gebühr von 3 Euro beim Einstieg in den Bus erhoben. Als Quittung wird eine Gepäckmarke ausgegeben; das Handgepäck ist frei. Wenn es die Gepäckraumkapazität zulässt, kann nach Ermessen des Fahrers ein drittes Gepäckstück gegen eine Gebühr von 5 Euro mitgenommen werden; es ist daher reine Glückssache, ob man z.B. ein Fahrrad mitnehmen kann oder nicht (ordentlich in Karton verpackt; s.u.).

012is08 Foto: wl

Wichtig: Die **Rückbestätigung** (Reservierung für die Rückfahrt) muss am Zielort durchgeführt werden, wofür vor Ort eine Gebühr von umgerechnet etwa 3 Euro erhoben wird.

Ähnliches wird auch **in Österreich** ab Wien bzw. Graz angeboten, etwa als Nachtfahrt freitags (hin) bzw. samstags (zurück) die Städte der istrischen Westküste entlang bis Medulin für 150 (Rückfahrkarte) bzw. Kinder 90 Euro. Infos: www.blaguss.com oder www.winterederbusreisen.at.

Von Mitte Mai bis Mitte Oktober gibt es ferner 3x tgl. eine Busverbindung **zwischen Triest und Pula** (20 Euro). Informationen in Pula am Busbahnhof, unter Tel. 500012 oder online unter www.pulainfo.hr/en/prijevoz/bus/54/.

Anreise mit der Bahn

Nach Pula und Rijeka

Bis direkt nach Istrien ausschließlich mit der Bahn zu gelangen, ist nicht ganz einfach. Aufgrund der etwas kuriosen Situation, dass die Bahnlinien über Slowenien entweder nach Rijeka oder nach Pula führen, jedoch keine Verbindung zwischen Rijeka und Pula selbst besteht, empfiehlt sich die Bahnreise zunächst bis Rijeka und dann das restliche Stück weiter mit einem der zahlreich verkehrenden Busse.

Direkte Verbindung nach Pula besteht ab Deutschland z.B. ab Frankfurt/Main per Nachtzug um 23.05 Uhr über Wels, Salzburg, Villach, Ljubljana, Divaca und Buzet mit 6-maligem Umsteigen bei Ankunft gegen 18 Uhr des Folgetages. Diese Expedition dauert 19 Stunden und kostet – abgesehen von Liegewagenzuschlägen usw. – rund 170 Euro einfach, Teilermäßigungen wie Bahncard nicht berücksichtigt. Verbindungen nach Rijeka sind mit minimal zwei Umstiegen und 13 Stunden Dauer daher deutlich angenehmer, wenngleich nicht wesentlich günstiger. Fahrplanauskünfte erteilt jedes Kundencenter der Bahn, online findet man sie unter http://reiseauskunft.bahn.de.

024is08 Foto: wl

Fahrradtransport

Hinweis für alle, die ihr Fahrrad mitnehmen wollen: Die Mitnahme von Fahrrädern ist nur in sehr, sehr wenigen Zügen möglich.

Wer sein Fahrrad jedoch in eine **Fahrradtasche** verpackt, reist nicht mit einem „Fahrrad", sondern mit einem normalen Gepäckstück - schon ist das Problem gelöst!

Alternativ bietet es sich an, die **EMS-Kurier-Post GmbH,** den Nachfolger des Gepäckversandes der ehemaligen Bundesbahn, mit der Beförderung zu beauftragen: In Verbindung mit der normalen Bahnfahrkarte wird dann für pauschal 25 Euro das Rad zum Bahnhof des Zielortes transportiert. Es muss im Karton verpackt (Lenker quer, Pedale ab; spezielle Radkartons bietet EMS für 5 Euro an) und mit einem Gepäckschein (Bahnhöfe) versehen sein. Spätestens 24 Stunden vor der eigenen Abreise (besser 3–4 Tage vorher) muss EMS unter Tel. 0180-3320520 informiert werden. Das Rad wird von der Haustür abgeholt, man erhält es dann am Bahnhof des Reiseziels wieder.

Anreise mit dem Auto

Diverse Routen

Istrien und andere Teile Kroatiens gehören wie Italien oder Frankreich zu den **„klassischen" Autoreisezielen,** wobei unterschiedliche Routen für die einzelnen Großräume zu beachten sind (s.u.).

Der vielleicht **wichtigste Tipp** ist: **Man meide den Samstag** auf kroatischen Straßen um jeden Preis; insbesondere im Hochsommer sind stundenlange Staus vorprogrammiert! Leider bestehen die meisten Unterkunftsvermieter auf den üblichen „Bettenwechsel am Samstag", anstatt durch individuelle Lösungen zu einer Entzerrung dieser Stoßzeiten beizutragen.

Antik- und Souvenirladen in Rovinj

Grundsätzlich gilt: Wie in Kroatien selbst auch für alle Transitländer (Tschechien, Slowenien, Italien, Österreich) die **Pannensignalweste** nicht vergessen und **tagsüber Abblendlicht** einschalten (Verstöße kosten 15–40 Euro Bußgeld)!

Transit Österreich

Für Kfz bis 3,5 t verlangt Österreich eine **Autobahn-Vignettengebühr** von 76,20 Euro (Jahr) bzw. 22,90 Euro (2 Monate); das 10 Tage gültige „Pickerl" kostet 7,90 Euro – es empfiehlt sich somit die Anschaffung zweier 10-Tages-Vignetten (die Preise für ein Motorrad betragen 30,40/11,50/4,50 Euro). Damit nicht genug: Die gängige Route Salzburg – Ljubljana via Tauernautobahn und Karawankentunnel wird zusätzlich jeweils einfach mit einer Maut von 9,50 Euro (Tauern) und 6,50 Euro (Karawanken) belegt, auf der Route Linz – Graz („Pyhrn, A-9") sind es 4,50 Euro für den Bosrucktunnel und 7,50 Euro für den Gleinalmtunnel.

In Österreich müssen Kfz über 3,5 t eine „Go-Maut-Box" für einmalig 5 Euro erwerben (alle Grenzbüros/Tankstellen in Grenznähe, auch bei Automobilclubs erhältlich) und diese dann mit einem Guthaben von 50 bis 500 Euro aufladen. Auf allen mautpflichtigen Strecken wird dann automatisch per Funksignal die entsprechende Gebühr abgebucht. Dieses System gilt auch für **Wohnmobile,** prinzipiell zahlen sie etwa das 1,5-fache (zweiachsig) bzw. zweifache (dreiachsig) der oben genannten Pkw-Tunnelgebühren.

Eine **Umgehung der Tauernautobahn** ist möglich, kostet aber Zeit und ist nur für zugkräftige Fahrzeuge mit Einschränkungen, für Kradfahrer jedoch durchaus empfehlenswert: Tauernautobahn Abfahrt „Lammertal", dann via Radstadt und Mauterndorf bis Rennweg (Mehraufwand ca. 40 Minuten, malerische Strecke über zwei Pässe); Karawankentunnel bei Villach-West via Wurzenpass (bis 20 % Steigung, für Gespanne gesperrt!) nach Kranjska Gora, dort Richtung Bled und Ljubljana (Mehraufwand ca. 45 Minuten).

Transit Slowenien

Auch Slowenien erhebt Gebühren per Vignette: die Jahresvignette kostet 95 Euro (Motorrad 47,50 Euro), die meisten Reisenden greifen auf die Monatsplakette zu 30 Euro zurück; alternativ sind 7-Tages-Vignetten zu 15 Euro (Motorrad 7,50 Euro) erhältlich.

Achtung: Mit Ausnahme der 7-Tages-Plaketten darf kein zukünftiges Datum, sondern nur der Tag des Kaufs gelocht werden, außerdem ist der Kaufbeleg wegen verstärkter Kontrollen stets mitzuführen.

In Kroatien

In Kroatien kosten die Autobahnen eine **moderate Gebühr,** eine Umgehung lohnt keinesfalls; an der Autobahnzufahrt erhält man ein Ticket (gut aufbewahren!), welches man beim Verlassen an der Mautstation abgibt, erst dann wird der Routenpreis berechnet. Die bargeldlose Zahlung ist per so genannter „Smart Card" (eine Art Prepaid-Karte) oder dem ETC (Electronic Toll Collect) möglich, jedoch in beiden Fällen nur auf den Autobahnen und der Krk-Brücke (nicht Mirna und Učka/Istrien), sodass sich für den Istrien-Reisenden nur Bargeld (Kuna oder Euro, Rückgeld in Kuna) empfiehlt. Von der slowenisch-kroatischen Grenze zahlt man für einen Pkw bis Rijeka derzeit 5 Kuna. Weitere Gebühren in Istrien werden bei Nutzung des Učka-Tunnels (28 Kuna) und des Mirna Viadukts (14 Kuna) erhoben.

Autobahngebühren

Die genauen Autobahngebühren (detailliert zwischen zwei Ein-/Ausfahrten) kann man auf den Webseiten der nationalen Automobilclubs nachlesen sowie unter **www.hak.hr** – dort den Suchbegriff „Straßengebühren" eingeben – einsehen und ausdrucken.

Haupttransitroute

Die Haupttransitroute durch die Alpen führt von München über Salzburg und Villach **nach Ljubljana,** der Hauptstadt von Slowenien. Dabei passiert man in Österreich die Tauernautobahn und den Karawankentunnel mit der slowenischen Grenze unmittelbar dahinter. **Ab Ljubljana** gibt es **mehrere Möglichkeiten der Weiterreise** nach Istrien und zur Kvarner Bucht:

An die istrische Westküste fährt man über die Autobahn bis Koper und Portorož und von dort

	Deutschland	Österreich	Slowenien	Kroatien	Bosnien-Herzegowina
Höchstgeschwindigkeit Ort/Landstr./Autobahn	50 / 100 / keine	50 / 100 / 130 km/h	50 / 90 / 130 km/h	50 / 80 / 130 km/h	50 / 90 / keine
Promillegrenze	0,5	0,5	0,5	0,0	0,5
Strafe für: Alkohol am Steuer	ab 500 €	ab 300 €	ab 180 €	ab 135 €	ab 150 €
20 km/h zu schnell	35 €	ab 20 €	ab 50 €	20-75 €	ab 20 €
Rote Ampel überfahren	90-320 €	ab 70 €	250 €	270 €	150 €
Überholverstoß	30-250 €	ab 70 €	170 €	95 €	150 €
Parkverstoß	10-70 €	ab 20 €	40 €	40 €	ab 20 €
Treibstoff-Preisniveau	100 %	5-15 % günstiger[1]	10 % günstiger[2]	10 % günstiger[2]	10 % günstiger[2]
ADAC-Notruf	089-767676 Fax 76762501	01-2512060	051-3440650	01-3440666	051-3440660
Mautgebühren	keine	Autobahnplakette Karawanken und Tauern extra	Karawanken und Autobahnplakette	Autobahnen, Ucka-tunnel, Krk-Brücke	keine

[1] Landstraßentankstellen 15 %, an Autobahnen ca. 5% [2] landesweit gleiche Preise

aus zum küstennächsten slowenisch-kroatischen Grenzübergang Sečovlje oder zum nahe gelegenen Übergang Kaštel über eine Inlandsstrecke. Von beiden Übergängen erreicht man in wenigen Minuten Savudrija, den nördlichsten istrischen Küstenort, oder die Hauptroute in Richtung Südspitze.

Zentralistrien erreicht man ab Ljubljana und Postojna am besten via Grabovica – Hrastovlje – Sočerga; der kleine Grenzübergang liegt nur wenige Minuten vor Buzet.

Für die **Ostküste Istriens** und zur **Kvarner Bucht** verlässt man bei Postojna die Autobahn und fährt über die „10" zum Grenzübergang Rupa, von wo aus die Autobahn in wenigen Minuten nach Opatija bzw. Rijeka führt.

003is Foto: wl

Alternativroute

Für den **Großraum Rijeka/Nordostistrien** bietet sich auch die Autobahn Linz - Graz - Maribor - Zagreb - Rijeka an, denn gerade in den Ferienzeiten droht die „klassische" Tauernroute aus allen Nähten zu platzen, kilometerlange Staus an Tauern- und Katschbergtunnel sind nur eine Folge. Den Abschnitt München - Tauern - Ljubljana - Karlovac kann man auch auf der (vom ADAC empfohlenen) so genannten **„Wohlfühlroute"** - wohl weil die Tester dort nicht im Stau standen - umgehen: Ab Nürnberg fährt man via Regensburg, Passau, Linz, Graz und Maribor bis Zagreb. Wer aus Norddeutschland/Ostösterreich anreist, ist damit sicherlich gut beraten; Eindrücke und Hintergrundinformationen auf der Website www.family-highway.com/pyhrn.htm.

Wegen der vergleichsweise hohen Mautgebühr Sloweniens greifen viele Reisende zur etwas günstigeren Alternative via Italien und folgen kurz vor Villach/Österreich der Autobahn bis Triest (ca. 8 Euro Maut, einfach), um von dort auf der „15" im wahrsten Sinne des Wortes über die Dörfer an der Küste entlang nach Istrien zu fahren. Der Mautvorteil wird allerdings über den Benzin-Mehrverbrauch auf dieser Route aufgezehrt.

Ausrüstung und Reisegepäck

Weniger ist mehr

Grundsätzlich gilt: So wenig wie möglich mitnehmen, bei Bedarf kann nahezu alles unterwegs nachgekauft werden. Neben Toilettenartikeln und der persönlichen Bekleidung, die in den Sommermonaten leicht und luftig sein sollte, könnte eine **Basisausrüstung** folgendermaßen aussehen:

Umgehung der Tauernautobahn in Österreich

- **Schwimmkleidung,** evtl. Schnorchelausrüstung (Inseln).
- **Schuhe:** Für die Stadt gute Laufschuhe, denn die Kopfsteinpflaster der oft steilen Altstadtgassen sind auch bei Trockenheit glatt wie Schmierseife; für die Berge Wander- oder gute Sportschuhe; für den Strand Schlappen oder Gummisandalen (Steinstrände!).
- **Regenschutz:** Ein Regenschirm kann auch als Sonnenschutz dienen; für Fahrrad- und Mopedtouren eine leichte Regenjacke.
- **Sonnenschutz:** Sonnencreme sowie Tuch, Hut oder Mütze für Wanderungen oder Sonnenbäder in der heißen Jahreszeit (insbesondere für Kinder!), Sonnenbrille.
- **Taschenmesser:** Multifunktionsmesser mit Büchsenöffner, Schere, Feile usw.
- **Wäscheleine** zum Aufhängen der Handwäsche, besser noch ein flexibles Hosengummi; in Ferienwohnungen besteht meist die Möglichkeit, die Handwäsche auf dem Balkon/der Terrasse zu trocknen.
- **Waschmittel:** Spezielle Reisewaschmittel sind vor Ort meist nicht erhältlich, ein Stück Kernseife genügt.
- **Wanderausrüstung:** Tagesrucksack (auch für Einkäufe), bruchfeste Feldflasche.
- **Reisewecker** für frühe Wanderungen, öffentliche Verkehrsmittel usw.

Die Entstehung der Krawatte

Die „Krawatte", gemeinhin die gängige Bezeichnung für Halsbinde oder Schlips, hat überraschenderweise ihren **Ursprung in – Kroatien!** Das deutsche Wort leitet sich vom französischen „cravatte" ab, das folgendermaßen entstand: Im 17. Jh. hielten sich am französischen Königshof Gesandte aus aller Herren Länder auf, auch wurden besondere Militärverbände gerne aus anderen Ländern rekrutiert, da man diesen größere Loyalität unterstellte. Ein solch besonderer Kavallerieverband wurde von den Franzosen aus Kroatien angeworben, die hervorragend ausgebildeten Reiter dienten der französischen Reiterei als Vorbild. Bemerkenswert war aber noch etwas anderes: Um ihren Hals trugen diese Kroaten seltsam gebundene Halstücher, die schon bald als modisch empfunden und am Königshof getragen wurden. Da es keinen eigenen Namen für diesen Halsschmuck gab, nannten die Franzosen ihn nach der Herkunft seiner Träger „Crvate" (aus altslavisch „Chvat"), woraus dann allmählich französisch „cravatte" und das deutsche „Krawatte" wurde.

Wer mit dem eigenen Fahrzeug unterwegs ist, hat bei der Zusammenstellung des Gepäcks natürlich einen ganz anderen Spielraum.

Reisende mit Rucksack, die ein mittleres oder besseres Hotel aufsuchen, werden zuweilen schräg angesehen. Aber gerade **Koffer** sind das denkbar ungeeignetste Transportmittel, wenn man nicht gerade von Hoteltür zu Hoteltür fährt bzw. gefahren wird. Für alle Zwecke sehr gut bewährt haben sich **Reisetaschen.** Wer sich überwiegend in Städten und an Stränden aufhalten will, ist mit einer Tragetasche mit Schulterriemen gut beraten.

Es versteht sich von selbst, dass man in Museen, Kirchen, guten Restaurants, Casinos usw. **angemessene Kleidung** trägt, während an den Stränden, in Touristenorten und auf Wanderungen lockere Freizeitkleidung völlig in Ordnung ist. Für offizielle Anlässe oder Geschäftsreisen sind Kostüm bzw. Anzug und Krawatte unverzichtbar.

Autofahren in Kroatien

Defensiv fahren!

„Hinter Wien beginnt der Balkan", hieß es immer – hinsichtlich der Fahrweise vieler Bewohner Ex-Jugoslawiens sicherlich nicht gänzlich aus der Luft gegriffen. Trotz der recht häufigen Polizeikontrollen mutet manch riskantes Überholmanöver der Einheimischen recht abenteuerlich an. **Als Gast im fremden Land** sollte man besonders vorsichtig und defensiv fahren, um Unfälle und Ärger von vornherein zu vermeiden.

Straßennetz

Das Straßennetz ist **vollkommen ausreichend.** Trotz etlicher Neubaumaßnahmen muss jedoch auf dem Großteil der alten Küsten- und Landstraßen mit Vorsicht gefahren werden. Neben den Autobahnen sind auch die autobahnähnlichen Schnellstraßen in Istrien sowie die Brücke zur Insel Krk mautpflichtig. Dazu zählt auch das „istrische Ypsilon“ – diese Strecke beginnt bei Vodnjan (nördlich von Pula) und führt in einem Abstand von etwa 5–10 km zur Küste Richtung Nordwesten zur kroatisch-slowenischen Grenze (Region Savudrija/Portorož). Der zweite Schenkel des „Y“ zweigt bei Kanfanar nach Osten ab und führt via Pazin zum Učka-Tunnel und weiter nach Rijeka. Hier sind alle wichtigen Orte Istriens zügig unter Umgehung der Ortschaften und der – früher oft verstopften – Küstenstraße erreichbar.

Die **übrigen Straßen** sind zum Großteil – landesübliche Mängel berücksichtigend – gut befahrbar, wobei in aller Regel die Küstenstraßen am belebtesten und kurvenreichsten sind. Die für Ausflüge ins Hinterland wichtigen Inlandsstrecken sind deutlich ruhiger und sehr oft auch geradliniger angelegt, so dass man hier spürbar besser, schneller und stressfreier fährt!

Landkarten

Allgemein hilfreich für die Anreise (einschließlich Transit) sind die **ADAC-Reisekarten,** die (für Mitglieder kostenlos) in den Geschäftsstellen erhältlich sind. Bei **REISE KNOW-HOW** gibt es detaillierte **Landkarten** mit Ortsregister zu Istrien (Maßstab 1:70.000) und Kroatien (1:300.000).

Geschwindigkeit

In Kroatien sind folgende Geschwindigkeitsbegrenzungen zu beachten: **50 km/h** in Siedlungen, **90 km/h** auf Landstraßen außerhalb von Siedlungen, **110 km/h** auf Kraftfahrtstraßen, **130 km/h** auf Autobahnen; für Pkw mit Anhänger gelten außerhalb von Ortschaften grundsätzlich 80 km/h.

0,0 Promille!

Auf kroatischen Straßen gilt ein absolutes Alkoholverbot! Hierzu eine kleine **Anekdote:** Ein Priester, der sich gegen die 0,0-Promille-Regelung vor Gericht beschwerte, fand eine interessante Argumentation: Er müsse mehrere Gemeinden betreuen, am selben Tage oft Messwein trinken und käme so aus beruflichen Gründen auf einen gewissen Pegel ...

Parken

Wichtig sind auch die **Parkregelungen,** die in fast allen größeren Orten mittlerweile umgesetzt wurden: Das Parken ist (abgesehen von Parkhäusern, z.B. in Zagreb) nur auf farbig markierten Parkflächen erlaubt. Dabei steht „Rot" für 60 Minuten, „Gelb" für 120 Minuten und „Grün/Blau" für 180 Minuten, die in aller Regel Mo bis Fr von 7–20 Uhr und Samstag bis 14 Uhr **gebührenpflichtig** sind (Parkscheinautomaten).

Sonstiges

Weitere Vorschriften: In Kroatien besteht eine grundsätzliche **Anschnall- und** (für Kradfahrer) **Helmpflicht.** Mitzuführen sind **Verbandskasten, Warndreieck und Abschleppseil,** auch Ersatzbirnen für die Beleuchtung sind offiziell Pflicht. Ersatzkanister mit Treibstoff dürfen nicht mitgeführt werden. Kinder unter 12 Jahren müssen auf dem Rücksitz befördert werden. **Tagsüber** muss – wie auch in Slowenien – **mit Abblendlicht** gefahren werden.

Papiere

An Pkw-Papieren sind **Führerschein** und **Kfz-Zulassungsschein** Pflicht; die **„Grüne Versicherungskarte"** ist ebenfalls vorgeschrieben.

Unfälle

Bei Unfällen sollte man unbedingt eine **polizeiliche Unfallbestätigung** ausstellen lassen! Nur damit ist die problemlose Ausreise möglich, da Fahrzeuge mit auffälligen Karosserieschäden die Grenze nicht passieren dürfen, ehe der (mögliche) Verkehrsunfall nachweislich geregelt wurde. Für die heimische Versicherung und um langwierige Schadensersatzprozesse zu vermeiden unbedingt das mehrsprachige Formular „Europäischer Unfallbericht" (Automobilclubs) mitführen und zusammen mit dem Unfallgegner ausfüllen!

Notruf/ Pannenhilfe

Der ADAC unterhält eine **Notrufstation in Zagreb,** die unter Tel. 01-3440666 angerufen werden kann. Der ÖAMTC ist in Zagreb unter Tel. 01-3440644 erreichbar. Andere Automobilclubs haben nur Notrufnummern im jeweiligen Heimatland, die in der Regel auf der Mitgliedskarte des Clubs aufgedruckt sind. Die **Pannenhilfe des kroatischen Autoclubs HAK** ist unter Tel. 987 (aus Mobilnetzen Tel. 01987) durchgehend erreichbar (man achte auf die Aufschrift „Pomoć na cesti 987" – andere Pannenhelfer sind wesentlich teurer).

Folgende **Partner-Autowerkstätten des HAK** leisten Hilfe:

- **Buje:** Stanicna 11, Tel./Fax 052/772423
- **Pazin:** Družba Kirila i Metoda 3, Tel./Fax 052/24425
- **Rijeka:** Dolac 11, Tel./Fax 051/212-442
- **Zagreb:** „Siget", Siget 17, Tel./Fax 01/6526887, 6526011

Diplomatische Vertretungen

Die Republik Kroatien unterhält **diplomatische Beziehungen zu über hundert Ländern,** von denen etwa die Hälfte ihre Botschaft in Zagreb hat, einige Länder unterhalten zudem Konsulate in Rijeka, Split und Dubrovnik.

In Kroatien

- **Deutschland: in Zagreb,** Njemačko Veleposlanstvo, Ulica Grada Vukovara 64, Tel. 01-6300100 und bei dringenden Notfällen Tel. 098-227135, www.zagreb.diplo.de.
- **Österreich: in Zagreb,** Austrijsko Veleposlanstvo, Jabukovac 39, Tel. 01-4881050; **in Pula,** Austrijski Konzulat, Stiglicheva 28, Tel. 052-541999; **in Rijeka:** Austrijski Konzulat, Stipana Istranina Konzula 2, Tel. 051-338554.
- **Schweiz: in Zagreb,** Švicarsko Veleposlanstvo, Bogoviceva 3, Tel. 01-4878800, www.eda.admin.ch/zagreb.

In D/A/CH

- **Botschaft der Republik Kroatien,** Ahornstr. 4, D-10787 **Berlin,** Tel. 030-21915514, Fax 23628965, http://de.mfa.hr.
  Konsulate in Bonn, Düsseldorf, Frankfurt/M., Hamburg, München und Stuttgart; siehe www.auswaertiges-amt.de.
- **Botschaft der Republik Kroatien,** Heuberggasse 10, A-1170 **Wien,** Tel. 01-4802083, Fax 4802942, http://at.mfa.hr.
- **Botschaft der Republik Kroatien,** Thunstr. 45, CH-3005 **Bern,** Tel. 031-3520275, Fax 3520373.

Ein- und Ausreisebestimmungen

Kurzfristige Änderungen

Ein- und Ausreisebestimmungen können sich kurzfristig ändern. Bitte **informieren** Sie sich kurz **vor Antritt der Reise** nach dem aktuellen Stand (z.B. unter www.auswaertiges-amt.de für Deutsche, unter www.bmaa.gv.at für Österreicher und unter www.eda.admin.ch für Schweizer).

Papiere

Für die Einreise nach Kroatien mit einer Aufenthaltsdauer von bis zu drei Monaten genügt ein gültiger **Personalausweis.** Schweizer und Reisende durch Bosnien-Herzegowina (z.B. im Transit nach Süddalmatien/Dubrovnik) benötigen – auch wenn meist ein Ausweis genügt – einen **Reisepass.** Kinder müssen in den Reisedokumenten der Eltern eingetragen sein, ab 12 Jahren ist ein eigener **Kinderausweis** mit Lichtbild erforderlich. **Impfvorschriften bestehen keine.**

Mitnahme von Tieren

Für die Mitnahme von Tieren wird ein gültiger und aktualisierter **Impfpass** (Tierarzt) benötigt. Achtung: Auch schon für die Durchreiseländer innerhalb der EU muss für das Tier eine ordnungsgemäße **Tollwutschutzimpfung** und ein **EU-Heimtierausweis** („Pet Passport" genannt) oder übergangsweise der bisherige Impfausweis vorgelegt werden. Darüber hinaus muss das Tier neuerdings mit einem **Microchip** oder übergangsweise bis zum 2. Juli 2011 mit einer lesbaren Tätowierung gekennzeichnet sein.

Zoll in Kroatien

Auf Gegenstände des persönlichen Bedarfs in üblichen Mengen wird kein Zoll erhoben. Ansonsten gelten bei der **Ausfuhr** die internationalen **Höchstmengen:** 200 Zigaretten oder 250 g Tabak, 50 ml Parfüm, 250 ml Eau de Toilette, 1 Liter Spirituosen oder 1 Liter Wein.

Wertvollere **professionelle und technische Ausrüstung** muss deklariert werden (nicht aber die private Kamera- oder Tauchausrüstung).

Devisen Die Ein- und Ausfuhr von Devisen ist **in unbegrenzter Höhe** zulässig, die Landeswährung darf bis zu 2000 Kuna ein- bzw. ausgeführt werden.

Mehrwertsteuer **Für in Kroatien gekaufte Waren** (mit Ausnahme von Treibstoffen) kann die Mehrwertsteuer (PDV) auf Rechnungen von über 500 Kuna **rückerstattet** werden. Beim Kauf verlangt man hierzu das Formular „PDV-P", welches vom Verkäufer ausgefüllt werden muss. Bei der Ausreise lässt man diese Rechnungen vom Zollamt gegenbestätigen. Die Mehrwertsteuer kann dann innerhalb von sechs Monaten rückerstattet werden: entweder persönlich beim Verkäufer, bei dem die Ware gekauft wurde, oder postalisch (Adresse des Verkäufers) unter Angabe der Kontonummer, auf die der Betrag eingezahlt werden soll. Die Erstattung erfolgt innerhalb von 15 Tagen nach Eingang.

EU-Zoll Bei der **Rückkehr** gibt es auch auf EU- bzw. schweizerischer Seite **Freigrenzen, Verbote und Einschränkungen,** die man beachten sollte, um eine böse Überraschung am Zoll zu vermeiden. Die nachfolgend genannten Freimengen darf man zollfrei einführen:

038is08 Foto: wl

- **Tabakwaren** (über 17-Jährige in EU-Länder und in die Schweiz): 200 Zigaretten oder 100 Zigarillos oder 50 Zigarren oder 250 g Tabak.
- **Alkohol** (über 17-Jährige in EU-Länder): 1 Liter über 22 Vol.-% oder 2 Liter bis 22 Vol.-% und zusätzlich 2 Liter nicht-schäumende Weine; (in die Schweiz): 2 Liter (bis 15 Vol.-%) und 1 Liter (über 15 Vol.-%)
- **Andere Waren für den persönlichen Gebrauch** (über 15-Jährige): nach Deutschland 500 g Kaffee, nach Österreich zusätzlich 100 g Tee; (ohne Altersbeschränkung): 50 g Parfüm und 0,25 Liter Eau de Toilette sowie Waren bis zu 175 Euro; in die Schweiz Waren bis zu einem Gesamtwert von 300 SFr p.P.

Wird der Warenwert von 175 Euro bzw. 300 SFr überschritten, sind **Einfuhrabgaben** auf den Gesamtwert der Ware zu zahlen und nicht nur auf den die Freigrenze übersteigenden Anteil! Die Berechnung erfolgt entweder pauschalisiert oder nach dem Zolltarif jeder einzelnen Ware zzgl. sonstige Steuern.

Einfuhrbeschränkungen bestehen **in Deutschland** für Tiere, Pflanzen, Arznei- und Betäubungsmittel, Feuerwerkskörper, Lebensmittel, Raubkopien, verfassungswidrige Schriften, Pornografie, Waffen und Munition; **in Österreich** für Rohgold, Tiere, Pflanzen, Lebensmittel, Arzneimittel und Waffen; **in der Schweiz** für Pflanzen, Lebensmittel, Waffen, Tiere, CB-Funkgeräte etc. Nähere Informationen gibt es bei:

- **Deutschland:** www.zoll.de oder beim Zoll-Infocenter, Tel. 069-469976-00.
- **Österreich:** www.bmf.gv.at oder beim Zollamt Villach, Tel. 04242-33233.
- **Schweiz:** www.ezv.admin.ch oder bei der Zollkreisdirektion in Basel, Tel. 061-2871111.

Hinweis: 2012 soll Kroatien voraussichtlich offizieller EU-Mitgliedsstaat werden, für EU-Bürger gelten dann die Binnenmarktfreimengen.

Garantiert zollfrei: ein Schachspiel als Souvenir

Einkäufe und Souvenirs

Obst und Gemüse

Man wird als Selbstverpfleger gar nicht umhin kommen, von dem leckeren frischen Obst und Gemüse zu kosten, das auf den **lokalen Märkten** und oft auch **am Straßenrand** angeboten wird. Ein paar **Richtpreise** (für 1 kg):

- **Paprika: 6–8 K**
- **Tomaten: 6 K**
- **Trauben: 11–15 K**
- **Bananen: 10–12 K**
- **Pfirsiche: 14–16 K**
- **Kohl: 6 K**
- **Zucchini: 7–8 K**
- **Melonen: 4–5 K**
- **Kartoffeln: 5 K**

044is08 Foto: wl

Fleisch und Fisch Frischfleisch und Fisch kauft man in der **mesnica** (Fleischerei, Metzgerei) und in der **ribarnica** (örtliche Fischhalle), wo hauptsächlich vormittags Muscheln, Tintenfische, Scampi und diverse Speisefische je nach Saison fangfrisch verkauft werden – für Fischfreunde ein Muss!

Bäckereien **Pekarna** (Bäckereien) gibt es in jedem Ort; Brote und Teigwaren sind durchweg sehr preiswert, wobei überwiegend mit Weizenmehl gebacken wird (ein Laib Weißbrot kostet ca. 5–7 K). Kuchenteilchen sind sehr preiswert und lecker – es gibt viele Sorten, einfach mal durchprobieren! Die bekanntesten Leckereien sind *fritule, krostule,* Strudel, *cukerančići* und die pikant gefüllten *burek*.. In kleineren Orten, seltener in großen, steht zu bestimmten Tageszeiten ein Bäckereiwagen mit einem Grundsortiment frischer Brote und Kuchen.

Mini- und Supermärkte Eier, Frischmilch, Konserven, Getränke aller Art und ein **ähnliches Angebot** wie in westeuropäischen Lebensmittelmärkten sind in Mini-Märkten (größere „Tante-Emma-Läden“) oder Supermärkten erhältlich, die sich rapide an den Hauptverbindungsstraßen der größeren Orte ausbreiten.

Eisdielen Unübersehbar dem italienischen Einfluss sind – neben den Pizzerien – die vielen Eisdielen *(Gellateria)* zuzuschreiben. Im Gegensatz zu früheren Jahren kann das Speiseeis (5–7 K pro großer Kugel) heute als **sehr gut** bezeichnet werden.

Frische, bunte Vielfalt auf dem Markt in Pula

Souvenirs

Was kann man mitbringen? Von kitschigen Erinnerungsstücken abgesehen, die in den Touristenorten angeboten werden, könnte eine Spitzendecke oder eine Strickjacke gerade älteren Menschen Freude machen. Auch Holzschnitzereien, etwa Puppen mit Regionaltrachten, kommen in Frage. Als Idee für die Wohnungsgestaltung sei erwähnt, dass es in den kroatischen Städten unendlich viele Künstler gibt, die moderne Aquarelle, Radierungen, Plastiken u.v.m. feilbieten.

Mehr als ein Verlegenheitssouvenir sind lokale **Weine und Schnäpse,** allen voran das auf jedem Bauernhof gebrannte **Nationalgetränk Sliwowitz** *(Šlivovica).* In Touristenorten bekommt man diesen Pflaumenbranntwein als verdünnten Fusel mit künstlichen Aromen, aber in schönen Flaschen, oft mit Kräutern oder eingelegten Früchten. Richtig guten Schnaps erhält man auf den Höfen – einfach auf Schilder wie „Vino" und „Šlivovica/Rakija" achten.

Elektrizität

220 V bei 50 Hz

Die Stromspannung beträgt wie bei uns 220 V bei 50 Hz, die **Steckdosen** sind landesweit **ohne Adapter nutzbar.**

Essen und Trinken

Kroatien kann sich einer **ausgezeichneten Küche** überall im Lande und auf den Inseln rühmen. Es versteht sich von selbst, dass die unterschiedlichen **Regionen** ihre jeweils eigenen **kulinarischen Spezialitäten** hervorgebracht haben, so auch Istrien.

Fisch

Aufgrund der Lage am Meer sind Fischgerichte, Hummer, Scampi, Muscheln und andere Meeresfrüchte typisch für die meisten der in diesem Buch beschriebenen **Küstenorte.** „Klassische" Speisefische sind Goldbrasse, Wolfbarsch, Drachenkopf und Rotbrasse. Sehr beliebt sind auch Krebs- und Seepolypensalat, Austern sowie Jakobs- und Miesmuscheln, *dondole* genannt. Ferner dürfen gegrillte Sardinen oder Sardellen (köstlich!) auf den Speisekarten nicht fehlen.

Nudeln

Nicht zu verachten sind besonders in Istrien die **hausgemachten Nudeln,** z.B. Makkaroni mit Fleischsauce. Maultaschen *(fuži), gnocchi* mit Wild und *krafi* (mit Käse gefüllte Ravioli) mit Fleischsauce sind Gerichte, deren Rezepte hier von Generation zu Generation weitervererbt werden und eine „kulinarische Nähe" zur italienischen Küche aufweisen.

Trüffel

In der Gegend um Motovun werden hervorragende Trüffel gefunden, die von manchen Kennern zu den **besten der Welt** gezählt werden, und auch der Kaiserling gilt als istrische Pilzspezialität.

Maneštra, Würste, žarebnjak

Die unersetzliche *maneštra* (Minestrone, Gemüsesuppe) mit Bohnen und jungem Mais oder Gerstenkorn, hausgemachte Würste und *žarebnjak* (geräuchertes Schweinskarree) mit Sauerkraut sind traditionelle **„Hausmannskost",** die in alten Weinstuben und Lokalen *(gostionica, konoba)* serviert wird.

Eine kulinarische Besonderheit Slawoniens, das man evtl. im Transit über Tschechien passiert, ist das exzellente **Gulasch,** welches auf die kulturelle Nähe Donaukroatiens zur „Urheimat des Gulasch" (Ungarn) hinweist.

Rohschinken und Schafskäse

An kleinen, kalten Speisen seien der ausgezeichnete Rohschinken **(pršut)** und Schafskäse **(sir)** erwähnt, ergänzt durch selbst gebackenes Brot *(kruh).*

Spanferkel Und da wir gerade von zünftigen, deftigen Leckerbissen sprechen: Unübersehbar sind die **entlang der Straßen** scheinbar unentwegt rotierenden, knusprigen Spanferkel **(odojak),** die jeder einmal gekostet haben sollte.

Gegrillte Kleinigkeiten Gegrillte Kleinigkeiten wie **čevapčići** (auch *čevapi,* Hackfleischröllchen), **pljeskavica** (Frikadellen) oder **ražnjići** (Fleischspieße) werden mit *ajvar,* einer roten Paprikapaste, serviert.

Burek Sehr beliebt sind auch warme *burek* (Blätterteigtorte, in Bäckereien), die **mit Spinat, Käse, Hackfleisch oder Apfel gefüllt** sind, eine – wie auch das (außerhalb Istriens in Südkroatien weit verbreitete) Lamm am Spieß – von den muslimischen Bosniern übernommene Spezialität.

Beilagen, Gemüse Die beliebtesten Beilagen sind Brot, Reis und Pommes Frites. An Gemüse werden je nach Saison Mangold, Tomaten, Feldsalat, Wildspargel, Zucchini, Bohnen, Erbsen und Oliven gereicht.

Getränke An Getränken steht zuvorderst der heimische **Wein** in diversen Sorten, zu nennen sind vor allem *Pleškavica* (weiß und rot), *Malvazija-Weißwein, Teran-* und *Borgonja-Rotwein* sowie *Hrvatica-Rosé,* im Süden die bekannten *Pelješac-Weine.* Weinbau wird in Istrien intensiv betrieben, speziell der gelbe bis grünliche, leicht bittere Malvazija sowie der helle rote Teran werden gekeltert. Hausmarken können übrigens in den meisten Orten (Schilder „Vino" beachten) direkt vom Erzeuger für 5–6 K pro Liter gekauft werden, ebenso **Schnäpse,** allen voran *Šlivovica* (Pflaume) und *Kruškovac* (Birne), wobei besonders die handwarm getrunkene Mischung *Juliška* (Pflaume und Birne) zu empfehlen ist. Als typischer Aperitif wird gern der überall erhältliche, sehr milde **Likörwein** *Prošek* getrunken, bei der Jugend ist *Bambus* aus Rotwein und Cola in oder auch *Gemišt* (Weißwein und Wasser), auch *Bevanda* genannt. Als Durstlöscher empfiehlt sich **Mineralwasser,** das mit oder ohne Kohlensäure *(gaz)* in Kunststoffflaschen in Supermärkten vertrieben wird.

Restaurants

Ausländische Restaurants sind relativ selten in Kroatien zu finden – mit Ausnahme der allgegenwärtigen **Pizzerien,** gleichzeitig auch die **günstigsten Lokale** in Kroatien.

Ein Wort zum **Preisgefüge:** Essen gehen in Kroatien ist im Durchschnitt immer noch rund [illegible]0 % günstiger als in Österreich, Deutschland oder der Schweiz. Grundgerichte scheinen geradezu billig zu sein, man darf sich jedoch nicht täuschen lassen: Beilagen werden extra bestellt und gesondert berechnet. Recht günstig sind gemischte Platten für zwei Personen, etwa Fisch für 200–250 K oder Grillfleisch für 150–200 K. Als Faustregel gilt: Je weiter weg von der Küste, desto uriger, originaler und preiswerter!

Wer sich speziell für die istrische Küche interessiert, findet eine deutschsprachige PDF-Broschüre („Gourmet-Guide“, inkl. Rezepten und Adressen von Weinkellern usw.) unter www.istra.hr.

Feste und Feiertage

Lokale Feste

Neben den gesetzlichen Feiertagen wird in fast allen Orten mindestens ein lokales Fest im Jahr gefeiert, von zahllosen Veranstaltungen, Ausstellungen, Sportwettkämpfen usw. ganz abgesehen. Sehr interessant ist in diesem Zusammenhang **www.istra.com/events/pregled.html,** wo nach Eingabe des geplanten Aufenthaltszeitraumes und -ortes alle entsprechenden Veranstaltungen und Feste angezeigt werden.

- **1. Januar:** Neujahr
- **6. Januar:** Heilige Drei Könige
- **März/April:** Ostern
- **1. Mai:** Tag der Arbeit

- **30. Mai:** Staatsfeiertag (kroatischer Parlamentsbeschluss von 1991 zum Austritt aus der BR Jugoslawien)
- **22. Juni:** Antifaschismustag
- **5. August:** Staatsfeiertag; Rückeroberung der Krajina 1995
- **15. August:** Mariä Himmelfahrt
- **1. November:** Allerheiligen
- **25. und 26. Dezember:** Weihnachten

Geld und Finanzen

Kuna (K)

Die nationale Währung heißt Kuna (K; 1 Kuna = **100 Lipa**), das kroatische Wort für „Marder" (siehe Exkurs „Wissenswertes zur kroatischen Währung"). Im Gebrauch sind Münzen zu 1, 2, 5, 10, 20 und 50 Lipa sowie 1, 2 und 5 Kuna, ferner Geldscheine im Wert von 5, 10, 20, 50, 100, 200, 500 und 1000 Kuna.

Geldwechsel

Devisen werden in **Banken, Wechselstuben,** auf **Postämtern** sowie in den meisten **Reisebüros, Hotels** und an **Campingplätzen** gewechselt. Es empfiehlt sich definitiv nicht, Kuna schon zu Hause zu tauschen, denn der Wechselkurs vor Ort ist deutlich besser. In Kroatien wiederum bieten die Banken den weit besseren Kurs als Hotels oder Andenkenläden. Wechselstuben sind unkomplizierter, aber ungünstiger.

Wechselkurs (April 2010):

- **1 Euro** = 7,27 K, 1 K = 0,14 Euro
- **1 SFr** = 5,05 K, 1 K = 0,20 SFr

Hinweis: Die kroatische Währung wurde im Zusammenhang mit den EU-Aufnahmeverhandlungen in einem engen Korridor an den Euro angebunden, sodass große Schwankungen nicht zu erwarten sind. Der EU-Beitritt Kroatiens ist für 2012 vorgesehen, dann wird es noch mind. drei weitere Jahre bis zur Einführung des Euro dauern.

Banken

Die Banken sind von **7–19 Uhr geöffnet,** samstags bis 13 Uhr; manche Banken in größeren Städten sind auch sonntags geöffnet (meist in touristischen Orten); für Schecks werden 1,5 %, für

Bargeldtransaktionen 1 % Kommission verlangt (besser als Wechselstuben).

Kreditkarte In den meisten **Hotels, Restaurants und Geschäften** kann mit gängigen Kreditkarten (American Express, Diners Club, Master- bzw. EuroCard, VISA) bezahlt werden. Von Barabhebungen per Kreditkarte ist abzuraten (bis zu 5,5 % Gebühr!), für das bargeldlose Zahlen wiederum berechnet der Kreditkartenaussteller nur eine Gebühr für den Auslandseinsatz in Höhe von 1–2 %.

EC-/Maestro-Karte Sehr praktisch sind die **Geldautomaten** (mit Deutsch in der Sprachauswahl) an den Banken, wo mit EC-/Maestro-Karte und PIN-Code i.d.R. bis zu 2000 Kuna pro Transaktion abgehoben werden können. Es kommt allerdings manchmal zu so genannten „Verbindungsschwierigkeiten", sodass man nicht unbedingt auf den letzten Drücker versuchen sollte, Geld abzuheben! Die Barabhebung per Maestro-Karte ist die preiswerteste Art der Geldbeschaffung. Je nach Hausbank wird dafür pro Abhebung eine Gebühr von 1,30–4 Euro bzw. 4–6 SFr berechnet, allerdings wird der günstigere Banken-Mittelkurs verrechnet (besser als Bargeldtausch!), sodass man gut fährt, wenn man den jeweiligen Höchstbetrag aus dem Automaten zieht.

In großen Supermarktketten kann direkt mit der EC-Karte gezahlt werden, was sich wegen der „Fremdinstitutsgebühr" der Banken nur bei hohen Beträgen lohnt.

Verlust der Geldkarte Bei Verlust oder Diebstahl der Kredit- oder Maestro-Karte sollte man diese **umgehend sperren lassen.** Für deutsche Maestro- und Kreditkarten gibt es die einheitliche Sperrnummer 0049-116116, im Ausland zusätzlich 0049-30-40504050. Für österreicherische und schweizerische Karten gelten:

- **Maestro-(EC-)Karte,** (A)-Tel. 0043-1-2048800; (CH)-Tel. 0041-44-2712230, UBS, Tel. 0041-800-888601, Credit Suisse, Tel. 0041-800-800488.

- **MasterCard/VISA,** (A)-Tel. 0043-1-71701-4500 (MasterCard) bzw. Tel. 0043-1-7111-1770 (VISA); (CH)-Tel. 0041-58-9588383 für alle Banken außer Credit Suisse, Corner Bank Lugano und UBS.
- **American Express,** (A)-Tel. 0049-69-9797-1000; (CH)-Tel. 0041-44-6596333.
- **Diners Club,** (A)-Tel. 0043-1-5013514; (CH)-Tel. 0041-44-8354545.
- **Bei Geldverlust:** siehe „Notfälle“.

Informationsstellen

Für einen Urlaub in Kroatien stehen nationale, regionale und lokale Informationsstellen zur Verfügung, bei denen man sich vorab ausführlich informieren und/oder Buchungen vornehmen kann.

Touristikbüros außerhalb Kroatiens

Außerhalb des Landes bieten die „klassischen“ Touristikvertretungen Kroatiens **Informationen, Hilfestellungen und Literatur** zur Reisevorbereitung. Dazu ist anzumerken, dass die kroatische Zentrale für Tourismus in den letzten Jahren spürbar professionalisiert (im positiven Sinne) wurde und heute sehr nützliche Publikationen und Karten kostenfrei ausgegeben werden, wohingegen noch vor wenigen Jahren jeder Stadtplan nur gegen bare Münze zu erhalten war. Die **Kroatische Zentrale für Tourismus** ist im Internet unter **www.croatia.hr** vertreten, in Deutschland, Österreich und der Schweiz kann man auch Kontakt mit der Vertretung vor Ort aufnehmen:

- **Deutschland:** Kaiserstr. 23, D-60311 **Frankfurt/M.,** Tel. 069-2385350, Fax 23853520, info@visitkroatien.de; Rumfordstr. 7, D-80469 **München,** Tel. 089-223344, Fax 223377, kroatien-tourismus@t-online.de.
- **Österreich:** Am Hof 13, A-1010 **Wien,** Tel. 01-5853884, Fax 585388420, office@kroatien.at.
- **Schweiz:** Badenerstr. 332, CH-8004 **Zürich,** Tel. 043-3362030, Fax 3362039, info@kroatien-tourismus.ch.

Touristikbüros in Kroatien

Wichtig für Touristen vor Ort ist die Nummer **0800-200-200,** eine landesweit kostenlose **Informations-Hotline der Kroatischen Zentrale für Tourismus.**

Wissenswertes zur kroatischen Währung

Die Bezeichnung „Kuna" für die kroatische Landeswährung reicht viele Jahrhunderte zurück und beweist allein durch ihren Namen die ehemalige Tauschwirtschaft unter den Menschen. **„Kuna"** bedeutet nämlich nichts anderes als **„Marder"**, ein Hinweis darauf, dass vor der Verbreitung von Gold und Geld als allgemeinem Zahlungsmittel die einfachen Kroaten mit den auf der Jagd erbeuteten Marderpelzen bezahlten. Auf den kroatischen Kuna-Münzen ist das Tierchen verewigt.

Recht ähnlich ist auch der ethymologische Hintergrund des russischen **Rubel,** der „das Abgeschlagene" bedeutet, da die Händler Silberbarren bei sich trugen, von denen sie beim Bezahlen mit der Axt etwas „abschlugen".

Derartige **Tauschwirtschaften** wie beim „Kuna" sind auch aus anderen Kulturen bekannt, etwa aus der Südsee, wo man Muscheln als Zahlungsmittel verwendete.

009is Foto: wl

Früher zahlte man mit echten Mardern

- **Zentrale für Tourismus**
Ilica 1a, 10000 **Zagreb,** Tel. 01-4556455, Fax 01-4816756, 01-4816757, www.htz.hr, www.mint.hr.

Daneben existieren einige **regionale touristische Informationsstellen** der Gespanschaften (Verwaltungsbezirke). Diese Stellen bieten reichhaltiges Prospekt- und Informationsmaterial zu den jeweiligen Regionen, ohne einen konkreten Ort besonders hervorzuheben, und sind daher neutraler als die lokalen Touristeninformationen, die ihren jeweiligen Ort propagieren. Für den Bereich Istrien und Nordkroatien sind dies:

- **Istarska,** Pionirska 1, 52440 **Poreč,** Tel. 052-452500, Fax 452811.
- **Karlovačka,** Ambroza Vraniczanya 1, 47000 **Karlovac,** Tel. 047-615320, Fax 615320.
- **Primorsko-Goranska** (Tourismusverband der Region Kvarner), Nikole Tesle 2, 51410 **Opatija,** Tel. 051-272988, 272665, Fax 272909, www.opatija-tourism.hr.
- **Zadarska,** Leopolda Mandića 1, 23000 **Zadar,** Tel. 023-315107, 315316, Fax 315107, 315316.
- **Zagreb:** Informationen zur kroatischen Hauptstadt bietet die Turistica zajednica grada Zagreba unter info@zagreb-touristinfo.hr oder im Internet: www.zagreb-touristinfo.hr.
- **Rijeka:** Alle wichtigen Informationen zur Stadt Rijeka findet man unter www.tz-rijeka.hr.

In Kroatien ist die Institution des so genannten **„Turist Biro"** (auch „Information" oder „Tourist Service/Agency" oder ähnlich) praktisch allerorts vertreten; es handelt sich um **kommerzielle Agenturen,** die Privatunterkünfte vermitteln, Geld wechseln, Ausflüge organisieren, Angel- und Tauchlizenzen (nicht alle) ausstellen usw. Dieser Service ist nicht umsonst, Auskünfte – etwa in Form von Stadtplänen – kosten Bares (teilweise werden 5 Euro für einen kleinen Stadtplan verlangt!). Für die Organisation von Fremdenzimmern und Ferienwohnungen sind diese Institutionen unumgänglich (siehe „Unterkunft"), für normale touristische Anliegen (Hintergrundinfos zum Ort, Faltblätter, Stadtpläne usw.) empfiehlt sich jedoch grundsätzlich der Besuch der „richtigen" Touristikinformationen in den einzelnen Orten, kroatisch **„Turistička Zajednica Grada …"** (Tourismusverband der Stadt …). Die lokalen Informationsbüros sind in den jeweiligen Ortsbeschreibungen aufgeführt. Diese verfahren in Bezug auf Informationsmaterial, insbesondere Karten, Wanderpläne usw., vor allem auf den Inseln, auf unterschiedliche Art und Weise. Während in einem Ort das Material kostenlos ausgegeben wird, werden in anderen Orten (derselben Insel) auf ein und dieselben Karten Gebühren von mehreren Euro erhoben.

Infos im Internet

Jede beliebige Suchmaschine findet heute in Sekundenschnelle Tausende Internetseiten zum Stichwort „Istrien"; nur einen Bruchteil davon hier zu kommentieren, ist schlicht unmöglich. An dieser Stelle sei daher auf einige wichtige oder besonders hilfreiche Seiten verwiesen. Spezielle Hinweise besonders zu Unterkünften sind im Kapitel „Unterkunft" zu finden, wichtig sind auch die offiziellen Seiten der Zentrale für Tourismus (s.o.). Linkhinweise zu den einzelnen Städten und Regionen sind in den jeweiligen Ortsbeschreibungen angegeben. Einige besonders **empfehlenswerte Internetseiten** sind:

- **www.istra.com** und **www.istra.hr**
Sehr interessant und informativ; unter der Kategorie „Preise" können zu allen Hotels, Pensionen, Campingplätzen (inklusive FKK) usw. die aktuellen Preise (in Euro) des laufenden Kalenderjahres abgerufen werden.
- **www.istra.com/events/pregledd.html**
Für Veranstaltungen, Feste, Aktivitäten usw.; nach Eingabe des geplanten Reisedatums und -zieles werden die entsprechenden Veranstaltungen zu ganz Istrien angezeigt.
- **www.hak.hr**
Seite des kroatischen Automobilclubs.
- **www.kroatien.hr**
Offizielle Website der kroatischen Fremdenverkehrsämter.
- **www.generalturist.com**
Repräsentiert den seit 1923 in Kroatien ansässigen Reisespezialisten Generalturist, wo neben Unterkünften aller Art auch Autoverleih, Bootsanmietung, Ausflüge oder auch Kreuzfahrten arrangiert werden können.

- **www.travelmed.de**
Allgemeine Infos und Hintergründe zur Gesundheit bzw. zu Krankheiten, konkrete Infos zum gewünschten Reiseland, viele sonstige reise-/gesundheitsrelevante Adressen.
- **www.pulainfo.hr**
Homepage der istrischen Hauptstadt mit zahllosen touristischen Informationen einschließlich Veranstaltungen, Unterkunft, Yachtcharter usw.
- **www.tourist-office.org/croatie/tourist-office-istria.htm**
Direktverlinkung zu allen städtischen Touristeninformationen Istriens.
- **www.jadro.de**
Deutschsprachige Online-Zeitschrift zu Kroatien mit weit gefächerten aktuellen Themen.

Kinder auf der Reise

Istrien wird Kindern gefallen!

Von „Ritterburgen" über „Robinson-Inseln" bis zu Hüpfburgen wird so allerlei geboten – für kleine und für große Kinder (siehe bei den Ortsbeschreibungen). Dennoch sollte man ein paar Kleinigkeiten beachten, um ungetrübte Urlaubsfreuden mit der gesamten Familie genießen zu können. Wegen des Klimas (sonniges Mittelmeerklima während der Haupturlaubszeit) versteht sich ein **guter Sonnenschutz** (auch für den Kopf) von selbst; wichtig ist es, **viel** zu **trinken,** am besten Mineralwasser, das vor Ort preiswert erhältlich ist. Sehr wichtig sind auch **Strandsandalen** wegen der häufigen Kies- und Felsbuchten mit teils unangenehm scharfkantigen Steinen. Höschenwindeln für ganz kleine Gäste sind nur in größeren Supermärkten/Drogerien erhältlich, Gleiches gilt für spezielle Babynahrung.

Das Thema Fotografieren behandeln folgende Bücher in allen Facetten (Technik, richtiges Verhalten usw.):
- Helmut Herrman, **Reisefotografie**
- Volker Heinrich, **Reisefotografie digital**

(beide Bände Reise Know-How Praxis)

054is08 Foto: wl

Medien

Rundfunk

Von 6.35 bis 21.35 Uhr sendet das 2. Programm des kroatischen Rundfunks HRT (98,5 MHz) zu jeder vollen Stunde nach den Nachrichten touristische Informationen (Straßenverhältnisse, Sperrungen, Staus, wichtige Fähren und sonstige Hinweise) in englischer, deutscher und italienischer Sprache – allerdings nur vom 1.7. bis 15.9. (sonst kroatisch und englisch). Der Automobilclub HAK sendet zudem zweimal täglich in den genannten Sprachen den Nautikerbericht (Wind- und Seeverhältnisse). Nachrichten in englischer Sprache strahlt das 1. Programm auf der Frequenz 92,1 MHz täglich um 8.03 (sonntags ab 9.03 Uhr), 10.03, 14.03, 20.03 und 00.10 Uhr aus.

Zeitungen

Größere **deutschsprachige Tages- und Wochenzeitungen** sind landesweit an Kiosken und in Buchhandlungen erhältlich.

Die wichtigsten **kroatischen Tageszeitungen** (in kroatischer Sprache) sind „Večernji List" (Abendblatt), „Vjesnik" (Bote) und im Süden „Slobodna Dalmacija" (Freies Dalmatien).

Medizinische Versorgung

Das medizinische Versorgungssystem wird permanent verbessert und auch für Touristen erweitert. Viele Campingplätze verfügen über eine **Erste-Hilfe-Station**, mittlere und größere Städte über ordentliche, moderne **Kreiskrankenhäuser**. Alle Behandlungskosten sind bar zu entrichten; es empfiehlt sich der Abschluss einer Reisekrankenversicherung (siehe „Versicherungen").

Medizinische Infos im Internet unter der Adresse:
- **www.travelmed.de**

Mietwagen

Teuer

Zahlreiche international renommierte Unternehmen (Avis, Hertz) bieten ihren Service auch in Kroatien an und sind an den Flughäfen sowie in größeren Ortschaften vertreten. Die Preise liegen in Kroatien überdurchschnittlich hoch – unter 45 Euro pro Tag ist kaum ein Kleinwagen zu haben, die namhaften Vermieter verlangen oft das Doppelte! Günstiger sind Fahrräder und Mopeds, die von kleineren Händlern in vielen Touristenorten vermietet werden. In aller Regel ist unabhängig vom Fahrzeug eine Kaution zu entrichten.

Verleihstellen gibt es in den großen Hotels oder am Flughafen, zur Voraborganisation eignen sich u.a. die Webseiten www.avis.com.hr, www.budget.hr, www.hertz.hr, www.sixt.hr, www.europcar.hr oder www.kompasrent.hr.

Wer mit einem **im Ausland angemieteten Fahrzeug** unterwegs ist (Wohnmobil, Leihwagen), benötigt eine Vollmacht des Vermieters – Vordrucke stellen die Automobilclubs zur Verfügung. Außerdem ist, wie bei jeder Auslandsreise, der Kfz-Schutzbrief eines Automobilclubs ratsam.

Nachtleben

Vielfältig

Die meisten Hotels der höheren Kategorie haben **Nightclubs,** wichtigere touristische Ortschaften verfügen über **Discos.** Im Sommer werden oftmals **Tanzabende im Freien** sowie verschiedene **Unterhaltungsprogramme** und **Kulturveranstaltungen** organisiert – es ist wirklich ein Genuss, eine kroatische Dorfband auf einem kleinen Platz einer der Altstädte zu erleben! In den bekannteren Hotel- und Freizeitanlagen gibt es auch das eine oder andere **Spielcasino.** Nachtschwärmer werden sich ansonsten an den malerischen Promenaden der Küstenstädte wohlfühlen, wenn nach Einbruch der Dunkelheit das Leben in den **Bars** und **Cafés** erwacht.

Notfälle

Man hofft es natürlich nicht, aber wenn doch einmal etwas passiert, sollte man trotz aller Aufregung einen **kühlen Kopf bewahren** und bei folgenden Stellen Hilfe in Anspruch nehmen.

Verlust von Reisedokumenten

Bei dem Verlust von Reisedokumenten kontaktiere man außer der **Polizei** die **diplomatische Vertretung;** idealerweise hat man Fotokopien gesondert aufbewahrt!

Verlust von Geld

Ist das Geld weg, **Sonderversicherer** (z.B. Automobilclub) kontaktieren, ein Grundbetrag zur Heimreise wird ggf. vorgestreckt. Bei entsprechender Bonität hilft die **Hausbank** mit einer Geldanweisung, um den Urlaub eventuell wie geplant fortzusetzen! Bei akuter Geldnot kann man sich auch über **Western Union** von zuhause Geld an eine beliebige Western Union-Vertretung in Kroatien schicken lassen. Der Absender in Deutschland überweist es via www.westernunion.de online über sein Bankkonto oder wendet sich an eine Western Union-Filiale vor Ort. Gegen Vorlage des Codes der Transaktion wird dem Empfänger das Geld sofort ausgezahlt.

Notrufnummern

- **Polizei:** Tel. 92
- **Feuerwehr:** Tel. 93
- **Notruf:** Tel. 94
- **Kfz-Pannendienst:** Tel. 987 oder 01987 (Funktelefon), s.a. „Autofahren"
- **Notrufstation** der Automobilclubs: siehe „Autofahren"

Öffnungszeiten

Banken, Post, Behörden

Öffentliche Institutionen, Postämter und Banken sind Montag bis Freitag von **8–16 Uhr** durchgehend geöffnet, Banken und Postämter größerer oder touristischer Orte von 7–19 Uhr. Während der Sommersaison sind viele Postämter auch bis 21 Uhr geöffnet.

Geschäfte

Geschäfte und Warenhäuser unterliegen keiner einheitlichen Regelung, öffnen aber meist von **8–20 Uhr.**

Gastronomie

Restaurants und touristische Einzelhändler (Souvenirläden usw.) passen ihre Öffnungszeiten dem jeweiligen **Bedarf** an.

Tankstellen

Tankstellen sind jeden Tag von **7–19 oder 20 Uhr,** im Sommer bis 22 Uhr geöffnet, in größeren Städten und auf Fernverkehrsstraßen rund um die Uhr.

Post

Zuverlässig

Die **kroatische Post HPT** hat sich als effektiv und zuverlässig erwiesen (Öffnungszeiten s.o.). Briefe (Porto: 5,50 K) und Postkarten (3,50 K) benötigen etwa 3–4 Tage nach Mitteleuropa.

Briefmarken sind nicht nur in Postämtern, sondern auch in Zeitschriftenläden und teilweise in Souvenirshops erhältlich (Faustregel: dort, wo es Ansichtskarten gibt).

Pakete können bis zu 10 kg per Post ins Ausland versandt werden, wobei neben der üblichen Paketkarte auch eine Zollerklärung (in dreifacher Ausfertigung) beizufügen ist.

Preise und Kosten

Relativ günstiges Reiseland

Kroatien ist immer noch eines der günstigeren Reiseziele Europas. Die Verpflegung im Land ist preiswert, vor allem dann, wenn man auf Märkten und in Bäckereien einkauft. Auch bei den Unterkünften finden sich manchmal Schnäppchen. Dazu muss man sich natürlich etwas umsehen (Zeitschriften) oder das Internet durchforsten – Wochenpreise von 150 Euro p.P. in einem Hotel sind durchaus normal. Auch Ferienwohnungen können vorab gebucht werden, „Wiederholungstäter" vereinbaren ohnehin oft mit dem Vermieter für den nächsten Urlaub eine direkte Buchung.

Die **Treibstoffpreise** nähern sich immer mehr den mitteleuropäischen an.

Richtpreise sind u.a.: Eier 1,30 K, Brot 14–15 K, Butter 8–10 K, Wurst und Käse sind durchschnittlich 20 % teurer als bei uns; Bier (Lokal) 15–20 K (0,5 l), Softdrink 12–15 K, Kaffee 6–8 K, Capuccino 10–12 K, Eiscreme ca. 6–7 K für die Riesenkugel.

Insgesamt kann eine vierköpfige Familie für einen dreiwöchigen Camping- oder Apartmenturlaub mit rund 3000 Euro (Eintritte und Sprit inbegriffen) rechnen.

Radfahren

Vor- und Nachteile

Es hat so seine **Vorteile,** unabhängig und gemächlich per Drahtesel sein Urlaubsland zu erschließen. Man hat unmittelbaren Kontakt zum Umfeld, zahlt keine zusätzlichen Straßen- oder Schiffsgebühren (Fähren transportieren Fahrräder kostenlos), und ohne Frage wird auf diese Weise auch ein erheblicher Beitrag zum Umweltschutz geleistet. Aber die **Nachteile** sind nicht zu unterschätzen: Es gibt außerhalb Istriens nur wenige ausgewiesene Radwege, Kroatien ist überwiegend hügelig bis bergig, die Nebenstraßen sind in teilweise abenteuerlichem Zustand, und der Verkehr auf den Landstraßen (vor allem am Wochenende auf den Küstenstraßen) ist teils so brutal, dass von einer reinen Radtour durch Kroatien eher abzuraten ist. Was nicht heißen soll, dass ein Rad gänzlich unnütz ist: Als zusätzliche „Mobilitätsreserve" z.B. im Camper macht es durchaus Sinn, so kann man vor Ort kleinere Nebenstrecken befahren oder vom Campingplatz in den nächsten Ort radeln.

Radrouten

Ausgewiesene Radrouten gibt es vor allem **an der istrischen Westküste**, die in den beiden vor Ort erhältlichen Radkarten „Poreč North/South" sowie in „Bike Eco Ride Vrsar" und in der kostenlosen Broschüre „Istria by bike" – erhältlich über die kroatischen Fremdenverkehrsämter – relativ ausführlich dargestellt werden.

Noch einfacher, und vielleicht auch für die eigene Planung noch besser, eignet sich die sehr gute und für diesen Zweck besonders empfehlenswerte Internetseite **www.istria-bike.com,** die derzeit

Buchtipp:

Für Radfahrer bietet Reise Know-How Praxis-Ratgeber an, z.B.:

- Sven Bremer, **Radreisen Basishandbuch**

061is08 Foto: wl

über 40 interessante Radtouren von 18 bis 120 km Länge detailliert inklusive Höhenprofil, GPS-Koordinaten, genauen Verlaufskarten zum Ausdrucken und Einteilung in drei Schwierigkeitsgrade bietet. Darunter findet man eine breite Auswahl von familientauglichen Touren bis hin zu wirklich herausfordernden Abschnitten ins Čičarija-Gebirge hinein. Außerdem lassen sich hier zahlreiche „Bike & Bed"-Unterkünfte nebst weiteren Informationen direkt aufrufen. Weiterhin findet man unter der Rubrik „Agencies" einige Radurlaub-Spezialisten, über die man auch komplette Radler-Pauschalarrangements buchen kann (1 Woche kostet ab 420 Euro).

Leihräder

Leihräder sind **nicht so oft erhältlich,** wie man es vielleicht erwartet; in Istrien nimmt allerdings die Zahl der Verleihstellen durch den Ausbau der ausgewiesenen Radwege permanent zu (siehe Ortsbeschreibungen).

Von allen kroatischen Regionen ist Istrien noch am besten mit dem Fahrrad zu erkunden

Reiseveranstalter

Viele Anbieter

Alle namhaften Pauschalreise-Anbieter haben Kroatien fest in ihrem Programm, auch kleinere Busunternehmer bieten in den Tageszeitungen Wochenreisen für das gesetztere Publikum an. Der ADAC hat Mitgliederreisen für Segler und Mitsegler zu Dalmatien anzubieten (Informationen in allen ADAC-Geschäftsstellen), und als einer der echten Kroatienspezialisten ist Riva-Tours (s.u.) hervorzuheben, der nicht nur komplette Flug- und Busreisen, Segeltörns oder auch Hotels/Apartments bei eigener Anreise organisiert, sondern auch interessante Aktivprogramme wie Inselhüpfen für Radler oder Kanutouren im Angebot hat (300 Seiten starker Katalog). Ein anderer Spezialanbieter für Pauschalreisen nach ganz Kroatien ist Misir-Sonnenlandreisen (s.u.).

- **Riva-Tours,** Neuhauser Str. 27, 80331 München, Tel. 089-2311000, Fax 23110022, info@idriva.de, www.idriva.de.
- **Misir-Sonnenlandreisen,** Viehofer Str. 23, 45127 Essen, Tel. 0201-439370, Fax 238863, www.misir.de.
- Immer häufiger bieten auch die großen Discounter (Aldi, Lidl, Plus ...) Pauschalreisen, darunter auch Kroatien, an – auch hier ist das ein oder andere Schnäppchen möglich.

Reisezeit

Mit der Empfehlung einer idealen Reisezeit ist es immer so eine Sache: Der eine mag es lieber hektisch und mit Trubel, der andere liebt die aufblühende Natur im Frühling, und wieder andere sind auf Schulferien angewiesen und haben nur begrenzt die Wahl eines „idealen" Zeitraums ...

Touristiksaison

Offiziell wird die Touristiksaison wie folgt gegliedert (kleine Abweichungen sind je nach Ferienbeginn und Region möglich):

- 27.03.–22.05.: E
- 22.05.–26.06.: D
- 26.06.–10.07.: C
- 10.07.–24.07.: B
- 24.07.–21.08.: A
- 21.08.–28.08.: B
- 28.08.–04.09.: C
- 04.09.–11.09.: D
- 11.09.–30.01.: E

Nach diesem Schema berechnen Hotels, Vermieter von Ferienwohnungen und Zimmervermittler die Unterkunftspreise, werden Öffnungszeiten für Museen und Sehenswürdigkeiten, aber auch Preise für Campingplätze abgestimmt. Gelegentlich findet auch eine einfachere Unterteilung in Vor-, Haupt- und Nachsaison Anwendung.

Die **Kernbereiche A und B** – also Mitte Juli bis Ende August – sind die absolute **Hauptsaison,** in der am meisten los ist und natürlich auch Engpässe im Unterkunftsbereich oder eine „Massenabfertigung" in den Gaststätten vorkommen können.

Die **Vorsaison** hat den Vorteil, dass man sich gemeinhin in Gastronomie und Hotellerie Mühe gibt und die Touristen umwirbt, während in der **Nachsaison** eine gewisse Müdigkeit unverkennbar ist.

Von **Ende Mai bis Anfang September** sind die Sonnentage deutlich in der Überzahl, die Wassertemperaturen laden zum Baden ein.

Außerhalb der Saisonzeiten wird man Mühe haben, etwas anderes als eine Hotelunterkunft zu finden, auch viele Gaststätten stellen von Oktober bis April den Herd ab.

3 goldene Kroatien-Regeln

- **1. Reise Mitte September nach Kroatien** – bei immer noch warmem Meerwasser sind Unterkünfte dann schon 50 % billiger als noch drei Wochen zuvor!
- **2. Meide An- und Heimfahrt am Wochenende** wie der Teufel das Weihwasser!
- **3. Wähle eine Insel als Haupturlaubsziel** – je südlicher, desto besser!

Sicherheit

Sicheres Reiseland

Kroatien ist ein sicheres Reiseland. Taschendiebstähle, Touristennepp und Ähnliches mehr sind (noch?) die Ausnahme. Man kann sich in jeder Hinsicht unbeschwert im Lande bewegen, es drohen keine nächtlichen Überfälle, Gepäckschlitzer und motorisierte Handtaschenräuber. Eine kleine **Ausnahme** bildet die **istrische Westküste,** wo die Nähe zu Italien den einen oder anderen „Gastarbeiter" anzieht.

Insbesondere dem teilweise immer noch verbreiteten Vorurteil, Kroatien sei Krisengebiet, muss deutlich widersprochen werden! Es besteht schon lange kein Grund mehr für irgendwelche Ängste dieser Art!

Buchtipps:
- Matthias Faermann
Schutz vor Gewalt und Kriminalität unterwegs
- Birgit Adam, **Als Frau allein unterwegs**
(beide Bände Reise Know-How Praxis)

Sport und Aktivitäten

Kroatien bietet eine **recht breite Vielfalt** an unterschiedlichen Betätigungsmöglichkeiten im Bereich Freizeit und Sport, was im Folgenden näher ausgeführt wird.

Spitzensport

Zunächst eine Anmerkung zum Leistungssport in Kroatien, der doch im Vergleich zur geringen Bevölkerungszahl des Landes etliche beachtliche Erfolge vorweisen kann. Die junge Demokratie hat nicht nur **zahlreiche Spitzensportler** hervorgebracht (*G. Ivanišević*/Tennis, die vierfache Goldmedaillen-Gewinnerin im Skisport *Janica Kostelić* oder den zweifachen Europameister und dreifachen Vizeweltmeister im Tischtennis *Zoran Primorac*), sondern auch in den klassischen **Mannschaftssportarten** sind kroatische Nationalmannschaften in der Weltelite zu finden. Die Fußballer rangieren in der offiziellen Weltrangliste auf Platz 7 (1998 WM-Dritter), ebenso die Hallenhandballer (Olympiasieger 1996 und 2004, Weltmeister 2003, Vizeweltmeister 1995, 2005 und 2009, und zuletzt 2010 in Österreich Vize-Europameister). Und nicht zu vergessen im Trainerbereich *Otto* „maximale" *Barić*, der 2004 als Fussballnationalcoach gesagt haben soll, Kroatien dürfe getrost gegen jede Nation verlieren – außer gegen Serbien ...!

Strandfreuden

Das Baden im Meer ist für viele die Erholung und der Urlaubsspaß schlechthin. Es gibt in Istrien kaum private oder gesperrte Küstenabschnitte, und selbst in kleinen und mittelgroßen Städten bieten sich immer wieder kleine Buchten und Felsstrände zum Sprung ins kühle Nass an. Sandstrände sind sehr selten: So, wie sich die Berge kahl und steil erheben, so fällt die Küste ebenso kahl und steil ins Meer ab. Die **Felsstrände** sind zwar nicht sonderlich bequem (zum Sonnenbaden), verleihen jedoch der kroatischen Adria mit ihren spektakulären Felsbuchten und Berglandschaften jene klare und ungetrübte Brillanz, die jeden Besucher verzaubert und fasziniert.

Neben den meisten Hotels und Campingplätzen gibt es reihenweise **Sportplätze** für Tennis (sogar ATP-Turniere in Umag), Korbball, Beach-Volleyball usw. Man kann praktisch überall **Boote** sowie **Angel- und Tauchausrüstungen mieten,** auch **Tauch- und Segelkurse** werden organisiert. Außerhalb Istriens wird auf den Flüssen Dobra und Cetina **Rafting** angeboten; **Kajak- und Kanufahrten** auf Wildflüssen werden auf Kupa, Korana, Cetina und Una organisiert.

Hier ein kleiner Überblick über die **Preise** des vor Ort üblichen Strandlebens, die sich als Richtwerte zur Orientierung verstehen:

- **Katamaran:** Verleih 160 K/Stunde, 2-Tageskurs ab 600 K, 5-Tageskurs ab 1200 K
- **Fahrrad:** 20–25 K/Stunde, rund 100 K/Tag
- **Moped:** 450–500 K/Tag
- **Scooter:** ca. 300 K/Tag
- **Motorboot:** ca. 1000 K/Tag
- **Jetski:** 200 K/15 Min.
- **Wasserski:** ab 120 K/Runde
- **Ruderboot:** 30 K/Stunde
- **Tretboot:** 40–50 K/Std.
- **Hüpfburg/Trampolin:** 20 K/5 Min.
- **Sonnenschirm/Liege:** je ca. 30 K/Tag

FKK

Spezialisierte FKK-Campingplätze mit langer Tradition stehen reihenweise zur Verfügung, teilweise mit Mietbungalows. Neben den meisten Hotelstränden und Campingplätzen gibt es auch gesonderte **FKK-Strände** – diese Bereiche sind stets gut beschildert. Kroatien als eines der ältesten FKK-Paradiese Europas gilt auf diesem Sektor ungebrochen als eines der beliebtesten Urlaubsziele überhaupt.

Segeln

Kroatien ist ein sehr beliebtes Revier von Hobby- und Freizeitkapitänen, insbesondere Seglern. Es stehen landesweit über vierzig eingerichtete **Marinas** mit etwa 12.300 Anlegeplätzen im Meer und ca. 4200 Landliegeplätzen zur Verfügung. Größere Marinas bieten technischen Service, Kräne, Tankstellen, Geschäfte und Gaststätten. In den meisten Marinas kann man Jachten mieten, auch Segelkurse werden organisiert.

Zum Thema **Jachtcharter** informieren folgende Verbände/Clubs:

Buchtipps:

Zu sportlichen Betätigungen und aktiver Freizeitgestaltung bietet Reise Know-How eine Reihe von Praxis-Ratgebern an, z.B.:

- Rainer Höh, **Kanu-Handbuch**
- Klaus Becker, **Tauchen in warmen Gewässern**
- Wilfried Krusekopf, **Küstensegeln**

- **Deutscher Segler-Verband (DSV),** Kreuzer-Abteilung, Tel. 089-586282.
- **Zentrale des Adriatic Croatic International Club (ACI),** HR-51410 Opatija, Maršala Tita 151, Tel. 051-271288, Fax 271824, www.aci-club.hr. In den **Charterbasen** Vodice (Norddalmatien, 43°45,2′ Nord, 015°47,0′ Ost, Tel. 022-443086, Fax 442470, m.vodice@aci-club.hr, VHF-Kanal 17) und Trogir (Mitteldalmatien, 43°30,8′ Nord, 016°15,2′ Ost, Tel. 021-881544, Fax 881258, m.trogir@aci-club.hr) wurde eine eigene **Charterflotte** des ACI aufgestellt, bestehend aus Elan-333-, Elan-36-, 40er- und 45er-Schiffen. Im ACI sind mittlerweile 21 Marinas in Kroatien zusammengefasst, auch Einweg-Charter (auch von einer der anderen Marinas) ist möglich. Je nach Boot liegt der reine Charterpreis pro Woche zwischen 1150 und 3500 Euro (Hauptsaison, in der Nebensaison bis zu 50 % Nachlass).
- Daneben bieten einige **Privatfirmen** Bootscharter an, u a. **Orvas,** Šibenska 37, Tel./Fax 021-569836, www.orvas-st.com, in Split, oder **Marina Charter,** ACI Marina Trogir, 21220 Trogir (Kontaktnummer s.o.), die hauptsächlich Bavaria 36 zu vergleichbaren Preisen im Angebot haben.

- **Törns:** Mitgliederreisen aller Art im **Motorsegler „MSY Adria“** ab 900 Euro; ADAC Mitgliederreisen, Pf 190101, 80601 München, Tel. 089-76762552, Fax 7439153.

- **Messe-Schnäppchen:** Segelfreunde wissen natürlich, dass auf der jährlichen Messe BOOT in Düsseldorf (Ende Januar) praktisch alle wichtigen Törnanbieter vertreten sind und teilweise zu Schnäppchen- bzw. Messepreisen um Kunden werben. Auch für Überführungstörns, Pauschaltouren und Komplettcharters hat sich die BOOT als optimale Plattform etabliert.

Wichtige Hinweise für Freizeitkapitäne:

- Es ist verboten, sich mit Motor- und Gleitbooten der Küste näher als 300 m zu nähern! Strengste Vorsicht ist wegen der Badenden geboten, bei Nichteinhaltung dieser Anordnung können fatale Unfälle passieren!
- Vor Verlassen des Hafens **Wetterbericht** (s.u.) einholen; beim Verlassen des Hafens ist eine Abmeldung erforderlich. Wenn der Bericht ungünstig ist, fahren Sie nicht los!
- Unternehmen Sie keine Fahrt ohne entsprechenden **Anker** und eine Ankerleine von mindestens 50 m Länge.
- Für alle Motor- sowie sonstigen Boote über 3 m Länge (Segel- oder Ruderboote) muss beim Hafenamt eine **Fahrtgenehmigung** beantragt werden. Die Anmeldung ist bei jedem Einlaufen eines Bootes in den Hafen bzw. bei Anreise über das Festland erforderlich; die erteilte Genehmigung gilt für ein Jahr. Vorzulegen sind Funkerlaubnis, Führerschein und Bootspapiere. Bei Anreise zur See erfolgt die

Anmeldung in einem der ganzjährig geöffneten Hafenorte: Umag, Poreč, Rovinj, Pula, Raša-Bršica (südlich vor Labin), Rijeka, Mali Lošinj, Senj, Maslenica, Zadar, Šibenik, Split, Ploče, Metković, Korčula und Dubrovnik.

- **Segelwetter** Kroatien (24-Stunden-Dienst) unter: Rijeka Radio auf Kanal 4, 16, 24, 20; Split Radio auf Kanal 7, 16, 21, 23, 28; Dubrovnik Radio auf Kanal 7, 16, 24. Die drei Küstenfunkstellen strahlen täglich Seewetterberichte in kroatischer und englischer Sprache aus: **Rijeka Radio** (UKW-Kanal 24) um 6.35, 15.35 und 20.35 Uhr, **Split Radio** (UKW-Kanal 21, 07, und 28) um 6.45, 13.45, und 20.45 Uhr) und **Dubrovnik Radio** (UKW-Kanal 07 und 04) um 7.25, 14.20 und 22.20 Uhr. Zwischen Mai und Oktober sendet Rijeka Radio außerdem auf Kanal 69 nonstop Wettermeldungen, auch auf Deutsch.

Bootsausflüge

Den Löwenanteil organisierter Bootstouren – abgesehen von reinen Ausflügen, die in den Touristenagenturen angeboten werden – stellen Touren ins Nationalparkgebiet der **Kornaten** (Kornati National Park, Betina 2, Tel. 00385-22-435740, Fax 435058, www.kornati.hr). Der Preis liegt bei ca. 220 K inkl. Essen (zzgl. Parkeintritt). Aktuelle, von der Parkverwaltung lizensierte **Agenturen** für die Kornaten sind:

kro_221 Foto: wl

- **Betina, Morska lastavica,** Tel. 022-436550, morska-lastavica@globalnet.hr.
- **Biograd, Sangulin Tours,** Tel. 098-299659, www.sangulin.hr.
- **Murter, Aquakornat,** Tel. 022-434151, aquarius-murter@si.t-com.hr, und **Coronata,** Tel. 022-435089, www.coronata.hr.
- **Sibenik, NIK,** Tel. 022-338550, www.nik.hr.
- **Vodice, Lirica Tours,** Tel. 022-443018, www.lirica-tours.hr.

Tauchen

Tauchen mit ABC-Ausrüstung (Brille, Schnorchel, Flossen) ist ohne Genehmigung erlaubt, für das **Gerätetauchen** ist eine **Genehmigung** erforderlich, die unter Vorlage von Pass und Brevet bei den Hafenmeistereien, über eine Tauchschule oder bei den Touristenagenturen (nicht bei allen!) problemlos ausgestellt wird. Das ein Jahr gültige Permit kostet 100 K, sofern man seine Tauchgänge über eine ortsansässige Basis arrangiert (diese organisiert dann die Genehmigung). Wer selbstständig tauchen möchte, wird mittlerweile mit stolzen 2400 K zur Kasse gebeten.

Wer sich diesen Betrag leisten will, für den ist es nicht erforderlich, die Tauchgänge über eine Tauchbasis zu arrangieren. **Selbsttaucher** haben an den meisten Basen die Möglichkeit der Flaschenfüllung; zur eigenen Sicherheit ist der Taucher jedoch verpflichtet, bei jedem Tauchgang eine auf der Wasseroberfläche schwimmende Boje mit sich zu ziehen. Theoretisch kann ganzjährig von Sonnenauf- bis Sonnenuntergang selbstständig getaucht werden, für Nachttauchgänge sollte eine Tauchschule eingeschaltet werden. Filmen und Fotografieren unter Wasser ist erlaubt, strengstens untersagt – und für echte Taucher selbstverständlich – ist es, irgendetwas vom Meeresboden zu entfernen; insbesondere das Sammeln von Steinbohrermuscheln *(Lithophaga)* und Seedatteln u.Ä. ist verboten; generell ist auch das Tauchen in Häfen und auf den Schifffahrtswegen strengstens verboten.

Wasserscooter sind absolut in!

Richtpreise für Tauchgänge und Equipment:

- **Flaschenfüllung:** ca. 7 Euro
- **Weste, Automat:** je 5 Euro
- **6er-Tauchpaket:** 150 Euro (eigene Ausrüstung, nur Blei und Flasche); 220 Euro (volle Leihausrüstung)
- **10er-Tauchpaket:** 250–300 Euro (Leihausrüstung extra)
- **Bootsausfahrten** werden meist gesondert berechnet (3–5 Euro pro Tauchgang), ebenso Nichttaucher auf dem Boot (meist 20 Euro)
- **Grundkurs** (Anfängertauchschein inkl. Leihausrüstung): ab ca. 350 Euro

- Weitergehende **Infos** erteilt der **Kroatische Tauchverband,** Dalmatinska 12, **Zagreb,** Tel. 00385-14848765, Fax 14849119, www.diving-hrs.hr.
- **Dekokammern** befinden sich in **Pula** (Istrien), P. Togliattija 47, 52100 Pula, Tel. 052-24572, Fax 217877, mobil 098-255945, und in **Split** (Dalmatien), Domovinskog rata 1, 21000 Split, Tel. 021-343980, Fax 361355, mobil 099-475095.

Sehr beliebt sind **Pauschalarrangements** für Segler oder Taucher, die in Fachzeitschriften („Tauchen“) oder auf der Internationalen Bootsmesse BOOT in Düsseldorf alljährlich angeboten werden. Bei eigener Anreise kostet beispielsweise eine Woche mit Übernachtung und Frühstück inkl. Non-Limit-Tauchen rund 250–300 Euro.

Insgesamt dürften den deutschsprachigen Taucher eher die Inseln der **Kvarner Bucht** und natürlich **Dalmatien** und dessen Inseln begeistern, da sehr viele Basen in Istrien primär auf italienische Kundschaft zugeschnitten sind. Die wichtigsten deutsch-kroatischen oder deutschsprachigen Basen werden in den Ortsbeschreibungen – soweit möglich mit E-Mail – gesondert aufgeführt, da diese oftmals auch gute Unterkunft preiswert arrangieren oder auch selbst anbieten (bevorzugt für Taucher; siehe auch Pauschalangebote in einschlägigen Fachzeitschriften wie „Unterwasser“ oder „Tauchen“).

Angeln/Fischen

Außer zum Angeln am Ufer benötigt man eine **Bewilligung der zuständigen Gemeinde.** Beim lizenzfreien Küstenangeln ist ein Fang von bis zu

5 kg täglich erlaubt. In Häfen und Naturschutzparks ist der Fischfang verboten, dies gilt auch für Muscheln und Krebse.

Fischfanggebiete sind die Gewässer rund um die Küste und die Inseln, wobei hauptsächlich Tintenfisch, Makrele, Goldbrasse, Brauner Serran, Thunfisch, Drachenkopf, Meeräsche, Aal, Zahnbrasse, Gelbstriemen, große Geisbrasse, schwarzer Schattenfisch, Muräne, Sackbrasse, Seebarbe und Rotbrasse gefangen werden.

Die Fremdenverkehrsämter geben alljährlich die **Gratisbroschüre „Sportfischerei"** heraus, ferner kann man sich an die Tourismusbüros vor Ort oder den „Zentralverband für Unterwasseraktivitäten und Sportfischerei am Meer" wenden (51000 Rijeka, M. Gupca 2, Tel. 051-25255).

Wandern

Die meisten Kroatien-Urlauber suchen die Erholung an den Stränden und in den Küstenorten, doch seien wir ehrlich: Nach ein oder gar zwei Wochen des reinen Müßigganges reizt es gewiss, wieder einmal etwas anderes zu sehen und vielleicht einsame Gegenden des Hinterlandes kennen zu lernen. Das Velebit-Gebirge Norddalmatiens, die Nationalparks Paklenica und Biokovo oder auch die unvergleichlichen Plitwitzer Seen drängen sich für ausgedehnte Spaziergänge und Wanderungen geradezu auf. Doch auch im scheinbar flachen Istrien gibt es einige interessante Wandermöglichkeiten.

An den Küsten laden teilweise kilometerlange befestigte Spazierwege an malerischen, einsamen Felsbuchten zu ausgedehnten Fußmärschen ein, besonders beliebt ist heute die Strecke Opatija – Lovran an der Ostküste der istrischen Halbinsel. Einige beispielhafte Wanderungen werden in den Ortsbeschreibungen ausführlicher dargestellt.

Das istrische **Hinterland** bietet kaum höhere Schwierigkeitsgrade. Dennoch sorge man stets neben vernünftigem Schuhwerk auch für ausreichenden Getränkevorrat.

Sportklettern, vor allem im Nationalpark Paklenica (Dalmatien), aber auch auf Istrien, ist mittlerweile recht beliebt; Auskünfte erteilen die Fremdenverkehrsämter der jeweiligen Regionen.

Reiten

Insbesondere an der **istrischen Westküste** bestehen Möglichkeiten zu Ausritten und Reitkursen; in den Ortsbeschreibungen wird gesondert darauf hingewiesen.

Kanu/Kajak

Kajak- und Kanufahrten werden in Kroatien auf den **Flüssen Kupa, Korana, Cetina und Una** organisiert (nicht jedoch in Istrien!), wobei die Cetina (Dalmatien) die besten Möglichkeiten bietet. Über die unten genannten Agenturen besteht jedoch die Möglichkeit, einen Istrien-Urlaub mit einer anschließenden Raftingtour in Dalmatien zu verbinden.

Agenturen/Touren:

- Im **Raum Omiš** arrangiert die Agentur **Active Holidays** neben Rafting auf der Cetina auch Freeclimbing-Kurse, Windsurfen, Tauchen, Unterkunft, Pkw-Vermietung und Ausflüge; Knežova Kačića, Tel./Fax 021-863015, www.activeholidays-croatia.com.
- In **Stanići** bietet die Agentur **Emsa** Riverrafting (neben Freeclimbing, Wandern, Tauchen, Unterkunft, Fischer etc.) zu vergleichsweise günstigen Preisen an; Tel. 021-879047, Fax 897011, www.emsatours.hr.
- Im nahe gelegenen Ortsteil **Nemira** wende man sich an die sehr zuverlässige Agentur **Adria Tours;** Duže Zavlje II/2, Tel./Fax 021-734577, www.adria-tours.hr/.
- Besonderer Beliebtheit erfreute sich in der vergangenen Saison die berühmte „Kombi-Abenteuertour“ der bekannten Firma **Atlas** in **Split,** die ab ca. 900 Euro pro Person gebucht werden kann; Tel. 021-343055, Fax 362012, www.atlas-croatia.com.

In der Bucht von Labin

073is08 Foto: wl

Sprache

Zweisprachig

Zwar wurde das Kroatische nach der Unabhängigkeit die allgemeine offizielle Landessprache, für Istrien gilt jedoch die Besonderheit, dass die Region historisch bedingt offiziell zweisprachig **(Kroatisch und Italienisch)** ist.

Im Gebirgsland des nordöstlichen Istrien wird in einigen wenigen Ortschaften auch das so genannte **„Istrorumänische"** gesprochen, im Süden (Raum Rovinj/Pula) zudem **„Istrioto"** (Istroromano), eine unmittelbar auf das so genannte Vulgärlatein der dort ansässigen Römer zurückgehende Sprache. Beide Idiome sind sehr seltene, eigenständige Sprachen, keine Dialekte.

Kroatisch

Das Kroatische als nationale Landessprache Kroatiens gehört ebenso wie das Slowenische oder auch das Serbische zu den **südslawischen Sprachen.** Im Unterschied etwa zum Bulgarischen oder Serbischen wird in Kroatien allerdings unsere

lateinische Schrift verwendet, sodass dem Besucher die Orientierung anhand von Straßenschildern oder Hotelnamen einfacher fällt als in Sprachgebieten mit kyrillischer Schrift.

Eine weitere Sonderform im kroatischen Sprachgebiet bildete das vermutlich seit Ende des 19. Jh. ausgestorbene **Dalmatische,** eine vom Venezianischen geprägte romanische Sprache. Das Verbreitungsgebiet lag etwa im heutigen Dalmatien und kannte sogar mundartliche Tendenzen, wie etwa das **Ragusische,** eine in Ragusa (Dubrovnik) in Stadtparlament und Handel gesprochene Unterform des Dalmatischen. Am längsten hielt sich das Dalmatische auf der Insel Krk.

Aussprache

Bei der Aussprache des Kroatischen gibt es folgende **Besonderheiten:**

- **c** wie ts
- **č** wie tsch
- **ć** wie tj
- **s** wie ss
- **š** wie sch
- **ž** wie sh in „Gelee"
- **z** wie s in „Suppe"
- **e** wie ä
- **dj** wie j in „James"
- **h** wie ch in „ach"
- **v** wie w
- **r** wie är (Krk = Kärk, Hrvata = Härvata)

Sprachführer

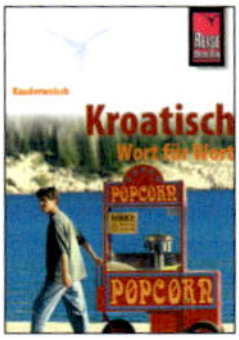

Obgleich man in Istrien neben Italienisch auch sehr gut Englisch und Deutsch versteht, kann ein kleiner Wortschatz der Landessprache in entlegenen Gebieten oder kleinen Orten doch sehr hilfreich sein. Wer sich einige Kroatischkenntnisse für den Urlaub aneignen möchte, sei auf den Kauderwelsch-Band **„Kroatisch – Wort für Wort"** verwiesen, der im Reise Know-How Verlag erschienen ist. Hier werden sehr anschaulich die Grundlagen der Alltagskommunikation erläutert, ohne dass man sich mit unnötiger Theorie und Grammatik herumplagen muss. Ein AusspracheTrainer auf CD ist ebenfalls erhältlich.

Telefonieren

Festnetz

Von den meisten öffentlichen Telefonen kann direkt **nach Mitteleuropa** gewählt werden: Auslandsvorwahl eingeben (Deutschland 0049, Österreich 0043, Schweiz 0041), Ortskennzahl ohne „0“ sowie die Rufnummer des Teilnehmers. **Telefonkarten** erhält man an Kiosken und in Postämtern in unterschiedlichen Guthabenhöhen und können an den weit verbreiteten öffentlichen Fernsprechautomaten der deutschen Telekom, die in Kroatien das Festnetz dominiert, verwendet werden.

Die **Auslandsvorwahl** nach **Kroatien** lautet **00385,** dann ist ebenfalls die Ortsvorwahl (ohne „0“) sowie die Teilnehmernummer zu wählen. Innerhalb Kroatiens wird die „0“ (z.B. 01 für Zagreb, 052 für Istrien, 051 für die Kvarner Bucht einschließlich Pag) mitgewählt.

Handy

Mobiltelefone **funktionieren gut.** Die Kosten ändern sich gerade im Mobiltelefonbereich permanent, ein grober Anhaltspunkt für ein Handy-Gespräch liegt bei derzeit ca. 65 Ct./Minute. Am preiswertesten ist es, wenn man bei seinem Provider nachfragt oder auf der Website nachschaut, welcher der kroatischen Roamingpartner VIP oder T-Mobile in Kroatien am preiswertesten ist, und diesen per **manueller Netzauswahl** bei den Telefonaten voreinstellt.

Nicht zu vergessen sind die **passiven Kosten,** wenn man von zu Hause angerufen wird. Ein Anrufer in Ihrem Heimatland zahlt nur die Gebühr ins inländische Mobilnetz, die Rufweiterleitung nach Kroatien findet man später auf der eigenen Handyrechnung wieder.

Extrem ärgerlich sind diese Kosten vor allem, wenn man nur vergessen hat, die **Rufumleitung auf die Mailbox** zu deaktivieren. Wenn man dann nicht zu erreichen oder es besetzt ist, schlägt sich die Rufumleitung nach Kroatien und dann zurück ins Heimatland doppelt auf Ihrer Rechnung nieder (bzw. bei Prepaid-Verträgen ist das Guthaben schneller verbraucht als erwartet).

Wesentlich preiswerter ist von vornherein die Beschränkung auf das Versenden von **SMS.** Der Empfang von SMS ist in der Regel kostenfrei, der von **Bildern per MMS** nicht nur relativ teuer, sondern je nach Roaming-Partner auch gar nicht möglich. Die **Einwahl ins Internet** über das Mobiltelefon, um Daten auf das Notebook zu laden, ist noch kostspieliger – da ist ein Gang ins nächste Internet-Café weitaus günstiger.

Falls das Mobiltelefon **SIM-lock-frei** ist (keine Sperrung anderer Provider vorhanden ist) und man viele Telefonate innerhalb Kroatiens führen möchte, kann man sich eine örtliche **Prepaid-SIM-Karte** besorgen (siehe auch www.vipnet.hr und www.t-mobile.hr).

- Zu wichtigen **Notrufnummern** siehe „Notfälle".
- **HAK** (kroatischer Automobilclub) für Straßeninformationen: Tel. 01-4640800.
- **Touristische Infos:** Tel. 0800-200-200 (gebührenfrei).
- **Inlandsauskunft:** Tel. 988.

Trinkgeld

Gängige Praxis

Es ist üblich, Beträge von Gastronomierechnungen aufzurunden und etwa Hotelpersonal (Zimmermädchen) eine Aufmerksamkeit von ca. 50 K/Woche zukommen zu lassen. Dies gilt auch für Ferienwohnungen, wenn allgemeine Dienste (Reinigung, Handtuchwechsel usw.) mit einiger Regelmäßigkeit vorgenommen werden. Dabei sollte man die ersten ein bis zwei Tage abwarten und je nach Service dann das Trinkgeld vergeben, um das Personal frühzeitig besonders zu motivieren.

„Bakschischgelder" – wie in anderen Ländern auf dem Balkan teilweise üblich – sind in Kroatien **nicht erforderlich,** also auch nicht für Parkplätze, Auskünfte oder etwa zur Erlangung besonders guter Zimmer.

Uhrzeit

MEZ

In Kroatien gilt wie bei uns die **Mitteleuropäische Zeit** (MEZ) und vom letzten Märzwochenende bis Ende Oktober die **Sommerzeit** (MEZ + 1 Std.).

Unterkunft

Organisiert oder erst vor Ort

Die Unterkunft ist in unmittelbarem Zusammenspiel mit dem Urlaubsort sicherlich das A und O für einen gelungenen Aufenthalt. Grundsätzlich gibt es, von den persönlichen Umständen abhängend, zwei unterschiedliche Vorgehensweisen: Entweder organisiert man vorab eine Unterkunft (Pauschalreise, Unterkunft per Internet buchen usw.), oder man reist zum bevorzugten Zielort und sucht dort auf eigene Faust etwas Passendes.

Kroatien ist prinzipiell ein „El Dorado" für Glücksritter, die sich treiben lassen und unorganisiert reisen und ohne Vorabbuchung ein Zimmer oder ein Apartment vor Ort suchen möchten. Dies ist mit oder ohne Hilfestellung vor Ort möglich, zwei Kleinigkeiten sind aber auch dann zu beachten: Zum einen kommt es im August (Sommerferien in den meisten Ländern) zu Engpässen, außerhalb des „Bettenwechsels" am Samstag muss man schon Glück haben, um etwas Passendes zu finden; und zweitens sollte man auch einen guten Standort für Ausflüge in andere Gebiete Istriens wählen. Natürlich hat jeder seine eigenen Vorstellungen, allgemein ist aber die **Region zwischen Vrsar und Pula/Medulin** ganz besonders gut als Standort mit Tagestouren an beide Küstenseiten sowie ins Hinterland geeignet.

Kategorisierung in Kroatien

Bei **Hotels und Apartments/Bungalows** sowie **Privatunterkünften** wird in Kroatien nach den **Klassen A bis D oder 1 bis 4** unterschieden, manchmal gibt es zusätzlich „L" für Luxus.

Grundsätzlich gilt: Wer eine Hotelunterkunft für den Urlaub sucht, fährt mit einer Pauschalreise in aller Regel weit günstiger als bei Eigeninitiative und Selbstbuchung (vorab oder vor Ort), da die Reiseveranstalter meist einen deutlich günstigeren Preis erzielen als der Einzelreisende. Im Winterhalbjahr sind Hotels oftmals die einzige durchgehend geöffnete Unterkunftsmöglichkeit.

Campingplätze

Für Campingplätze existieren unterschiedliche Kategorisierungen und Angaben über die Qualität, teilweise werden **Sternchen** (* bis ****), teilweise **Kategorien** benannt (Kat. I bis IV), wobei jeweils „1/I" die geringste und „4/IV" die höchste Komfortklasse bedeutet.

Insgesamt gibt es **über 300 registrierte Campingplätze,** etwa je zur Hälfte auf Istrien/Kvarner Bucht und Dalmatien verteilt. In Nordkroatien sind sie prinzipiell größer und besser organisiert (Tischtennis, Minimarkt, Busanbindung etc.), wohingegen viele dalmatischen Campingplätze – von ein paar größeren Plätzen abgesehen – als so genannte „Mini-Camps" lediglich einige Zelt- und Stellplätze mit „rustikaler Atmosphäre", oft ohne jegliche Infrastruktur, anbieten.

Wildes Campen ist in ganz Kroatien nicht nur generell **untersagt,** sondern erweist sich auch insbesondere entlang der dalmatischen Küste mit dem jäh aufsteigenden Bergland als ausgesprochen schwierig.

In Istrien finden sich genügend Unterkünfte, erst recht in den touristischen Hochburgen (hier Vrsar)

078is08 Foto: wl

In der **Hochsaison** ist eine Woche die übliche **Mindestbelegzeit** auf Campingplätzen; darunter wird man oft erst gar nicht aufgenommen. Bei den Unterkünften wird für Kurzzeitbelegungen (bis drei Nächte) ein Zuschlag von 30 % erhoben.

Kategorisierung in diesem Buch

Um dem Leser eine einigermaßen vernünftige **Orientierung** zu ermöglichen, wird in den Ortsbeschreibungen in diesem Buch einheitlich **nach vier Klassen katalogisiert,** dargestellt durch ein bis vier hochgestellte Euro-Zeichen (€€€€). Diese Einteilung ist unabhängig davon, ob vor Ort „2“, „**“, „B“ oder „II“ verwendet wird. Die Kategorien sind der abgebildeten Tabelle zu entnehmen. Genannt sind die Höchstpreise während der Hauptsaison (Mitte Juli bis Ende August); außerhalb der

A-Saison (siehe „Reisezeit“) sinkt der Preis auf etwa zwei Drittel, in der Nebensaison teilweise bis auf ein Drittel! Viele Prospekte, Preistafeln usw. in Kroatien arbeiten bereits auf Euro-Basis, die Abrechnung erfolgt jedoch bis zum EU-Beitritt (und der späteren Umstellung auf den Euro) in Kuna. Dabei akzeptieren manche Privatvermieter den Mietpreis gerne auch in Euro, da sie entweder als Gastarbeiter im Winter in der Eurozone tätig sind oder dort Einkäufe tätigen und sich die Umtauschgebühren sparen möchten.

In der **Tabelle** sind für eine Kategorie jeweils die niedrigsten und höchsten ermittelten Preise in Euro angegeben, bei Wohnwagen und Wohnmobilen inkl. Strompreise, jeweils pro Tag. Bei den Camping-Kategorien handelt es sich um vereinheitlichte Richtwerte; für die individuelle Planung empfiehlt es sich, den kostenlosen Campingplatzkatalog der Fremdenverkehrsämter (siehe „Informationsstellen“) anzufordern.

Kategorien in diesem Buch (Preise in Euro)

Kategorie	Hotel	Apartments/FeWo	Campingplatz
€	DZ Ü/F	2er 25–40	4 Pers./Zelt 20–25
	(kplt f. 2 Pers.)	4er 40–60	4 Pers./WoWa 25–30
	40–65	6er 50–70	4 Pers./WoMo 25–30
€€	65–90	2er 40–60	4 Pers./Zelt 25–30
		4er 60–90	4 Pers./WoWa 30–35
		6er 70–100	4 Pers./WoMo 30–40
€€€	90–160	2er 60–90	4 Pers./Zelt 30–35
		4er 90–120	4 Pers./WoWa 35–40
		6er 100–140	4 Pers./WoMo 35–40
€€€€	160–200	2er ab 100	4 Pers./Zelt 35–45
		4er 120–180	4 Pers./WoWa 40–60
		6er ab 150	4 Pers./WoMo 40–60
€€€€€	ab 200	wie **€€€€**	wie **€€€€**

Abkürzungen: DZ = Doppelzimmer; Ü/F = Übernachtung mit Frühstück; FeWo = Ferienwohnung; WoWa = Wohnwagen; WoMo = Wohnmobil; kplt = komplett, Pers. = Personen

Buchung

Es ist zumindest außerhalb der Hochsaison **kein Problem,** ohne Vorabarrangement nach Kroatien zu kommen; entweder orientiert man sich an den allgegenwärtigen, oft mehrsprachigen Schilderwäldern („apartman" = Ferienwohnung, „sobe" = Zimmer), oder man wendet sich an eine der so genannten Touristenagenturen („Agencija"), die dem Suchenden eine Liste von Privatzimmern und Ferienwohnungen vorlegen – das ist etwa so kompliziert wie bei uns der Zeitungskauf am Kiosk. Dann besichtigt man selbstständig das Objekt. Sollte das Zimmer zusagen, füllt man – wieder beim Agenten – die Unterlagen aus. Der Pass wird zur Registrierung einen Tag (bzw. bis zur Rechnungsbegleichung) hinterlegt. Somit ist gewährleistet, dass Privatzimmer vom Vermieter auch ordnungsgemäß versteuert werden (bis zu 40 %!) und die **Kurtaxe** gezahlt wird (0,50–1,50 Euro/Tag). Der Kunde merkt von Kurtaxe und Vermittlungsprovision nichts, er zahlt einen Endbetrag.

Wer **direkt zu Vermietern** geht (manche freuen sich, können doch Steuer und Kurtaxe sowie Agenturenprovision gespart werden), darf nicht irritiert sein, wenn man gelegentlich trotz der Eigeninitiative an eine Agentur verwiesen wird: Es bestehen oft feste Verträge mit Agenturen, es gibt vielleicht sprachliche Probleme oder man will ehrlich Steuern zahlen.

Man kann also auf eigene Faust entweder vor Ort direkt zum Vermieter gehen oder sich an die örtliche **Touristinformation** oder eine der zahlreichen **Agenturen** wenden, von denen einige günstig gelegene jeweils beispielhaft in den Ortsbeschreibungen erwähnt werden.

Zunehmend bedeutsam werden auch **Internetkontakte,** die entweder über Agenturen (Vermittler) oder auch – allerdings noch nicht so häufig – direkt mit dem Vermieter geknüpft werden können. Dabei sind einige **Besonderheiten** zu beachten: Es gibt zwei verschiedene Agentursysteme, die einen arbeiten von D/A/CH aus, die anderen haben ihren Sitz in Kroatien. Eine Agentur in D/A/CH rechnet in Euro ab und fungiert quasi als „Reiseveranstalter" (mit Sicherungsschein usw.) – man hat also einen Ansprechpartner im Heimatland. Die Rechnung wird nicht nach Kroatien überwiesen (aus D/A/CH recht hohe Überweisungskosten in Nicht-EU-Länder), dafür sind die Gesamtkosten höher als bei Agenturen in Kroatien. Letztere treten auch als Vermittler auf, fordern meist eine Anzahlung von etwa 20 %, der Rest ist dann direkt an den Besitzer der Unterkunft zu zahlen (bar bei der Ankunft). Dabei hat mancher Urlauber ein „flaues Gefühl", gibt es doch keinen Sicherungsschein, die Anzahlung ist nach Kroatien vorab zu überweisen, und man muss zudem darauf vertrauen, dass die Unterkunft zum Zeitpunkt der Ankunft wie vereinbart auch tatsächlich frei ist. Klar ist aber auch, dass der Preis bei kroatischen Agenturen z.T. erheblich günstiger ist als bei Agenturen „mit Sicherungsschein". Zumindest in der Hauptsaison kann man bei zeitgerechter Vorplanung in beiden Fällen sicher sein, ein „Wunschobjekt" anmieten zu können.

Agenturen

Hier eine kleine **Auswahl zuverlässiger Anbieter** (im Internet), wobei meist über die eingestellten Bilder, zum Teil auch über PDF-Prospekte, ein recht guter Eindruck von den anzumietenden Objekten gewonnen werden kann.

- Auf der internationalen Seite **www.ferienwohnungen.net** findet man auch Privatanbieter, u.a. kann man hier „Robinsonurlaub auf den Kornaten" (auf einer einsamen Insel) buchen.
- **www.home-holidays.com** bietet sehr schöne, private und günstige Unterkünfte; der Kontakt wird direkt zum Vermieter hergestellt.

Buchtipp:

- Erich Witschi,

Unterkunft und Mietwagen clever buchen
(beide Bände REISE KNOW-HOW Praxis)

- Die Firma **Adrialin (www.kroatien-adrialin.de)** arbeitet im Unterkunftsbereich mit TÜV-Süd und rund 7500 Privatanbietern zusammen und bietet Unterkünfte vom Gästezimmer über familienfreundliche Ferienanlagen bis zur exklusiven Ferienvilla.
- **www.croliday.com** ist die Homepage der mit zahlreichen Häusern in ganz Kroatien zusammenarbeitenden deutsch-kroatischen Unterkunftsvermittlung **Croliday-Reisen,** Uhlandstraße 21, 71638 Ludwigsburg, Tel. 07141-970202, Fax 970203, croliday@kroatien-croliday.com.
- Schon seit vielen Jahren ist die **Agentur Koima** in Zagreb (Remetinečka 77, 10000 Zagreb, Tel. 00385-01-655667, Fax 6556888, www.apartmani-hrvatska.com) im Geschäft.
- In Salzburg, F. Hanusch Platz 1, Tel. 0043-512-2110400 (aus D/CH) bzw. kostenfrei in Österreich 0800-500802, info@terra.at, www.terra-reisen.com, bietet **Terra-Reisen** als einer der größten Autoreise-Veranstalter sehr interessante Angebote im Unterkunftsbereich, aber auch Flug etc.
- Keine Informations-, sondern eine reine Unterkunftsvermittlungsseite findet man unter **www.istrien.info/.** Man kann über die im Portal integrierte Suchmaschine, aber auch persönlich bei Herrn *Zlatko Dipalo* über Mail (service@istrien.info) oder Tel. 089-97893282 (München) buchen.
- Als weitere gute Seiten seien **www.kroatien-holiday.at, www.adriatica.net** und **www.idriva.de** erwähnt.

Hinweis: Leider tummeln sich inzwischen auch schwarze Schafe vor allem in der Masse der Internetanbieter. So warnen Reisende ausdrücklich in den einschlägigen Foren vor Anbietern, die bereits mehrfach zwar kassiert, dann aber beim Erscheinen der Buchenden vor Ort gar keine Unterkunft bereitgestellt haben sollen. Dabei soll zudem bereits vor der Reise (eigene Anreise, nur Unterkunftsbuchung) der gesamte Preis für die Unterkunft bezahlt worden sein – dies ist in Kroatien unüblich und sollte stets stutzig machen! Üblich ist bei der reinen Unterkunftsbuchung lediglich eine Anzahlung nach der Buchung (meist 100 Euro) und Begleichung des Restbetrages bei der Schlüsselübernahme.

Jugendherbergen

Jugendherbergen gibt es in Kroatien derzeit lediglich in Pula, Punat/Krk, Zadar, Dubrovnik, Veli Lošinj, Zagreb und Rijeka. Ein internationaler Jugendherbergsausweis ist erforderlich, auch empfiehlt sich wegen der großen Nachfrage eine Vorabreservierung (zu den Preisen siehe Ortsbeschreibungen).

Weitere **Auskünfte** sowie **aktuelle Preislisten** können hier angefordert werden:

- **Deutsches Jugendherbergswerk,** Bismarckstr. 8, 32657 Detmold, Tel. 05231-74010, www.jugendherberge.de.
- **Österreichischer Jugendherbergsverband,** Schottenring 28, 1010 Wien, Tel. 01-5335353, www.oejhv.or.at.
- **Schweizer Jugendherbergen,** Schaffhauserstr. 14, 8042 Zürich, Tel. 044-3601414, www.youthhostel.ch.
- **Youth Hostel Association,** Savska Cesta 5, 41000 Zagreb, Tel. 01-4829294, www.hfhs.hr.

Verkehrsmittel

Bahn

Im Vergleich zum Bus bietet die Bahn in Kroatien eigentlich nur eine Alternative für Eisenbahnfans. Die **Verbindungen,** insbesondere im Süden, sind – bedingt durch die gebirgige und teils unzugängliche Landschaft – **außerordentlich beschränkt.** Bahnlinien führen von Slowenien nach Pula (Südspitze Istriens) oder über Karlovac nach Rijeka bzw. durch das Binnenland nach Dalmatien (Za-

014is Foto: wl

dar, Šibenik und Split). In den Ortsbeschreibungen wird auf die jeweiligen Verbindungen hingewiesen. Je nach Route zahlt man in der 2. Klasse als Richtpreis etwa 1,35 K pro Kilometer.

Bus

Busse dürften für diejenigen, die nicht mit einem eigenen Fahrzeug unterwegs sind, das **Haupttransportmittel** sein; die Verbindungen zwischen den einzelnen Ortschaften sind sehr ordentlich und zudem ausgesprochen **preiswert:** Als Faustregel gilt, dass pro Kilometer 0,95 K zu entrichten sind – auch auf internationalen Routen, wenn die Tour in Kroatien beginnt. Preisbeispiele für nationale Strecken wären etwa Zadar – Split 110 K oder Dubrovnik – Split 120 K.

Für Istrien speziell gilt, dass **Pula** das einzige große Zentrum und somit auch Ausgangs- bzw. Endpunkt der meisten Linien ist. Unter www.pulapromet.com findet man sehr nützliche Fahrpläne zum Ausdrucken, dabei muss man nur die Begriffe „polazak iz…" (Abfahrt von), „polazak za…" (Abfahrt nach), „radni dan" (werktags), „subota" (samstags) und „nedelja i blagdan" (sonn- und feiertags) kennen, die auch für aushängende Pläne vor Ort wichtig sein können.

Fähre

Zu den vielen interessanten und sehr beliebten Inseln verkehren ganzjährig **Autofähren,** zu kleineren Insel **Passagierfähren** (teilweise Privatanbieter, zu buchen direkt am Pier). Die meisten in den Karten verzeichneten „Fährorte" sind nur eine Anlegestelle mit einer kleinen Ticketbude. Selbstfahrer stellen sich einfach hinten an und kaufen während der Wartezeit das Fährticket; von den beiden Coupons wird einer bei der Einfahrt auf die Fähre abgegeben, die Kopie gilt als Beleg. Das Fährpersonal ist auch in Stressphasen sehr hilfsbereit und nett.

Wartezeiten kommen durchaus vor, auf die Frequenzen und Verbindungen der diversen Routen wird in den Ortsbeschreibungen eingegangen.

●**Infos:** Über die aktuellen Preise und Fährverbindungen zu den Inseln informieren www.jadrolinija.hr (Tel. Split 21-338333) und www.sem.hr (Tel. 21-589433). Im Raum Istrien sind lediglich Anbindungen auf die brionischen Inseln sowie die PKW-Fähren von/nach Cres (ab Brestova) von Bedeutung.

Taxi

Einige wenige **Großstädte** verfügen über einen regulären, relativ teuren Taxi-Service; Einzelheiten und Richtpreise finden sich in den Ortsbeschreibungen.

Trampen

Ein Wort zum Thema Autostopp: Trampen ist **nicht sonderlich beliebt** in Kroatien, eigentlich sogar eher verpönt. Das heißt allerdings nicht, dass in Notfällen oder bei miserablem Wetter nicht geholfen würde. Im Sommer jedenfalls stehen die Chancen für Tramper eher schlecht, obgleich zu dieser Zeit mehr Touristen als Einheimische auf kroatischen Straßen fahren.

005is Foto: wl

Versicherungen

Die **gesetzlichen Krankenkassen** von Deutschland, Österreich und der Schweiz garantieren eine Behandlung auch im akuten Krankheitsfall in Kroatien, wenn die medizinische Versorgung nicht bis nach der Rückkehr warten kann. Als Anspruchsnachweis benötigt man dafür einen speziellen **Auslandskrankenschein** von der gesetzlichen Krankenkasse (die Europäische Krankenversicherungskarte gilt nicht in Kroatien!).

Im Krankheitsfall besteht ein Anspruch auf ambulante oder stationäre Behandlung bei jedem zugelassenen Arzt und in staatlichen Krankenhäusern. Da jedoch die Leistungen nach den gesetzlichen Vorschriften im Ausland abgerechnet werden, muss man in der Regel zunächst die **Kosten der Behandlung** selbst tragen. Obwohl bestimmte Beträge von der Krankenkasse hinterher rückerstattet werden, kann doch ein Teil der finanziellen Belastung beim Patienten bleiben, also zu Kosten in kaum vorhersagbarem Umfang führen.

Reisekrankenversicherung

Aus diesem Grund ist zusätzlich der Abschluss einer privaten Auslandskrankenversicherung **dringend empfohlen.** Diese sind z.B. in Deutschland ab 5–10 Euro pro Jahr auch sehr günstig. Manchmal ist eine solche Auslandsversicherung, auch für die gesamte Familie, in Kontenverträgen mit Kreditkarte (Bank fragen) bereits enthalten oder kann preiswert über die Automobilclubs abgeschlossen werden. Bei Abschluss der Versicherung – die es mit bis zu einem Jahr Gültigkeit gibt – sollte auf einige Punkte geachtet werden. Zunächst sollte ein **Vollschutz ohne Summenbeschränkung** bestehen, im Falle einer schweren Krankheit oder eines

Pepperoni- und Knoblauchzöpfe – lecker und haltbar

Unfalls sollte auch der **Rücktransport** übernommen werden. Wichtig ist, dass im Krankheitsfall der **Versicherungsschutz über die vorher festgelegte Zeit hinaus** automatisch verlängert wird, wenn die Rückreise nicht möglich ist.

Schweizer sollten bei ihrer Krankenversicherungsgesellschaft nachfragen, ob die Auslandsdeckung auch für Kroatien inbegriffen ist. Sofern man keine Auslandsdeckung hat, kann man sich kostenlos bei Soliswiss (Gutenbergstr. 6, CH-3011 Bern, Tel. 031-3810494, info@soliswiss.ch, www.soliswiss.ch) über mögliche Krankenversicherer informieren.

Zur **Erstattung der Kosten** benötigt man grundsätzlich ausführliche Quittungen (mit Datum, Namen, Bericht über Art und Umfang der Behandlung, Kosten der Behandlung und Medikamente).

Der Abschluss einer **Jahresversicherung** ist in der Regel kostengünstiger als mehrere Einzelversicherungen. Günstiger ist auch die Versicherung als Familie statt als Einzelpersonen. Hier sollte man nur die Definition von „Familie" genau prüfen.

Andere Versicherungen

Ist man mit einem Fahrzeug unterwegs, ist der **Europaschutzbrief** eines Automobilclubs eine Überlegung wert. Wird man erst in der Notsituation Mitglied, gilt diese Mitgliedschaft auch nur für das betreffende Land, und man ist in der Regel verpflichtet, fast einen Jahresbeitrag zu zahlen, obwohl die Mitgliedschaft nur einen Monat gültig ist.

Ob es sich lohnt, weitere Versicherungen abzuschließen wie eine Reiserücktritts-, Reisegepäck-, Reisehaftpflicht- oder Reiseunfallversicherung, ist individuell abzuklären. Gerade diese Versicherungen enthalten viele **Ausschlussklauseln,** sodass sie nicht immer Sinn machen.

Die **Reiserücktrittsversicherung** für 35–80 Euro lohnt sich nur für teure Reisen und für den Fall, dass man vor der Abreise einen schweren Unfall hat, schwer erkrankt, schwanger wird, gekündigt wird oder nach Arbeitslosigkeit einen neuen Arbeitsplatz bekommt, die Wohnung abgebrannt ist u Ä. Nicht gelten hingegen: Terroranschlag, Streik, Naturkatastrophe etc.

Die **Reisegepäckversicherung** lohnt sich seltener, da z.B. bei Flugreisen verlorenes Gepäck oft nur nach Kilopreis und auch sonst nur der Zeitwert nach Vorlage der Rechnung ersetzt wird. Wurde eine Wertsache nicht im Safe aufbewahrt, gibt es bei Diebstahl auch keinen Ersatz. Kameraausrüstung und Laptop dürfen beim Flug nicht als Gepäck aufgegeben worden sein. Gepäck im unbeaufsichtigt abgestellten Fahrzeug ist ebenfalls nicht versichert. Die Liste der Ausschlussgründe ist endlos ... Überdies deckt häufig die Hausratsversicherung schon Einbruch, Raub und Beschädigung von Eigentum auch im Ausland. Für den Fall, dass etwas passiert ist, muss der Versicherung als Schadensnachweis ein Polizeiprotokoll vorgelegt werden.

090is08 Foto: wl

Land und Leute

Überblick

Kroatien

Auf der Karte ähnelt das Territorium Kroatiens einem Bumerang, dessen Basis nach Nordwesten und dessen Spitzen nach Südosten zeigen. Diese recht eigentümliche Form erklärt sich aus der Geschichte bzw. der Zusammensetzung des ehemaligen Vielvölkerstaates Jugoslawien und seiner unterschiedlichen ethnischen Besiedlung. Im Norden **grenzt Kroatien** an Slowenien (gemeinsame Grenzlänge: 501 km), im Osten an Ungarn (329 km), Serbien (241 km) und Bosnien-Herzegowina (932 km), im Süden an Montenegro (25 km). Das Staatsgebiet umfasst ungefähr 56.542 km² und beinhaltet **1185 Inseln,** die größtenteils vor der dalmatischen Küste liegen, von denen allerdings nur 67 bewohnt sind. **Hauptstadt** der Republik Kroatien ist **Zagreb,** wo rund ein Sechstel der insgesamt rund 4,5 Millionen Bewohner des Landes lebt und arbeitet. Die **Bevölkerung** besteht zu 90 % aus Kroaten, 7 % sind Serben, 3 % Italiener, Ungarn, Slowaken, Slowenen, Deutsche und Bosnier.

Geografie

Geografisch unterteilt man Kroatien in das fruchtbare **Flachlandbassin von Sava und Drava** im Nordosten, ein **bergiges Karstland** im Norden und im Zentrum sowie die touristisch bedeutsame **mediterrane Küstenregion.**

Diese Küstenregion – und somit der untere „Bügel" des Bumerangs – gliedert sich historisch bedingt in **drei Regionen:** die Halbinsel Istrien, die sich anschließende Kvarner Bucht sowie, im Süden, Dalmatien. Die gesamte Küste misst eine Länge von 1780 km.

Istrien

Die **Halbinsel** Istrien erstreckt sich nach geografischer Definition eigentlich auf drei Staaten (je ein winziger Teil zu Italien und Slowenien gehörend), wobei sich in der Reiseliteratur der Begriff „Istrien" für den kroatischen Teil der Halbinsel durchgesetzt hat. Die kroatisch **„Istarska županija"** genannte Region Istrien umfasst 2813 km² und wird von rund **210.000 Menschen** bewohnt, wobei nach einer Volkszählung von 2001 eine Verteilung von 148.328 Kroaten (72 %), 14.284 Italienern (7 %), 6613 Serben (3 %), 3077 Bosniaken (1,5 %), 2032 Albanern (1 %) und 2020 Slowenen (1 %) festgestellt wurde. Knapp 9000 (oder gut 4 %) nannten zudem keine klassische Nationalität, sondern bezeichneten sich als „Istrer".

Die in diesem Band ebenfalls beschriebene **Riviera von Opatija** gehört administrativ und historisch zur Gespanschaft Primorje Gorski Kotar

(Kvarner Bucht), geografisch jedoch noch zur Halbinsel Istrien.

Zweisprachigkeit

Die historischen Entwicklungen (siehe „Geschichte") auf der einen und die heutige Bevölkerungszusammensetzung auf der anderen Seite brachten auf Istrien **Besonderheiten** mit sich, so zum Beispiel die offizielle Zweisprachigkeit (Kroatisch und Italienisch), was sich etwa in zweisprachigen Orts- und teilweise sogar Straßenschildern äußert.

Regionalbewusstsein

Das historisch bedingte besondere „Regionalbewusstsein" äußerte sich politisch in der Gründung der IDS. Die „Istrische Demokratische Versammlung" (*Istarska Demokratična Sobranija*, siehe auch „Politik") versteht sich zum einen als Widerpart der Zentralregierung in Zagreb und zum anderen als Vorreiter einer istrischen **Unabhängigkeitsbewegung,** ohne allerdings (momentan zumindest) einen formellen Austritt aus dem kroatischen Staatsverband zu fordern. Durch die besondere Wirtschaftskraft Istriens (Tourismus!) scheint eine Art Nord-Süd-Konflikt auf Dauer unvermeidlich, ohne dass die IDS zu Gewaltmaßnahmen greifen würde (die baskische ETA wird hier oft als Negativbeispiel zitiert). Auch zu Zeiten *Tuđmans* wirkte die IDS von ihrem Zentrum Pula aus als Speerspitze gegen den monokratischen Machtapparat des Staatsgründers.

Klima

Mittelmeerklima

Entlang der kroatischen Küste herrscht Mittelmeerklima mit **warmen, trockenen Sommern** und **milden Wintern,** wobei es innerhalb dieses langen Küstenabschnitts noch gewisse Unterschiede gibt (siehe Grafik). Der Grund dafür ist die jeweilige Lage zu den schützenden Bergketten des Festlands.

Als Faustregel kann festgehalten werden, dass es von **Mitte Juni bis Ende August kaum regnet** und die Tageshöchsttemperaturen mit schöner Regelmäßigkeit über die 30°C-Marke klettern, wobei die Temperaturen der dalmatinischen Gefilde meist noch um ein bis zwei Grad höher liegen als die auf der istrischen Halbinsel. Nicht zuletzt wegen des besonders milden Klimas konnte die Region Istrien eine traditionelle Vorreiterrolle im Tourismus einnehmen.

Zur Thematik vergleiche auch den Abschnitt **„Reisezeit"** im Kapitel „Reisetipps A–Z".

Mittlere tägliche Maximum- und Minimumtemperaturen in °C

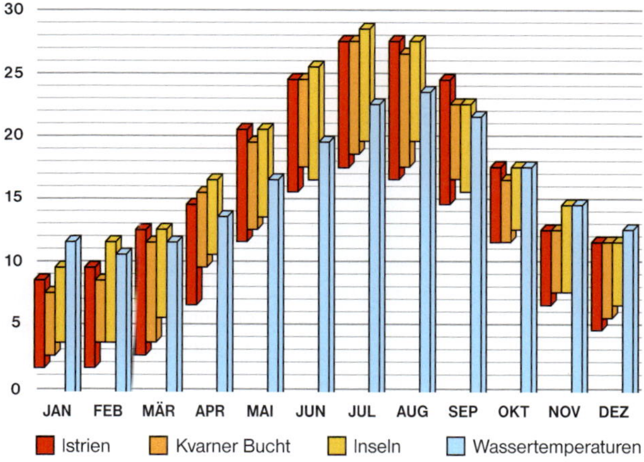

Mittlere Niederschlagsmenge pro Monat in mm

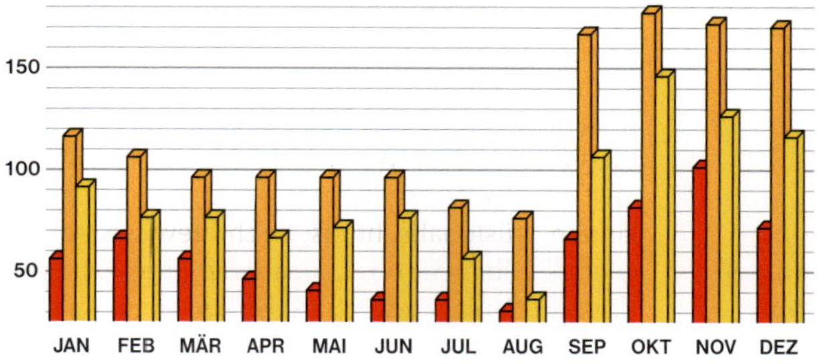

Flora und Fauna

Pflanzenwelt

Jedes Fleckchen fruchtbarer Erde wird zum Anbau genutzt: Wein, Paprika, Oliven, Tomaten und andere **Obst- und Gemüsesorten** zählen zu den wichtigsten landesüblichen Agrarerzeugnissen, wobei freilich die Pflaume als Basis für den allgegenwärtigen, selbst gebrannten *Šlivovica* (Pflaumenschnaps) nicht vergessen werden darf. Häufige Nutzpflanzen sind auch **Maulbeer-, Lorbeer-** und **Feigenbaum** sowie **Esskastanien** (Maroni). Ansonsten wächst auf dem steinigen Karstboden ein spärlicher, immergrüner **Buschwald** mit Rosmarin, Salbei und Thymian; sehr markant duftet auch das Maggikraut. An der istrischen Küste und auf den Inseln gedeiht der **Ölbaum,** sonst finden sich vorwiegend **Nadelhölzer** wie Zypressen, Kiefern und Pinien. Exotische Gewächse wie etwa Tamarisken, Akazien, Agaven und Palmen werden an einigen „Vorzeigepromenaden" (z.B. Opatija) gepflegt.

Säugetiere

Wo eine Kultivierung der Felslandschaften nicht möglich ist, dominieren Ziege und Schaf als pflegeleichte **Nutztiere.** Esel und Mulis dienen noch heute als Transportmittel auf den unwirtlichen Bergpfaden und Hängen. **Wild lebende Säugetiere** scheinen weit seltener vorzukommen als in nördlicheren Gefilden; gelegentlich hoppelt ein Hase durchs Hinterland, auch Rot- und Schwarzwild lebt im Landesinneren. Luchse und Bären haben im Kvarner Hochland zwischen den Nationalparks Plitvice und Risnjak eine Heimat gefunden. Mit etwas Glück kann man sogar **Steinadler** beobachten, auf den Kvarner Inseln auch **Weißkopf-** oder **Gänsegeier.**

Unterwasserfauna

Unter Wasser entdeckt der Taucher Nacktschnecken, Einsiedlerkrebse, Garnelen, Seeigel, Seespinnen, Sepia, Zackenbarsche und sogar Katzenhaie. Auch an Wracks und Grotten oder Höhlen mangelt es nicht. Bedingt durch den Felsboden ist die **Sicht sehr gut,** das **Wasser** fast überall **von hervorragender Qualität.** Umweltschäden sind in der kroatischen Adria glücklicherweise nicht vorhanden.

Kroatiens fünf größte ...

Kroatiens fünf höchste Berge (in m):

Dinara	1830
Kamešnica	1810
Sveti Jure	1762
Vaganski Vrh	1757
Ozeblin	1657

Kroatiens fünf längste Flüsse (in km):

Sava	562
Drava	505
Kupa	296
Donau	188
Bosut	151

Kroatiens fünf größte Inseln (in km²):

Krk	410
Cres	410
Brač	395
Hvar	300
Pag	285

Kroatiens fünf größte Städte (Einwohner):

Zagreb	779.000
Split	222.000
Rijeka	145.000
Osijek	115.000
Zadar	92.000

Kroatiens fünf größte Nationalparks (in km²):

Kornati	234
Plitwitzer Seen	195
Krka-Fälle	110
Paklenica	102
Mljet	54

Geschichte Kroatiens

Überblick Die Entwicklung der einzelnen Regionen Kroatiens nahm – bedingt durch die Lage zwischen verschiedenen Machtregionen – einen sehr unterschiedlichen Verlauf. Daher wird in den Ortsbeschreibungen der jeweiligen Stadtgeschichte stärker Rechnung getragen, an dieser Stelle sei zunächst ein kurzer Gesamtüberblick zu Kroatien gegeben.

Jungsteinzeit **Besiedlung der Adriaküste** vor 10.000 Jahren, erste Haustiere und Kulturpflanzen.

ab 1000 v. Chr. **Illyrische Stämme** siedeln sich – von Nordeuropa kommend – in Istrien (Histrer) und Dalmatien (Dalmater und Liburner) an.

ab 400 v. Chr. Einwanderung von **Kelten** und Verschmelzung zu einer illyrisch-keltischen Mischbevölkerung. **Griechische Kolonialisten** gründen Handelsniederlassungen auf Korčula, Hvar und Vis sowie dem Festland zwischen Split und Dubrovnik.

200 v.–200 n. Chr. Die **Römer** erobern zunächst den illyrischen Siedlungsraum (Kaiser *Augustus* und *Tiberius*), Zentrum der neuen Kultur wird Pula.

3.–5. Jh. Der in Dalmatien geborene Kaiser *Diokletian* macht Split zu seinem Zentrum (Diokletians-Palast). Das **Christentum** verbreitet sich, erste christliche Basiliken entstehen.

um 620 Einwanderung der **Kroaten** aus der slawischen Urheimat, die in der südwestlichen Ukraine (Pripjat-Sümpfe) angenommen wird, unter dem Druck der Völkerwanderungen.

bis 825 Der kroatische Balkan steht unter **byzantinischer und fränkischer Oberhoheit.**

925 Unabhängiges Königreich unter König *Tomislav*.

1102 *Koloman von Ungarn* wird König von Kroatien: Beginn der **ungarischen Oberhoheit** (bis 1918).

1527 *Ferdinand I.* von Habsburg (der spätere römisch-deutsche Kaiser) wird König von Ungarn-Kroatien; die **Habsburger** behalten die Krone bis 1918. Kroaten und Deutsche haben bis 1806, Kroaten und Österreicher bis 1918 ein gemeinsames Staatsoberhaupt.

1573 Bauernaufstände.

1797 *Napoleon* erobert Dalmatien.

ab 1830 Nationale Wiedergeburt, insbesondere auf sprachlichem Gebiet.

1848 Krieg und Trennung von Ungarn.

1868 Kroatisch-ungarische Gleichberechtigung.

1.12.1918 Königreich der **Serben, Kroaten und Slowenen.**

1918 Nach dem Zusammenbruch der k.u.k. Doppelmonarchie Österreich-Ungarns am Ende des Ersten Weltkriegs fällt ganz **Istrien an Italien** (bis zum Jahr 1943).

10.6.1928 Kroatenführer *Stjepan Radič* (Gründer der Bauernpartei) wird im Parlament in Belgrad ermordet.

6.1.1929 **Königreich Jugoslawien.**

6.4.1941 Einmarsch der **deutschen Truppen** in Jugoslawien und Besetzung.

10.4.1941 Kroatischer, faschistischer Ustaša-Staat unter Führer *Ante Pavelič*.

098is08 Foto: wl

Mosaik und Inschrift an der Eufrasius-Basilika in Poreč

SI QVIS
NTROIERIT
SALVABITVR

17.4.1941	Bedingungslose Kapitulation Jugoslawiens.
29.11.1945	Sozialistische Föderative Republik Jugoslawien unter **Tito.**
28.6.1948	**Bruch mit Moskau** (Beginn des jugoslawischen „Sonderweges“).
1970/71	**„Zagreber Frühling“:** national-demokratische Massenbewegung unter Führung von Intellektuellen und Studenten zusammen mit der kroatischen Parteispitze, Niederschlagung durch die jugoslawische Regierung.
4.5.1980	Tod *Titos.*
8.4.1990	*Dr. Franjo Tuđman* wird Präsident des kroatischen Republik-Präsidiums.
Mai 1990	Die „Kroatisch Demokratische Gemeinschaft“ (HDZ) gewinnt die absolute Mehrheit bei den ersten freien postkommunistischen Parlamentswahlen.
Aug. 1990	Aufruhr kroatischer Serben in Knin, Beginn des bewaffneten Konflikts.
17.3.1991	„Serbische Republik Krajina“ erklärt sich für unabhängig.
25.6.1991	**Unabhängigkeitserklärung Kroatiens.**
3.8.1991	1. Briuni-Abkommen: dreimonatiges Moratorium der Unabhängigkeitserklärung.
ab Sept. 1991	**Krieg in Kroatien.**
7.10.1991	Serbische Bombardierung von Zagreb.
19.11.1991	Fall von Vukovar.

23.12.1991 **Anerkennung** durch Deutschland und die meisten anderen EU-Staaten mit Wirkung vom 15. Januar 1992.

19.1.1992 Aufnahme dipl. Beziehungen mit Deutschland.

Jan. 1992 Vance-Friedensplan.

12.2.1992 UNO-Truppen-Stationierung (UNPROFOR).

Frühjahr 1992 Serbische Belagerung und Beschuss Dubrovniks.

2.1.1993 Kroatischer Angriff im Hinterland von Zadar (Maslenica).

28.2.1993 Washingtoner Abkommen zur Gründung der **Bosnisch-Kroatischen Föderation** in Bosnien und Herzegowina (BiH).

April 1993 Ausbruch bewaffneter Konflikte zwischen Kroaten und Muslimen in Bosnien-Herzegowina.

Sept. 1993 Kroatische „Medak-Offensive" bei Gospič.

1.5.1995 Kroatische Rückeroberung des serbisch kontrollierten Westslawoniens („Aktion Blitz").

2.–3.5.1999 Raketenbeschuss Zagrebs durch Serbien.

4.–7.8.1995 Kroatische Rückeroberung der serbisch kontrollierten Krajina („Aktion Sturm").

12.11.1995 Vertrag von Erdut mit den Behörden der serbisch kontrollierten Gebiete in Ostslawonien, der Baranja und Westsyrmiens über Wiedereingliederung in Kroatien nach VN-Verwaltung (UNTAES).

14.12.1995 Kroatien unterzeichnet das Daytoner Friedensabkommen.

23.8.1996 Normalisierungsabkommen zwischen Kroatien und der **Bundesrepublik Jugoslawien.**

6.11.1996 Aufnahme Kroatiens in den **Europarat.**

15.1.1998 Ende des UNTAES-Mandats und vollständige Wiedereingliederung von Ostslawonien, Baranja und Westsyrmien in den kroatischen Staatsverband.

Nov. 99– Jan. 2000 Der schwer erkrankte Präsident *Tuđman* liegt im Sterben, seine Nachfolge ist offen, sein Tod beendet eine autokratische Ära.

Febr. 2000 **Stipe Mesić** wird am 7.2. zum neuen Präsidenten gewählt und am 18.2. offiziell in sein Amt eingeführt. Der Chef der HND verspricht eine Abkehr vom Einheitsstaat der bis dato vorherrschenden HDZ und der *Tuđman*-Verstrickungen.

13.7.2000 Die **Liberalisierungswelle** erreicht einen vorläufigen Höhepunkt mit der Entlassung des *Tuđman*-Getreuen *B. Tolič* als Chef der staatlichen Nachrichtenagentur HINA.

1.10.2000 *Mesić* kritisiert öffentlich kroatische Kriegsverbrechen der HVO (kroatische Armee) während des Balkankrieges und verspricht weiterhin gerichtliche Verfolgung, auch wenn es sich um Kroaten handele; mehrere rechtsnationalistische Generäle attackieren ihn in einem offenen Brief. *Mesić* setzt sich durch und schickt sie in den Ruhestand.

März 2001 Kroatien liefert den wegen Kriegsverbrechen angeklagten General *Norič* aus – Zehntausende protestieren in Split dagegen, ebenso viele in Pula dafür; die Regierung bleibt hart.

Augustus-Tempel in Pula: Relikt des Imperium Romanum

25.6.2001 Zehnjähriges Unabhängigkeitsjubiläum. Präsident *Mesić* will seine Politik der inneren Liberalisierung und außenpolitischen **Westintegration** bei gleichzeitiger Aussöhnung mit den östlichen Nachbarn fortsetzen.

Juli 2002 Die Regierung *Račan* tritt zurück, 5-Parteienkoalition gescheitert. **Nationalkonservative** im Aufwind (rechtskonservative HDZ demoskopischen Umfragen zu Folge wieder stärkste Partei).

Sept. 2002 *Ivica Račan* wird von *Mesić* wieder zum Premier ernannt – er versucht nun ohne HSLS *(D. Budiša)* die **Europäisierung** (EU-Beitritt) umzusetzen und die Arbeitslosigkeit (über 20 %!) abzubauen.

054is Foto: wl

Jan. 2003 Der damalige EU-Erweiterungskommissar *Günther Verheugen* bezeichnet Kroatien und Bosnien-Herzegowina als aussichtsreiche Kandidaten für spätere Beitrittsrunden.

Febr. 2003 Erneut werden in der Landespresse amerikanische Pläne zur Modernisierung des traditionellen Diokletianspalastes (Split) heftig und kontrovers diskutiert. Das marode Weltkulturerbe soll angeblich einem modernen Stadtzentrum weichen.

April 2003 Auf dem **Athener EU-Gipfel** (Beschluss der großen Osterweiterung für 2004) legt Kroatien sein offizielles **EU-Beitrittsgesuch** vor.

Herbst 2003 *Ivo Sanader* reformiert die extrem rechtskonservative **HDZ** und kooperiert in offenen Fragen hinsichtlich EU und Auslieferung gesuchter Kriegsverbrecher. Die HDZ wird damit wieder „hoffähig".

Febr. 2004 Die HDZ gewinnt die **Parlamentswahlen** und bildet die neue Regierung, **Ivo Sanader** löst *Ivica Račan* als Premierminister ab.

Juni 2004 Kroatien wird **offizieller EU-Beitrittskandidat**.

2005 *Stjepan Mesić* wird in einer Stichwahl als Präsident wiedergewählt und führt Kroatien in die Verhandlungen mit der Europäischen Union.

2006 Kroatien wird offiziell von der UN-Sonderbeauftragten für die Verfolgung von Kriegsverbrechen, *Carla del Ponte,* für die gute Zusammenarbeit gelobt und in dieser Hinsicht als EU-reif beurteilt. Ähnlich zufrieden äußert sich *Klaus-Peter Willsch,* Vorsitzender der Deutsch-Kroatischen Parlamentariergruppe im Deutschen Bundestag: „Der (jüngste) Bericht ist ein Beweis dafür, dass Kroatien auf einem sehr guten Weg in die EU ist. Im Vergleich zum Vorjahr sind im neuen Fortschrittsbericht nur noch wenige offene Fragen und Kritikpunkte."

2008 Nach spannenden Parlamentswahlen (Nov. 2007) konnte sich die HDZ knapp vor der SDP *Zoran Milanovićs* behaupten. Premierminister *Sanader* wollte bis Ende 2008 die **EU-Beitrittsverhandlungen** abschließen und anschließend durch Referendum die kroatische Bevölkerung über den Beitritt entscheiden lassen.

Juli 2009 *Sanader* tritt im Juli überraschend zurück; seine Position nimmt *Jadranka Kosor* (ebenfalls HDZ) ein. Erstmals hat damit eine Frau das Amt der Regierungschefin Kroatiens inne. Grenzdispute mit Slowenien legt sie bei und ermöglicht damit die Aufhebung des Vetos Sloweniens gegen Kroatiens EU-Beitritt.

Januar 2010 Im zweiten Präsidentschaftswahlgang setzt sich der sozialdemokratische Jurist *Ivo Josipović* mit 60,3 % der Stimmen durch und wird neues Staatsoberhaupt.

Geschichte Istriens

Antike In der Bronzezeit stand Istrien unter dem Einfluss der nordostitalienischen Padana-Kultur, wobei der heutige istrische Ort Premantura als älteste Siedlung der Halbinsel gilt. In der römischen Antike als **„Histria"** bezeichnet, übertrug sich dieser Name auch auf die mit den Liburnern und Venetern verwandten Bewohner der Halbinsel (Histrier). Nach der Eingliederung Venetiens in das **Römische Reich** überfielen die Histrier römische Handelsschiffe, was mehrere Kriegszüge der Römer gegen die istrischen Piraten zur Folge hatte. Nach der Gründung der römischen **Kolonie Aquilea**

(181 v. Chr.) nahmen die Auseinandersetzungen zu, bis 178 v. Chr. wurde Istrien vollständig erobert. Zunächst (bis zur Zeit *Julius Caesars*) gehörte Istrien dann zum römischen Gebiet Illyricum, wurde unter *Augustus* aber mit Venezien als Region **Venetia et Histria** an Italien angeschlossen (automatisches Bürgerrecht).

Mittelalter

Istrien wurde in der Folge von so genannten **Alpenromanen** besiedelt, nicht jedoch von den ab dem 6. Jh. vorrückenden Slawen. Auch daraus leiten die „Ister" noch heute eine Sonderrolle innerhalb Kroatiens ab. Der Karolinger *Karlmann* (Thronfolger *Karls des Großen*) verleibte Istrien 789 der Mark Friaul und somit dem Frankenreich ein, von 827 an folgten die Unterstellung und Integration in das **Patriarchat Aquilea** (siehe Glossar).

Unter den Ottonen (10. Jh.) fiel dieses Patriarchat Aquilea (im Prinzip Nordostitalien mit Istrien) zunächst an Bayern und später an Kärnten, ab 1040 unter *Heinrich III.* aber wurde Istrien als gesonderte **„Markgrafschaft Meranien"** wieder ausgegliedert und mehrfach als Lehen vergeben, unter anderem an die Grafen von Andechs (1170) und Herzog *Ludwig von Bayern* (1208). Letzterer legte auf südalpine Besitzungen nur geringen Wert und gab den Ansprüchen des Patriarchen von Aquilea bereitwillig nach. Bis ins 13. Jh. hinein verblieb Istrien nun unter der Oberhoheit von Aquilea, ehe die Venezianer nach dem Ende der Stauferzeit an Einfluss gewinnen konnten und sich im Frieden von Treviso (1291) die Küstenregionen sicherten. Das Landesinnere dagegen kontrollierte das Adelsgeschlecht derer *von Görz,* nach denen künftig Binnenistrien benannt werden sollte.

Neuzeit

Das Gebiet der Grafen *von Görz* im Landesinneren fiel später an die Habsburger, die Küstengebiete **(„venezianisches Istrien")** verblieben rund 400 Jahre unter der Herrschaft der Dogenrepublik. Aus dieser Epoche erklärt sich auch das deutlich erkennbare venezianische Flair der istrischen Küstenstädte Koper, Pula, Poreč, Rovinj, Umag und Labin. Ab 1797 kurzzeitig von Österreich besetzt, musste Istrien jedoch schon im Frieden von Pressburg (1805) an Italien abgetreten werden (*Napoleon Bonaparte* war auch König von Italien) und wurde mit der Hauptstadt Koper zum **Département Istrien.**

1813 eroberte **Österreich** die istrischen Gebiete zurück, die 1815 der Monarchie eingegliedert wurden. Zusammen mit der heutigen Kvarner Bucht hatte die seinerzeitige **„Markgrafschaft Istrien"** rund 350.000 Einwohner und mit Pula seit 1867 den bedeutendsten Flottenstützpunkt der kaiserlich-königlichen Kriegsmarine.

Epoche der Weltkriege

Italien, das bereits durch Venedig eine wichtige Rolle auf der istrischen Halbinsel gespielt hatte, hatte 1915 (Londoner Vertrag) Gebietsansprüche angemeldet und trat nur unter der Bedingung der Erfüllung dieses Vertrages dem **1. Weltkrieg** bei. 1919 fiel somit ganz Istrien an Italien, was auch im bilateralen italienisch-jugoslawischen Abkommen von 1920 (Grenzvertrag von Rapallo) bestätigt wurde. Damals lebten in Istrien 385.000 Menschen, davon 43 % Kroaten, 38 % Italiener, 14 % Slowenen und 5 % andere Minderheiten.

In der Zwischenkriegszeit – und insbesondere zur Zeit des **italienischen Faschismus** – wurden rigorose **Zwangsitalianisierungen** vorgenommen, um die demografische Realität irreversibel „italienisch" zu gestalten. Während das multikulturelle Österreich zuvor nur den örtlichen Gegebenheiten angepasste Maßnahmen ergriffen hatte (Slawisierung von Orts- und Familiennamen), waren die Italiener radikaler: So wurden die Landessprachen Slowenisch und Kroatisch im öffentlichen Leben (z.B. Schulen) ebenso wie beim Druck von Zeitungen verboten. Etwa 7 % der Bevölkerung flohen vor diesen und schlimmeren Repressalien, kleinere antifaschistische Aufstände gegen das Regime waren erfolglos. Am bekanntesten wurde der **Aufstand von Labin** (2.3.1921), als die Bergarbeiter in den Streik traten und die – nach 36 Tagen zerschlagene – „Labinska Republika" ausriefen.

Nun nimmt es in Anbetracht dieser Ereignisse nicht weiter Wunder, dass sich die lokale Bevölkerung im **2. Weltkrieg** nur allzu gerne auf die Seite des antifaschistischen Widerstandes stellte, wobei die Partisanen *Titos* auch Kroatien und Slowenien integrieren wollten. 1943 stieg Italien aus dem Kriegsgeschehen aus, was zur sofortigen Besetzung der Ostadria und Istriens durch die deutsche Wehrmacht (bis Frühjahr 1945) führte.

Nachkriegszeit

1945 wurde nach Kriegsende das zweite Jugoslawien unter *Tito* gegründet, das eigentlich italienische Istrien dabei teilweise von *Titos* Truppen besetzt und – von den Alliierten für *Titos* Kampf gegen die Faschisten stillschweigend geduldet – ein Großteil dem neuen **Jugoslawien** angegliedert.

110is08 Foto: wl

Der „Kroatische Frühling“

Der kroatische PEN-Klub (Schriftstellerverband) um *Miroslaw Krleža* veröffentlichte **1967** eine Denkschrift zur kroatischen Schriftsprache, die ausgehend von Intellektuellen und Studentenvereinigungen zu einer kleinen kroatischen **Nationalbewegung** im Zeitalter der Volksaufstände in den Marionettenstaaten hinter dem „Eisernen Vorhang“ („Prager Frühling“, Ungarn) erwuchs. Während das Tito-Regime jeglichen Nationalismus als staatsgefährdend verbot, bestand diese Bewegung auf einer gewissen Eigenständigkeit innerhalb des Staates. Es ging dabei weniger um einen kroatischen Nationalismus, als vielmehr um **wirtschaftliche Gerechtigkeit** (rund 85 % der Einnahmen mussten an Belgrad abgetreten werden).

Die zunächst rein theoretische Auseinandersetzung begann **1971** zu eskalieren, als Studenten in Zagreb öffentlich demonstrierten und kroatische Sprachwissenschaftler eine rein kroatische Grammatik veröffentlichten.

Das Tito-Regime musste reagieren: Die Grammatik wurde verboten (da nicht „jugoslawisch“, „serbokroatisch“ oder „kroatoserbisch“), Studentenführer und viele Professoren von den Hochschulen ausgeschlossen, die Bewegung als „kroatischer Faschismus“ verfolgt. **Folterungen, Inhaftierungen und politische Morde** an Exilkroaten durch den jugoslawischen Geheimdienst UDBA waren die Folge. Dennoch blieb die Auseinandersetzung im Vergleich zu anderen Staaten relativ gewaltfrei. 1974 wurde dann eine neue Verfassung verabschiedet, die den Teilrepubliken umfassende Autonomien einschließlich eines (1991 dann auch reichlich genutzten) Sezessionsrechtes einräumte – ein weit vorausschauender Triumph der Initiatoren des „Kroatischen Frühlings“.

Die Westküste von Pula bis Triest gehörte zum so genannten **„Freien Territorium Triest“**, welches bis 1954 unter britisch-amerikanischer Militärverwaltung stand.

1947 wurde Pula an Jugoslawien angeschlossen, 1954 folgte ein **Vierparteienabkommen** (USA, Großbritannien, Jugoslawien, Italien) über die Be-

Kanonen können auch sinnvoll genutzt werden ... (in Rabac)

endigung der Triester Militärzone, wobei Istrien praktisch vollständig Jugoslawien zugesprochen und den Teilrepubliken Slowenien (Kapo d'Istria/ heute Koper bis Portorose/heute Protorož) und Kroatien (der überwiegende Großteil) angegliedert wurde.

Besonders in Istrien versuchten die Kommunisten in dieser ersten Nachkriegsphase eine **ethnische Verschiebung** zu Gunsten der „Jugoslawen" gewaltsam herzustellen; in Folge zahlreicher Repressalien flohen rund 250.000 Italo-Istrianer (rund 90 % der italienischstämmigen Bevölkerung) aus der Region. 1975 wurden die festgelegten Grenzen im bilateralen Vertrag von Osimo zwischen Italien und Jugoslawien als endgültig bestätigt. Im Gegenzug für den definitiven Verzicht Italiens auf Istrien wurde eine Zusatzvereinbarung zum **Schutz der italienischen Minderheit** abgeschlossen, welche auch von den jugoslawischen Nachfolgestaaten Slowenien und Kroatien übernommen wurde. Aus diesen Ereignissen speist sich das bis heute ungelöste Problem der Frage nach Entschädigungen für die durch das Tito-Regime an Italo-Istrianern vorgenommenen Enteignungen von Haus- und Grundbesitz.

Eine zweite Problemstellung waren einige Ungenauigkeiten bei den **Binnengrenzen zwischen Kroatien und Slowenien,** die während der gesamtjugoslawischen Phase keine große Rolle spielten, nach dem Zerfall Jugoslawiens 1991/92 dann aber rein politisch ausgetragene Streitigkeiten insbesondere zum Grenzverlauf in der Bucht von Piran zwischen Slowenien und Kroatien zur Folge hatten. Dies führte zu einer Blockade der Beitrittsbemühungen Kroatiens zur EU (Veto Sloweniens!), welche aber unter dem neuen Führungsduo *Jadranka Kosor/Ivo Josipović* beigelegt werden konnte.

Istrien stimmte übrigens bei der Präsidentschaftswahl 2010 nahezu geschlossen für den neuen Präsidenten *Ivo Josipović.*

Staat und Politik

Das neue Kroatien

Parlamentarische Demokratie

Dem Modell moderner europäischer Staaten folgend, basiert die „Republika Hrvatska" (Republik Kroatien) gemäß der **Verfassung von 1990** auf einer demokratischen und sozialen Struktur. Die kroatische parlamentarische Demokratie – zumindest nach *Tuđman* nicht nur auf dem Papier existent – zeichnet sich demgemäß durch eine **Gewaltenteilung** in Legislative (Gesetzgebung), Judikative (Gerichtsbarkeit) und Exekutive (Vollzugsorgane) mit einem starken **Präsidenten** *(Ivo Josipović)* an der Spitze aus.

Das **kroatische Parlament** *(Sabor)* besteht aus zwei Kammern mit einer Komitatenkammer (63 Mitglieder, Vertreter der Regionen) sowie dem eigentlichen Abgeordnetenhaus mit 152 frei gewählten Parlamentariern. Als Besonderheiten sind zu erwähnen, dass der Staatspräsident ein lebenslanges Mitgliedschaftsrecht in der Komitatenkammer genießt und alle nationale Minderheiten Anspruch auf – je nach Wahlergebnis – mindestens einen Sitz im Abgeordnetenhaus haben.

Josipović-Administration

Die Josipović-Administration genießt im Westen einiges Ansehen und ist ernsthaft bemüht, den „Filz" der Tuđman-Ära zu beseitigen. Das gilt auch für **Ex-Regierungschef Ivo Sanader,** der nicht nur die einstige Einheitspartei HDZ reformierte, sondern auch das brisante Thema der Kriegsverbrecherfragen energisch und im Sinne Den Haags (Internationales Strafgericht) anging.

Bei den **Parlamentswahlen** vom November **2007** blieb seine HDZ (61 Mandate) knapp vor der SDP *Zoran Milanovićs* (56 Sitze). *Sanader* musste allerdings eine höchst fragile Koalition mit mehreren kleinen Parteien eingehen (Parlamentsmehrheit = 76 Sitze), wobei die istrische IDS

kro_089 Foto: wl

(siehe Exkurs) nach ihrem Austritt aus der Koalition *Sanader* und die HDZ politisch toleriert. Dies bewog *Sanader* vermutlich im Juli 2009 zum Rücktritt, ihm folgte *Jadranka Kosor* (ebenfalls HDZ) im Amt nach.

Unter dem Strich bemüht sich das neue Kroatien, Anschluss an die westlichen Nachbarn zu gewinnen und einen **Platz in der Europäischen Union** zu finden, der offizielle Beitritt ist für 2012 vorgesehen.

Als vor einem endgültigen EU-Beitritt noch **zu verbessernde Sachgebiete** gelten das **Justizwesen,** die **Verwaltung** und die **Bekämpfung der Korruption.** Allerdings ist durchaus eine positive Entwicklung zu beobachten, liegt Kroatien im

Das alte königliche Wappen (links) auf dem Dach der Markuskirche in Zagreb

Politischer Sonderfall Istrien und die IDS

Aufgrund der Nähe zu Italien und der damit einhergehenden eng verwobenen Geschichte nimmt die Region Istrien auch politisch traditionell eine gewisse Sonderrolle ein. Die **1990 gegründete Istrische Demokratische Versammlung** (kroat. *Istarska Demokratična Sobranija,* **IDS;** ital. *Dieta Democratica Istriana,* DDI) vertritt insbesondere die Interessen der istrischen Bevölkerung und beteiligt sich aktiv an der nationalen kroatischen Innenpolitik. 2008 verfügt die IDS unter ihrem Parteivorsitzenden *Ivan Jakovčić* über vier Parlamentsmandate im kroatischen Parlament. Die IDS setzt sich für die eigenständige Identität Istriens und die Gleichberechtigung der italienischen und kroatischen Sprache in Istrien ein.

Die Partei nahm erstmals an den Parlamentswahlen von 1992 teil, gewann alle drei istrischen Wahlbezirke und erregte schon deshalb den Unmut der damals in allen anderen Teilen Kroatiens dominierenden HDZ *Tuđmans.* Trotz aller politischen Bestrebungen, den IDS-Einfluss in Istrien zu verdrängen, konnte bislang keine andere kroatische Partei die quasi absolute Mehrheit der IDS in Istrien sprengen.

Die IDS war nach den landesweiten Wahlen im Jahre 2000 sogar Koalitionspartner der SDP unter Premierminister *Ivica Račan,* stieg aber aufgrund koalitionsinterner Zwistigkeiten bezüglich *Račans* Istrien-Politik wieder aus der Koalition aus.

Aktuell steht die IDS vor einer gewaltigen **Zerreißprobe,** die auch ihre Vorherrschaft in Istrien beenden könnte. Zum einen muss sie sich pragmatisch mit der SDP arrangieren, zum anderen stieg der bekannte IDS-Politiker *Luciano Delbianco* aus der IDS aus und gründete mit dem „Istrischen Demokratischen Forum" eine eigene, neue Regionalpartei, die zwar der IDS nicht den Rang ablaufen, jedoch eine spürbare Machtverschiebung bedingen wird.

„Bertelsmann Transformations-Index", der den Stand der Umwandlung hin zur marktwirtschaftlichen Demokratie beschreibt, und beim Management-Index, der die Gestaltungsleistung zur marktwirtschaftlichen Demokratie misst, noch vor Bulgarien und Rumänien, beim Management-Index steht Kroatien sogar einige Plätze vor Polen! Das NATO-Mitglied Kroatien ist seit 1992 Mitglied der UN, der OSZE und des IWF.

Verwaltung

Gespanschaft

Die Republik Kroatien ist administrativ in 20 Gespanschaften (eine Gespanschaft entspricht etwa einem Kanton bzw. Bundesland) und die Stadt Zagreb gegliedert. Der Begriff Gespanschaft stammt **aus der k.u.k.-Zeit,** als südosteuropäische Territorien in **„Banate"** gegliedert waren und der Ban (Herr) des Banates den Großgespan quasi als Gouverneur der Gespanschaft ernannte. Diese Gliederung wurde 1918 übernommen (Königreich der Serben und Kroaten), nach dem 2. Weltkrieg abgeschafft und im Jahr 1992 reaktiviert.

Staatssymbole

Flagge

Die kroatische Flagge setzt sich als Trikolore aus den waagerechten Balken **Rot-Weiß-Blau** zusammen und entstand in dieser Form 1848 im Geiste der europäischen Revolutionen. Zur Unterscheidung etwa von der niederländischen Staatsflagge wird die kroatische mittig ergänzt durch das **Staatswappen,** ein **rot-weißes Schachbrett** mit 25 Feldern, dessen Ursprung auf die ersten kroatischen Könige (Funde aus dem 11. Jh.) zurückgeht und als „typisch kroatisch" gilt. Oberhalb des Schachbretts befindet sich eine Krone, die sich aus den fünf ältesten kroatischen Wappen (Kroatisches Königreich, Istrien, Dalmatien, Slawonien und Republik Dubrovnik) zusammensetzt.

Nationalhymne

Der Text der kroatischen Nationalhymne **„Lijepa Naša"** (Unsere schöne Heimat), 1835 von *A. Mihanović* geschrieben, wurde 1974 offiziell genehmigt und dient seither als ein alle Kroaten einigendes Band. Die Musik dazu schrieb der Serbe *Josip Runjanin* (1821–1878), was von kroatischer Seite oft unerwähnt bleibt.

Wirtschaft

Erfolgreicher Übergang zur Marktwirtschaft

Die gesamtwirtschaftliche Lage seit der Unabhängigkeit stellt sich mit einem **Pro-Kopf-Bruttoinlandsprodukt** (BIP) von rund **8670 Euro** im 5-Jahresdurchschnitt (2005–2010) besser dar als in anderen Ländern der Region (Bulgarien, Rumänien), deren EU-Beitritt bereits vollzogen wurde.

Das unter *Tito* wohlhabende Jugoslawien zeigte sich **nach zehnjähriger HDZ-Regentschaft und Balkankrieg zunächst wirtschaftlich zerrüttet.** Mit den Kriegswirren 1995 brach die EU alle Verhandlungen ab, auch Kredite des Internationalen Währungsfonds wurden eingefroren, ausländische Investoren zogen sich zurück. Hyperinflation (1500 %) und Massenarbeitslosigkeit (in einzelnen Regionen bis zu 40 %) waren die Folge, auch der Tourismus brach zusammen. Neben einer künstlichen Überbewertung des Kuna sorgte ein immenses Handelsdefizit – die Importe betrugen fast das Doppelte der Exporte – für Stabilitätsprobleme.

Die EU-nahen Folgeregierungen unter Präsident *Mesić* und den Premiers *Sanader* und *Račan* schafften unerwartet rasch eine deutliche **Trendwende:** Das Wachstum, die wichtigste Kennzahl einer Volkswirtschaft, stieg bis 2008 jährlich um knapp 4 % an. Deutliche Fortschritte wurden auch in den Bereichen Inflationsbekämpfung (durchschnittlich gut 2 %) und Eindämmung der Arbeitslosigkeit (ca. 3,5 %) erzielt. Nicht zuletzt aufgrund dieser Entwicklung erklärte Brüssel Kroatien zum offiziellen EU-Beitrittskandidaten. Schon heute wickelt Kroatien 55 % seines Außenhandels mit EU-Staaten ab, dabei etwa zu einem Viertel mit der Bundesrepublik Deutschland.

Mit Einsetzen der Weltwirtschaftskrise geriet allerdings auch Kroatien wirtschaftlich unter Druck, die Arbeitslosigkeit stieg zum Beispiel Anfang 2010 auf über 16 % an.

Schwerindustrie, Handel, Landwirtschaft und Fischerei sind die wichtigsten Säulen der nationalen Wirtschaft, auch der **Tourismus** (22 % BIP-Anteil) ist wichtig (siehe unten).

Wichtigste **Exportgüter** Kroatiens sind Maschinen, Kleidung, Kleingeräte und petrochemische Produkte; **importiert** werden hauptsächlich Fahrzeuge, Transportausrüstungen und Industriemaschinen. Zentren der Schwerindustrie (Schiff-, Maschinen-, Bergbau, Petrochemie) sind Rijeka, Zadar, Šibenik und Split, während Istrien und Slawonien als **Agrarhochburgen** (nur gut 15 % des kroatischen Landes sind für intensive landwirtschaftliche Nutzung geeignet) das Land mit Obst, Gemüse, Wein, Oliven und Getreide versorgen. **Fischfang,** meist nur noch im Nebenerwerb, wird auf den Inseln und in vielen Küstenorten Kroatiens betrieben.

Wirtschaftliche Eckdaten Kroatiens

	2007	**2008**	**2009**	**2010***
BIP (Wachstum)	4,0	2,4	-3,0	1,5
Inflation in %	2,1	5,5	4,0	3,5
Arbeitslosigkeit in %	3,5	9,6	16,0	

**Prognosen*

Tourismus, ein wichtiger Wirtschaftsfaktor für Kroatien

Tourismus

Nach Jahren der Skepsis und der irrigen Ansicht, Kroatien sei ein Teil Jugoslawiens und daher ob des Balkankrieges sowie wegen des Kosovo-Konfliktes ein unsicheres Reiseland, erfreut sich die Tourismusbranche wieder einer kontinuierlich **steigenden Tendenz.** Während das „alte" Kroatien der 1980er Jahre 60 Millionen Besucher jährlich verbuchen konnte, brach der Tourismus Anfang der 1990er Jahre (Balkankrieg) fast völlig ein und lag 1995 gerade noch bei knapp 13 Millionen Übernachtungen (fast ausschließlich in Istrien). Seither verbucht die Branche satte Zuwachsraten, die mittlerweile jährlich zwischen 5 und 10 % betragen und letztlich zu durchschnittlich ca. 80 Millionen Übernachtungen führten. Von den heute jährlich **rund 20 Millionen Kroatien-Urlaubern**

119is08 Foto: wl

kommen die meisten Auslandsgäste aus Italien (ca. 2.500.000), Deutschland (ca. 2.200.000), Tschechien und Slowenien (je ca. 750.000).

Der natürlichen Schönheit des Landes taten alle politischen und kriegerischen Wirren der Vergangenheit sowieso keinen Abbruch, sodass heute absehbar ist, dass Kroatien schon bald wieder eines der beliebtesten europäischen Urlaubsziele sein wird.

Die **Verteilung der Besucherströme** unterliegt bislang einem markanten **Nord-Süd-Gefälle,** der kroatische Küstenstreifen zieht dabei die große Mehrheit der Urlauber an: Rund 50 % reisen nach Istrien, 25 % zur Kvarner Bucht, 20 % entfallen auf die dalmatinische Küste, Nordkroatien und das Binnenland teilen sich 5 %, letzteres ist meist nur Transitstation.

Gesamtwirtschaftlich ist der Tourismus aus Kroatien nicht mehr wegzudenken, werden doch heute rund ein Viertel aller nationalen wirtschaftlichen Leistungen in diesem Sektor erzielt. Dies bringt natürlich eine gewisse Abhängigkeit mit sich, über die man sich in Zagreb im Klaren ist. Langfristig will man – allerdings sehr vorsichtig und allmählich – mehr das gehobenere Preis-Leistungssegment entwickeln, ohne dabei das Image des Camper- und FKK-Paradieses zu opfern.

Verkehr und Umwelt

Intakte Natur

Man weiß in Zagreb, dass nur eine heile Umwelt auf Dauer den Anspruch an stetig steigende Besucherzahlen flankieren kann. Gleichzeitig steht auch fest, dass westliche Besucher gestiegene Ansprüche an Infrastruktur, Unterkunft und allgemeine Qualität des Urlaubszieles (von der Eiscreme über den Straßenzustand bis hin zum Unterhaltungsangebot) stellen. Und erstaunlicherweise scheint die Quadratur des Kreises zu gelingen:

Wegen der recht **geringen Industrie- und Fahrzeugdichte** bleibt die Umwelt nahezu intakt, was sich vor allem auf die Luft- und Wasserqualität positiv auswirkt.

Verkehr

Bei der Verkehrsinfrastuktur wirkt sich der Bau der **Autobahn nach Dubrovnik** (bis Höhe Makarska freigegeben) positiv aus, sind doch die einzelnen Landesteile bezüglich der Fahrtzeit deutlich zusammengerückt und werden die über die alte Landstraße verbundenen Küstenstädte spürbar entlastet; Ähnliches gilt in Istrien seit der Fertigstellung des so genannten „Istrischen Y".

Veraltete Technik

Probleme bereiten allenfalls veraltete **Chemiewerke.** Aufgrund fehlender finanzieller Möglichkeiten wurden sehr strenge gesetzliche Auflagen bei Neuinvestitionen und Neugründungen festgeschrieben, um zumindest keine neuen Sünden zu schaffen. Es bedarf dennoch westlicher Unterstützung, um eine technische „Entgiftung" der altjugoslawischen Kraftwerke und Chemieanlagen zu ermöglichen.

Wasser und Luft sind sauber

Der Tourist wird hiervon allerdings wenig bemerken, sicht- und spürbar sind saubere Luft und exzellente Wasserqualität. **Messstationen** an der gesamten kroatischen Adriaküste kontrollieren dies permanent und bezeugen lastenfreien Badespaß allerorten!

Waldbrände

Ein weiteres Problem sind gelegentliche Waldbrände, welche die ohnehin karge Vegetation im Süden des Landes teilweise erheblich beeinträchtigen. Schuld sind dabei weniger lange Trockenphasen, sondern oftmals unsachgemäßer Umgang mit Feuermitteln seitens achtloser Touristen, aber auch Einheimischer. Die großen südosteuropäischen Waldbrände im **Sommer 2007** richteten in Kroatien bzw. Istrien glücklicherweise relativ geringe Schäden an.

Mentalität und Brauchtum

Freundlich und hilfsbereit

Allgemein sind die Kroaten sehr freundlich und hilfsbereit, dabei aber weit weniger aufdringlich, als man dies aus anderen Ländern der Region gewohnt ist – aber Achtung: Allein reisende Frauen werden durchaus angesprochen, allerdings stets im höflichen Rahmen. Die Kroaten geben sich im Großen und Ganzen sehr **deutschfreundlich,** zeigte sich Deutschland doch als (im Westen umstrittener!) Vorreiter bei der Anerkennung des unabhängigen Kroatien.

Sehr wichtig ist es, die **Privatsphäre** zu respektieren, bei aller Freundlichkeit bleibt man Fremden gegenüber immer etwas reserviert. Dies ändert sich schlagartig, wenn man etwa privat unterkommt und Kontakt zum Vermieter hat – sehr schnell sind freundschaftliche Bande geknüpft, wozu auch der dann reichlich fließende hausgebrannte Sliwowitz oder ein Krug Wein aus eigener Herstellung beitragen.

Sonst trifft man sich zu einem **Plausch vor der Tür,** spaziert die Promenaden entlang, beobachtet die lokale Fußballmannschaft beim Training oder spielt eine Partie **Boccia,** ein im westlichen Mittelmeerraum verbreiteter Freizeitspaß. Sonntags treffen sich die Männer nach dem Kirchgang zum Frühschoppen in einer Bar, die Frauen zum Schwatz auf den Straßen, oder es werden vor den Türen Spitzendecken und Wolljacken gehäkelt.

Das Wichtigste aber ist, dass der Besucher den **Stolz der Kroaten** auf ihre junge Republik und die wirtschaftlichen Leistungen würdigt und nicht durch abwertende Bemerkungen über Land, Leute und Eigenheiten verletzend wirkt.

Politik ist Männersache in Kroatien, **Frauen** lösen sich erst ganz allmählich aus der traditionellen Rolle als Hausfrau und Mutter. Immerhin sind per

Souvenirladen in Poreč

Gesetz die Löhne und Gehälter zwischen den Geschlechtern angenähert worden, und eine moderne Sozialgesetzgebung ermöglicht durch Erziehungsurlaub die Berufstätigkeit auch als Mutter.

Der familiäre Zusammenhalt ist nach wie vor sehr groß und bildet die Grundlage der **sozialen Gemeinschaft,** aber auch Vetternwirtschaft und Schwarzarbeit sind - von obersten Führungsetagen bis zum kleinen Mann - weit verbreitet, teilweise aus schnöder Gewinnsucht, teils aber auch aufgrund sozialer Nöte.

Wie anderswo auch blüht in Kroatien der Irrglaube, man könne mit Lotto und Fußballtoto sein bescheidenes Einkommen aufbessern - die **Wettkioske** scheinen allgegenwärtig zu sein.

125is08 Foto: wl

122is08 Foto: wl

Straßenmusikant oder Clown oder beides …?

HOHNER
TANGO

Typisch südländisch und angesichts der im Sommer teils unerträglichen Hitze auch verständlich ist die **lange Mittagspause,** die meist von 12–15 Uhr dauert. Zu dieser Zeit scheinen die Dörfer und Altstadtgassen wie ausgestorben; in den Städten herrscht dagegen reger Dauerbetrieb.

Bildung und Soziales

Schulpflicht

In der Republik Kroatien besteht eine allgemeine Schulpflicht von **neun Schuljahren** ab dem fünften oder sechsten Lebensjahr. Mit Erlangen der Hochschulreife kann an den nationalen Universitäten oder im Ausland ein Studium aufgenommen werden.

Sprachen

Die wichtigsten Fremdsprachen sind **Italienisch, Deutsch und Englisch,** wobei kaum regionale Unterschiede bestehen – als Tourist denkt man bald, jeder Kroate beherrsche fließend vier Sprachen. Dabei leisten gerade in Istrien die offizielle Zweisprachigkeit (**Kroatisch** und Italienisch) so-

026is Foto: wl

wie die hohen Besucherströme aus dem deutschsprachigen Raum einigen Vorschub.

Allerdings: So positiv diese Beurteilung bei den Dienstleistungen erscheint, im Bereich der Facharbeiter äußern sich viele westliche Wirtschaftsberater äußerst skeptisch, dass das Bildungssystem in Kroatien den Anforderungen des künftigen Marktes genügen kann.

Sozialgesetze

Die Sozialgesetzgebung gilt im Vergleich zu Westeuropa noch als **entwicklungsbedürftig** (Rente unter dem Existenzminimum, unzureichender Krankenversicherungsschutz usw.) und wird stetig weiter ausgebaut und verbessert.

Einkommen

Die Einkommensverhältnisse haben sich in den Jahren nach dem Krieg **permanent verbessert,** nicht zuletzt auch durch den Tourismus. Was verdienen die Leute im Durchschnitt? Verglichen mit anderen Ländern des Balkans beachtlich viel! Statistisch verdienen Geschäftsführer nach einer Studie der bekannten Unternehmensberatung Kienbaum in Kroatien etwa 6500 Euro monatlich, Facharbeiter knapp 1000 Euro im Monat, dem Durchschnittskroaten stehen etwa 850 Euro Monatslohn (jeweils brutto) zur Verfügung, und im Bereich Tourismus ist der Himmel das Limit! Allerdings sind mehrere Einkommensscheren zu beobachten: Zum einen sind die Durchschnittseinkommen in Gebieten, die im Tourismus verwurzelt sind, spürbar höher als andernorts, zum zweiten litt die Region Istrien am wenigsten unter dem Bürgerkrieg, was zu einem nachhaltigen Vorsprung gegenüber anderen Landesteilen führte.

Gehäkelte Spitzendeckchen sind ein beliebtes Mitbringsel – und sichern damit das Einkommen

Die bedeutendsten Mönchsorden in Europa

In der Geschichte Kroatiens spielten vielfach verschiedene Mönchsorden bei Klostergründungen und Kirchenbauten eine wichtige Rolle, einige der wichtigsten seien hier kurz vorgestellt.

- **Dominikaner** (in Frankreich Jakobiner): 1215 von *Dominikus* in Toulouse gegründeter katholischer Orden mit weißem Gewand und weißer Kapuze; erster mittelalterlicher Bettelorden, einflussreich, da 1232 mit der Leitung der Inquisition beauftragt. Inhaltlich wissenschaftlich ausgerichtet, haben bedeutende Gelehrte und Prediger hervorgebracht (u.a. *Albertus Magnus, Thomas von Aquin*).
- **Franziskaner:** Berufen sich auf Gründervater *Franz von Assisi* als katholischer Orden der Minderen Brüder, die nach der 1223 von Papst *Honorius III.* bestätigten Bettelorden-Regel des *Franz von Assisi* leben (braune Kutte mit weißem Gurtstrick, oft Sandalen). Theologisch betonen sie die Nächstenliebe als Weg zu Gott. Dispute bzgl. der Ordensregel führten zu zahlreichen Untergruppierungen und Abspaltungen, u.a. der Spiritualen (wörtliche Regelbefolgung), Konventualen (Angleichung an alte Orden) und Kapuziner, die besonders in der Zeit der Gegenreformation als wortgewaltige (Straf-)Prediger wirkten.
- **Augustiner:** Zusammenfassende Bezeichnung für zahlreiche katholische Ordensgemeinschaften, die nach der auf Schriften des heiligen *Augustinus* beruhenden Augustinus-Regel leben.
- **Jesuiten:** Katholischer Regularklerikerorden, 1534 von *Ignatius von Loyola* gegründet und 1540 durch Papst *Paul III.* bestätigt. Hauptziel des

Religion

Katholisch

Die überwiegende Mehrheit der Kroaten gehört traditionell der römisch-katholischen Kirche (über 80 %, in Istrien gut 90 %) an, daneben existieren serbisch-orthodoxe, moslemische und protestantische Minderheiten im Lande. Die Kirche spielt eine **bedeutende Rolle** im Leben der Kroaten, wenngleich nicht so dominant wie etwa in Italien (gesellschaftlich) oder Polen (politisch). Der katholische Glaube dient vor allem als einigendes Band der „Kroaten" und Abgrenzung zu den orthodoxen (Serbien-Montenegro) und moslemischen (Bosnien-Herzegowina) Nachbarn und somit auch als Legitimation der Westintegration.

Ordens ist die Ausbreitung, Festigung und Verteidigung des katholischen Glaubens durch Mission, Predigt, Seelsorge, Unterricht, wissenschaftliche Arbeit und geistliche Übungen (Exerzitien). War in der frühen Neuzeit wesentliches Element der überseeischen Missionierungen. Die Jesuiten leben in offenen Häusern und Kollegien und tragen keine Ordenskleidung.

- **Zisterzienser/Bernhardiner:** Benediktinischer Reformorden aus dem 11. Jh.; der Ordensname leitet sich von dem 1098 durch *Robert von Molesme* gegründeten Kloster Citeaux ab. Nach der päpstlichen Bestätigung der Ordensverfassung „Charta caritatis" 1119 breitete sich der neue Orden insbesondere unter *Bernhard von Clairvaux* (daher Bernhardiner) aus und gewann Einfluss in ganz Europa. Durch die praktizierte Verbindung von geistlichem Leben und praktischer Arbeit, besonders die Einrichtung von landwirtschaftlichen (Muster-)Betrieben, wurden die Zisterzienserklöster zu wesentlichen Trägern der deutschen Ostsiedlungen im 12. und 13. Jh.
- **Karmeliter:** Katholischer Orden basierend auf einer von Kreuzfahrern im 12. Jh. gegründeten Einsiedlerkolonie auf dem Karmel (Nordisrael), 1226 päpstlich bestätigt, Ausbreitung über Zypern und Sizilien nach Europa. Einige Zweige leben streng asketisch-meditativ und setzen sich primär seelsorgerisch ein.
- **Trappisten:** Aus der Reform-Zisterzienserbewegung 1664 hervorgegangener Orden insbesondere mit strenger Beachtung des absoluten Schweigegelübdes.
- **Johanniter, Templer, Deutschherren:** Militärische Rittermönchsorden, gegründet während der Kreuzzüge zum Schutz der Pilgerwege ins Heilige Land.

Daneben spielten in der kroatischen Geschichte auch diverse **Orden** eine gewisse Rolle (siehe Exkurs oben), deren bauliche Monumente von einstiger reger Missionstätigkeit zeugen.

Kunst und Kultur

Traditionelle Künste und Folklore

Häkeln und Stricken

Zu den interessanten kunsthandwerklichen Besonderheiten Kroatiens gehört das Häkeln von Zierdeckchen und das Stricken von Pullovern und Jacken, eine noch heute insbesondere von **älte-**

ren Frauen vor der Haustür oder im Hinterhof in Istrien ausgeübte Volkskunst.

Tänze

Einige Bekanntheit erlangten mehr im Süden auch die mit Begeisterung gepflegten Tänze, die teilweise auf Fastnachtsbräuche und zum Teil auf eine Tradition seit den Türkenkriegen zurückgehen. Bekannteste Bräuche sind in diesem Kontext das Verbrennen einer in türkische Gewänder gehüllten Puppe zu Fasching **(Mesopust),** der **Moreška-Tanz,** ein Schwerttanz aus Süddalmatien, und die **Kumpanija,** ein musikalisch begleitetes Kampfstück. Obwohl die Türken auf kroatischem Boden kaum Relikte hinterließen, so wurden doch Speis' und Trank und auch die Volksmusik erheblich von ihnen beeinflusst, wenn auch nicht so stark wie im weit muslimischer geprägten Bosnien-Herzegowina. Die bedeutendsten **Musikinstrumente** sind Dudelsack (nur in Istrien), *Tamburica* (eine Art Balalaika), *Kavala* (Langflöte) und *Sopila,* eine in der Kvarner Bucht verbreitete Oboenart.

Volkstrachten

Volkstrachten sind **selten** geworden und werden in der modernen Gesellschaft verdrängt. Nur gelegentlich, etwa zu Feiertagen oder bei Festspielen, vornehmlich in touristischen Hochburgen, werden noch Trachten getragen, die sich an ländlicher Kleidung früherer Jahrhunderte orientieren. Es dominieren die Farben Rot, Weiß und Schwarz.

Architektur und Kunst

Griechen

Die im 5. Jh. nach Süddalmatien und auf einige Inseln vorrückende griechische Kultur hinterließ bemerkenswerte Spuren, die besonders wegen ihres Realismus bestechen. Ein bekanntes Beispiel ist das Kairos-Relief in Trogir (Dalmatien).

Römer

Mit der römischen Kolonisation folgte für den gesamten Küstenraum eine **architektonische und kulturelle Blüte** durch die Errichtung von Tempeln und Theatern, Aquädukten und Thermen sowie den Bau von Kanalisationssystemen. Damit wurde ein für die damalige Zeit modernes Stadtbild geprägt, welches sich noch heute sehr gut in Poreč oder Pula (Amphitheater) sowie in Zadar studieren lässt.

Byzanz Nach dem Untergang Westroms folgten Rückeroberungsversuche byzantinischer Kaiser von Konstantinopel aus bis nach Norditalien, wodurch die christianisierte Bevölkerung als neues Gebetshaus die **Basilika** mit Intarsien aus Perlmutt und Marmor, Mosaiken und steinernen Baldachinen am Hauptaltar erhielt. Das Prunkstück schlechthin aus dieser Zeit, die **Eufrasius-Basilika,** kann in Poreč (Istrien) bewundert werden.

Slawen Byzantinisch beeinflusst, aber in vollkommen eigenständiger, frühromanischer Bauart, errichteten die eindringenden Slawen vom 7. bis 11. Jh. vor allem zylindrisch geformte, sehr **massiv wirkende Kirchen mit Kuppeldach** in den unterschiedlichsten Größen – so etwa die kleinste Kuppelkirche der Welt in Nin oder die berühmte Donat-Kirche in Zadar (Norddalmatien).

Romanik In den bereits existierenden Städten entlang der gesamten Küste hielt die Epoche der Romanik vom 11. bis ins 13. Jh. Einzug. **Monumentale Kirchenbauten** (Bischofskirchen) entstanden in Dubrovnik, Trogir, Zadar (alle Dalmatien), in Senj sowie auf Rab und Krk. Daneben erfuhr auch der **Profanbau** einen bedeutsamen Aufschwung, grob gehauene Steinblöcke lösten Holz und Fachwerk als Baumaterialien ab. In diesen trutzigen Wohnhäusern (erhalten noch in Split, Trogir und z.T. in Poreč) waren ebenerdig Stallungen, im Obergeschoss Wohnräume untergebracht.

Gotik Während der kroatischen Gotik (13.–15. Jh.) prallten zwei unterschiedliche Strömungen aufeinander: Durch den blühenden Seehandel waren Fürsten und Kaufleute wohlhabend geworden und versuchten, diesen Wohlstand in einer großartigen Stadtarchitektur zu zeigen und – nicht zu vergessen – vor Eindringlingen zu verteidigen. So entstanden die typischen **mittelalterlichen Stadtanlagen** mit gewundenen Gassen, herrlichen Bürgerhäusern und wehrhaften, die gesamte Stadt umgebenden Stadtmauern und Verteidigungsanlagen. Beste Beispiele hierfür finden sich in Dubrovnik und Trogir (Dalmatien), auf Rab und in Motovun (Kvarner Inseln). Die Geistlichkeit präsentierte sich in dieser Phase in Form bescheidener, so genannter **Bettelorden** (Franziskaner, Dominikaner). Sie bauten ihre Gotteshäuser ebenso schlicht wie sie lebten. Beispiele für diese einschiffigen, **schmucklosen Kirchen** sind Sv Franje in Pula und Sv Dominik in Dubrovnik.

Renaissance

Vorhandene Bauwerke wurden während der Renaissance (15./16. Jh.) **erneuert und erweitert,** das Stadtbild der führenden Handelsmetropolen wurde zum Muster für die Stadtplanung mit Loggien, Stadtplätzen, Rathäusern und Rektorenpalästen. Gute Beispiele sind etwa das Rathaus in Pula oder der Rektorenpalast in Dubrovnik (Dalmatien): Säulengang außen am Erdgeschoss, zwei- oder dreiteilige, verschnörkelte Fenster im ersten Stock und fast quadratische, kleinere Fenster im zweiten Obergeschoss. Fast alle bestehenden Kirchen wurden innen umgestaltet und verziert. Die Stadtmauern wurden wegen der vorrückenden Türken stärker befestigt. Als Paradebeispiel für den Festungsbau sei Karlovac mit seiner typischen Sternform genannt.

Typische Architektur in der Altstadt von Rovinj

Barock

Den Barock des 17./18. Jh. muss man für Kroatien insofern als zweigleisig betrachten, als die Kvarner Bucht - und hier insbesondere Rijeka - zunehmend unter österreichischen Einfluss fiel (Beispiel: Veitskirche in Rijeka) und mit einigen Neuerungen aufwartete, während der Süden (Republik Ragusa, Dalmatien) im Zuge des türkischen Rückzugs und eigenen Machtverlusts eher eine Flaute erlebte. Die wichtigsten Küstenstädte verlegten sich auf das Minimum, nämlich den **Erhalt der Stadtmauern.** Lediglich in Dubrovnik wurden nach dem verheerenden Erdbeben von 1667 von vorwiegend italienischen Architekten unter Beteiligung örtlicher Baumeister barocke Neubauten geschaffen (Kathedrale).

Klassizismus

Das 19. und frühe 20. Jh. - die Phase des Klassizismus - brachte der Kvarner Bucht, vor allem Rijeka und Pula als durch Bahnlinien erschlossenen Häfen Österreichs, **neue Verwaltungsgebäude und Schauspielhäuser,** aber auch **erste Hotels.** Beispiele hierfür lassen sich gerade zwischen Rijeka

133is08 Foto: wl

und Pula zuhauf entdecken, etwa das Theater und das Jadrolinija-Gebäude in Rijeka oder die verspielten Villenbauten in Opatija, die teilweise in den Jugendstil fallen. Der Bahnanschluss brachte auch den dalmatinischen Städten Split und Zadar neuen Aufschwung und damit klassizistische Neubauten. Im Hinterland entstanden unzählige österreichische **Festungs-** (z.B. Varaždin, Karlovac) und **Repräsentationsbauten** (z.B. Našice), die man auf den diversen Transitrouten besuchen kann.

Gegenwart Es ist nur natürlich, dass diese Vielfalt an kulturellen Einflüssen nicht nur ihre Spuren hinterließ, sondern auch Kunst und Kultur der Gegenwart nachhaltig beeinflusst. Im Straßenbild der Städte wird man auf viele kleine Ateliers und Kunstwerkstätten wie z.B. Filigranjuweliere, aber auch Straßenmaler und -musikanten treffen, die den klassischen Vorbildern nacheifern bzw. unter deren Einfluss hervorragende Eigenkreationen hervorbringen. Bekannte Vertreter der gegenwärtigen Kulturszene sind der faszinierende **Maler I. Antolčić** (Lošinj), der beliebte, klassizistisch geprägte **Bildhauer I. Meštrovič** (Split) und der **Regisseur P. Prpovič** mit seinem ungebrochen aktuellen Kinofilm „Tito i Ja" (Tito und ich), der die Erinnerungen eines kleinen Jungen an die Ära *Titos,* der in Kroatien geradezu heroisch verehrt wird, filmisch aufarbeitet.

Musik

Rock & Pop Auch in der modernen Musik sind einige kroatische Künstler zumindest auf nationaler Ebene erfolgreich. Bekannteste Rock-Punkband ist **„Hladno Pivo"** (Kaltes Bier) um den charismatischen Leadsänger *Mile* mit immerhin 60.000 verkauften Alben und ihrem bekanntesten Hit „Nije sve tako sivo" (Es ist nicht alles grau).

Ziemlich bekannt ist **Marko Perković** (Kampfname „Thompson"). Der Neofaschist gilt aufgrund seiner Leidenschaft für das kroatische Ustaša-Regime und seiner Haltung im Bürgerkrieg – er betrachtet den bosnischen Kanton Neretva um Mostar als national-kroatisch – als höchst umstrittene Persönlichkeit im eigenen Lande. Augenfällig ist allerdings der Zulauf *Perkovićs,* der in Split vor 40.000 und in Frankfurt/M. 2007 vor 13.000 (!) Zuhörern auftrat. *Perković* ist Miteigentümer des „Narodni Radio" (etwa: Völkischer Sender) und verwendet Teile seiner Einkünfte zur Verteidigung mutmaßlicher kroatischer Kriegsverbrecher in Den Haag.

Im deutschsprachigen Raum könnte zumindest bei Insidern der Name **Sandra Nasić** vertraut klingen. Die Deutsch-Kroatin (geboren in Göttingen) war von 1994 bis 2005 Sängerin der deutschen Rock-Band **„Guano Apes"**, 2001 erhielt *Nasić* die „Eins-Live-Krone" als beste Sängerin.

Besonders im Süden Kroatiens kennt man die Popsängerin **Danijela Martinović**, deren Album „I po svijetlu i po mraku" (Im Hellen wie im Dunklen) zu den meistverkauften des Landes gehört. Das umtriebige Multitalent *Martinović* spielt außerdem eine Hauptrolle in der TV-Soap „Cimer fraj" (TV Nova), brachte ein Parfüm, ein Kinderbuch und eine eigene Modekollektion heraus. Noch eine kleine pikante Note: *Martinović* war heimlich mit *M. Perković* (s.o.) verheiratet, ließ sich aber 2006 scheiden. Vor und nach (und vermutlich auch während) dieser Ehe lebte sie mit dem Sänger *P. Grašo* zusammen.

Sehr bekannt ist auch **Oliver Dragojević** (geboren 1946, Absolvent der Musikschule Split), der nicht weniger als 49 Alben herausgebracht hat und u.a. 21 Mal (!) mit dem wichtigsten, alljährlich vergebenen kroatischen Musikpreis „Porin" ausgezeichnet wurde. Bekanntester Ohrwurm von ihm: „Ditelina s cetri lista" (Kleeblatt mit vier Blättern), ein beliebtes Hochzeitslied.

136is08 Foto: wl

Die Westküste

Rt Savudrija ⇗ A1

Anfahrt

Von Norden (Slowenien) über die **Grenzübergänge Kaštel bzw. Sečovlje** kommend, gewinnt der Reisende zunächst den Eindruck eines eher dünn besiedelten und landwirtschaftlich genutzten Landstrichs zwischen Grenze und Savudrija. Entlang einiger Getreidefelder lädt lediglich der kleine **Waldpark Frančiskane Hrvatske Šuma** an der Strecke ein, sich gegebenenfalls nach der langen Fahrt erstmals auf kroatischem Boden die Beine zu vertreten (nach links ausgeschildert). Mit Savudrija, einem winzigen Dorf, in dem bereits die ersten Obst- und Weinhändler den Straßenrand säumen, beginnt dann aber die lang ersehnte Westküste mit ihrem reichhaltigen Angebot an touristischer Infrastruktur.

Im Ort

Im Ort selbst liegen das Motel/Restaurant Patrik, auf der unmittelbar vorgelagerten Landspitze die Campinganlage Pineta (www.istracamping.com, Tel. 052-709550) sowie die Savudrija-Ferienbungalow-Anlage und das dazugehörige Hotel Moj Mir (Tel. 052-709500, Fax 709999, savudrija@istra turist.hr). Insbesondere **Wochenendurlauber** aus Italien und Slowenien nutzen Savudrija als das am schnellsten zu erreichende Feriendomizil in Istrien.

Kap Savudrija

Der äußerste Landzipfel mit dem **Leuchtturm** wird Kap Savudrija (ital. Capo Salvore) genannt, Historikern ein Begriff für den Sieg der venezianischen Flotte von 1117 gegen Kaiser *Barbarossa* und Papst *Alexander III.*

Zambratija

Richtung Umag durchquert der Reisende noch das 3 km entfernte Dorf Zambratija, wo neben einigen Restaurants vor allem die vielen Schilder „Sobe/Zimmer/Appartmani“ auf sich aufmerksam machen – das Turist Biro am Ortsausgang vermittelt hier und für Umag Zimmer, wechselt Devisen und erteilt Auskünfte aller Art.

Bild auf den Seiten zuvor: In der Altstadt von Poreč

Umag

↗ A1

Allgemeines

Umag (ital. Umago) mit seinen knapp **13.000 Einwohnern** wird für viele Istrien-Reisende der erste Eindruck einer kroatischen Kleinstadt sein. **Weinbau** im Umland und Tourismus sind die Hauptwirtschaftszweige des Ortes, wo der rund um Umag angebaute Malvazija-Wein gerne getrunken wird. Bei Touristen ist er insbesondere wegen seiner vielfältigen Camping-, Sport- und Freizeitmöglichkeiten beliebt. Internationale Bekanntheit erlangte die Stadt v.a. durch die „ATP Croatian Open" und „Umag Series" im Niki Pilić Tennis Camp.

Geschichte

Historisch zählt Umag zur **„italianisierten" Region** Istriens: Zu römischer Zeit als Umacium besiedelt, gehörte die Stadt im Mittelalter als Lehen zum Bistum von Triest, ab dem 13. Jh. zu Venedig und von 1797 bis 1918 zu Österreich-Ungarn. Anschließend war Umag italienisch und fiel erst 1953 (nachträgliche Grenzkorrekturen) an Jugoslawien; es blieb nach dem 2. Weltkrieg zwischen Italien und dem neuen Staat der Südslawen fast ein Jahrzehnt lang umstritten.

Sehenswertes

Umag ist gewiss keine Hochburg an Sehenswürdigkeiten im eigentlichen Sinne. Die **historische Altstadt** liegt auf einer schmalen Landzunge in der Bucht von Umag und wird, wie so viele der alten istrischen Küstensiedlungen, fast vollständig vom Meer umschlossen. Von der Hauptstraße wird man (gut beschildert) ins Zentrum geleitet zum Parkplatz am Nova Obala, der **Uferpromenade** unmittelbar vor der Altstadt. Hier fährt auch die Touristenbahn zur Feriensiedlung Sol Polynesia. Die **Promenade an der Altstadt** entlang heißt Obala Tita, auf der Südwestseite dann Obala Pelegrina mit dem Trg Slobode im Zentrum; die Altstadt ist winzig, man kann sich kaum verlaufen.

Viele der einst ansehnlichen **Häuser aus Renaissance und Barock** bedürfen dringend einer

Renovierung. Beachtenswert ist die **Pfarrkirche St. Pellegrinus** am Trg Slobode, errichtet 1757. Eine Reliefplatte des *Pellegrinus* aus dem 14. Jh. wurde in die Kirchenmauern integriert, seither wird der Heilige als Schutzpatron der Stadt verehrt; ihm zu Ehren wird der 23. Mai feierlich begangen.

An der Pfarrkirche/Trg Slobode zweigt die **Ulica Garibaldi** ab, eine kleine **Flanier- und Einkaufsmeile** in der Altstadt. Hier steht ein auffälliges,

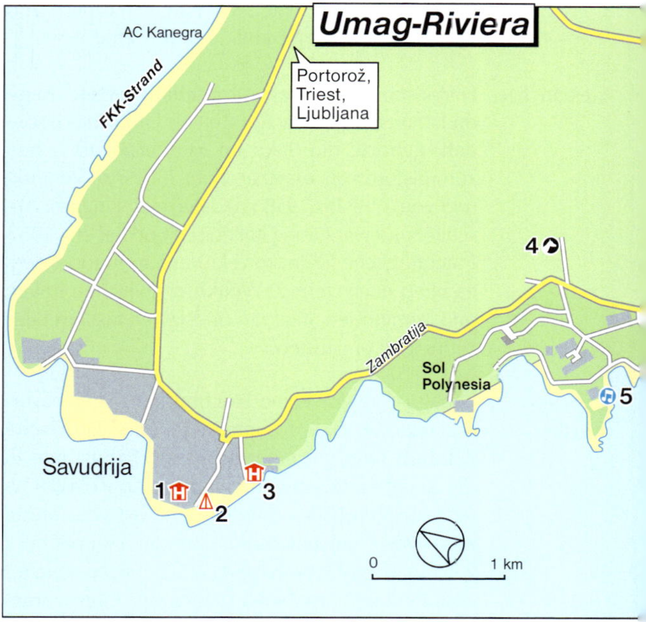

1 Aparthotel Savudrija
2 AC Pineta
3 Hotel Moj Mir
4 Reitanlage
5 Disco
6 Hotel Sol Aurora
7 AC Stella Maris
8 Gokart-Bahn
9 Internationales Tenniszentrum
10 Hotel Umag
11 Hotel Adriatic
12 ACI Marina Umag und ACI Rest. Neptun

hübsch renoviertes ockerfarbenes Gebäude mit grünen Fensterläden, das den Stadtrat beherbergt.

Kulturhistorisch Interessierte können das kleine **Heimatmuseum** in der Obala Sv Pelegrin besuchen (Tel. 052-741440, Eintritt frei, geöffnet April – Oktober tgl. außer So 10–12 und 19–21 Uhr).

Busverkehr Der **Busbahnhof** liegt ca. 1000 m landeinwärts in der Neustadt an der Durchgangsstraße (J. Rakov-

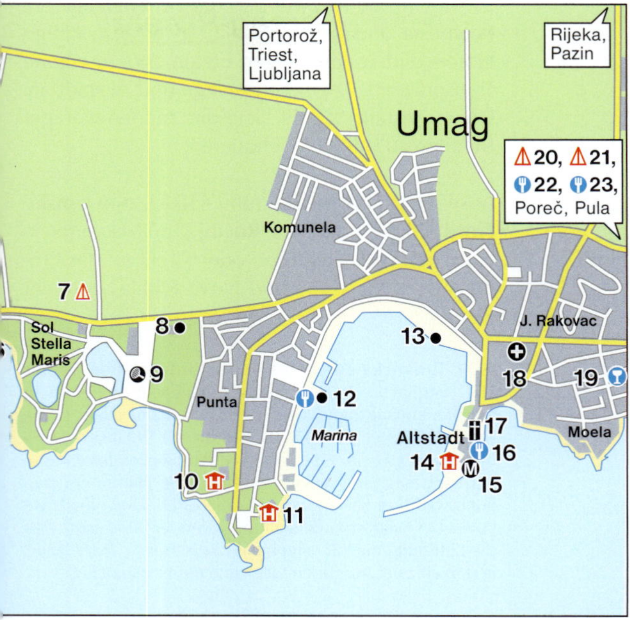

- ● 13 Promenade & Touristenbahn
- 14 Hotel Kristal
- 15 Museum Umag
- 16 Rest. Ma-Ni
- 17 Trg Slobode & Pfarrkirche
- 18 Krankenhaus
- 19 Vinoteka Viralda
- 20 AC Finida,
- 21 AC Ladin Gaj,
- 22 Rest. Istra,
- 23 Pizzeria San Lorenzo

ca hinunter zur Stadt). Rund um den Busplatz befinden sich ein Taxistand, ein Supermarkt sowie eine Tankstelle. Die Verbindungen sind eher mäßig und für die Bewohner der umliegenden Siedlungen gedacht. Am besten fährt man nach Poreč (6.00–22.10 Uhr je nach Saison 6–13x tgl.), wo man Anbindung an die größeren Orte Istriens hat.

Stadtverkehr

Sofern man außerhalb des Zentrums wohnt, ist man entweder auf Pkw/Fahrrad angewiesen oder man nutzt den **Touristenzug,** der 24x tgl. (9.00–22.45 Uhr, 20 K) zwischen der Ferienanlage Sol Polynesia und Umag/Obala Nova fährt. Einige Hotels und Ferienanlagen bieten zudem eigene Transportmittel zwischen Anlage und Altstadt an. Umag-Altstadt ist sehr klein und binnen weniger Minuten zu Fuß zu durchqueren.

Ausflüge mit dem Schiff

Ausflüge nach **Venedig** (rund 450 K), zum **Limski-Fjord** (200 K) oder nach **Rovinj** (220 K) können in einer der Reiseagenturen oder direkt an der Promenade (Obala Tita und Nova Obala) gebucht werden.

Infos

- Die **Turistička Zajednica/Tourist Information Center (TIC)** liegt in der Trgovačka 6 (vom Parkplatz an der Bucht am Ufer entlang zum Altstadtzentrum gehend linker Hand), Tel. 052-741363, Fax 741649, geöffnet 9–19 Uhr, im Sommer bis 21 Uhr; im Netz gibt es die offiziellen Informationen zu Umag unter **www.istra.hr/umag.** Hier findet man auch wichtige Saisonbroschüren als PDF-Download wie „Umag/Novigrad Veranstaltungskalender" und ganz neu die nett aufgemachte allgemeine Broschüre „UMAGazin" in derzeit zwei Ausgaben (alle auch deutschsprachig).

Unterkunft

- €€€€**Hotel Sol Aurora**
Katoro bb, Tel. 052-717000, Fax 741289, hotel.aurora@istraturist.hr, zu buchen unter www.istraturist.com. Zwischen den beiden Feriensiedlungen Polynesia und Stella Maris (mit Zugang zu beiden) gelegen, nette Anlage mit hübscher Poollandschaft.
- €€€€**Hotel Umag**
Jadranska bb, Tel. 052-714000, Fax 714999, sol.umag@istraturist.hr. Eigener Strandabschnitt, Hallenbad, Freibad, Sauna, Fitness.

• €**Hotel Adriatic**
Jadranska bb, Tel. 052-741644, Fax 741185, hotel.adriatic@istraturist.hr. Keine Schönheit, aber strandnah und billig (DZ ab 37 Euro).

Die Hotels Umag und Adriatic liegen in Umag-Punta und somit in Gehnähe zu Marina, Altstadt und Tennis-Zentrum.

• €€€€**Feriensiedlung TN Sol Polynesia**
Katoro bb, Tel. 052-718000, Fax 718999, sol.polynesia@istraturist.hr. Gigantische Touristensiedlung (700 Bungalows und Apartments!) mit reichem Angebot (Kinderbetreuung, Tennis, Bike-Service, Minigolf, Disco usw.), FKK- und Textilstrände.

• €€€€**Feriensiedlung TN Sol Stella Maris**
Savudrijska cesta bb, Tel. 052-710000, sol.stella.maris@istraturist.hr. Schließt unmittelbar an Sol Polynesia an, näher zum Zentrum, aber nicht netter (über 600 Wohneinheiten), Animationsclubs für Kinder und Jugendliche. Beide Anlagen sind nur Mitte April bis Ende Sept. geöffnet.

• **Privatunterkünfte** vermitteln die zahllosen Touristenagenturen (s.u.) in und um Umag, insgesamt werden derzeit über 600 offizielle Privatvermieter geführt; eine nahezu vollständige Komplettübersicht findet man unter www.istra.hr/umag/de/privatunterkunfte (mit „u"!).

Camping

Die Riviera von Umag bietet insbesondere FKK-Campern diverse Camping- und Strandfreuden:

• €€€€**AC Stella Maris**
Savudrijska bb, Tel. 052-710900, camp.stella.maris@istraturist.hr. Richtung Sarudrija, April bis Okt., Riesencamp für über 1400 Personen, Erste Hilfe, Poststelle.

• €€€€**AC Finida**
Križine 55a, Tel. 052-725950, camp.finida@istraturist.hr. 3 km südlich von Umag mit eigener Bucht, Einkaufs- und Essensmöglichkeiten zusätzlich im Dörfchen Lovrečica (knapp 1 km); in den letzten Jahren deutlich verbessert und modernisiert.

• €€€**AC Ladin Gaj**
Auf der anderen Seite von Lovrečica bei Karigador, 5 km bis Umag, ca. 10 km bis Novigrad, Tel. 052-756270, istraturist@itu.tel.hr. Wirkt nicht so nett wie Finida, weniger schattig, da neu angelegt und neu bepflanzt. Ausgelegt für 5000 (!) Personen entlang eines gut 4 km langen Kiesstrandes. Textil- und FKK-Bereiche, etliche Restaurants, Bars, Einkaufsmöglichkeiten.

Essen & Trinken

In und um Umag säumen Hunderte von Restaurants, Buffets, Pizzerien und Konoben die Straßen und Uferpromenaden. Alle großen Hotels verfügen über eigene Restaurants, in den Touristensiedlungen wird nicht weniger emsig für die jeweils eigene Gastronomie geworben.

• In der Altstadt sind das **McDony-Fastfood** (Seitengasse ab Trg Slobode) – eine kroatische Variante der bekannten Kette – bei den preiswerten Lokalen, die **Spaghetteria Garibaldi** (Tel. 052-741267) in der mittleren Kategorie sowie das **Restaurant Istra** (Tel. 052-700071) in der gehobenen Klasse besonders zu empfehlen.
• Weinfreunde seien auf die **Vinoteka Viralda,** Garibaldijeva 28, Tel. 052-774111, tgl. 9–23 Uhr, hingewiesen.
• Im gehobenen Preis-Leistungssegemnt empfiehlt sich das **Ma-Ni,** Marino Bembi 3, Tel. 052-751222, tgl. 9–24 Uhr. Spezialitäten sind hier Meeresfrüchte, z.B. als Risotto mit Muscheln oder Scampi mit Wildspargel.
• Im **ACI Restaurant Neptun** (Tel. 052-741382) an der Marina Umag-Punta werden sehr gute Fischgerichte zu moderaten Preisen gereicht.
• In Lovrečica, zwischen den Camps Ladin Gaj und Finida, darf sich die **Pizzeria San Lorenzo** (Tel. 052-756257) vollkommen zu Recht der besten Pizza- und Nudelgerichte der Stadt rühmen.

Aktivitäten

Es ist nicht das Flair der Stadt Umag, das alljährlich Zehntausende von Besuchern anzieht, sondern die beinahe umwerfend breite Angebotspalette an Freizeitmöglichkeiten, die alle aufzuführen jeglichen Rahmen sprengen würde. Neben den üblichen Wassersportaktivitäten (Tauchen, Banane, Wasserski, Surfen etc.) werden angeboten:
• **Rundflüge** entlang der Riviera von Umag (z.B. Aeroclub Umag, Tel. 052-753571, am Stadion/Kartodrom).
• **Reiten:** Konjički Centar Juricanija (Sol Polynesia, Tel. 052-759659), Ranch Goli Vrh (Goli Vrh 31, Tel. 052-721820).
• **Angeln:** Küstenstraße Richtung Pula 100 m vor der Brücke bei Ponteporton: Süßwasser-Fischfangcenter Saranski Kutić, Tel. 052-752232.
• **Mannschaftssportarten, Radverleih** und sehr viel **Tennis** (über 100 Tennisplätze) vorwiegend in den Feriensiedlungen sowie im International Tennis Center Stella Maris (Tel. 052-741704).
• **Radverleih** ist in den Camping- und Ferienanlagen möglich, Auskünfte im Bereich Umag erteilt der Radclub Bujstina (*Walter,* Tel. 098-224101, und *Damir,* Tel. 098-431506).
• Rund um Umag wurden eine ganze Reihe einfacher und mittelschwerer **Radrouten** angelegt (z.B. die 93 km lange Montanara-Tour oder die 36 km lange Peregrinus-Route), deren genaue Streckenbeschreibung unter www.istria-bike.com heruntergeladen werden kann.
• Interessant und sehr beliebt ist auch die neue **Gokart-Bahn** (gegenüber vom Tennisstadion), geöffnet nur während der Sommermonate 19–23 Uhr (100 K/30 Min.).
• Wichtigste **Tauchbasen** sind die Bori Libra (Trg Slobode 2, Tel. 052-741934) sowie Ambis Sub Centar Milan Vuksić, Tel. 052-742017.

Sonstiges

- **Polizei:** Notruf 92, in Umag in der Jadranska 11, Tel. 052-533444.
- **Geldwechsel:** in allen Touristenbüros, Banken, Post.
- **Post:** Ulica 1. Svibnja (mittig Obala Nova, 100 m hinein, linker Hand, tgl. 9–12, 15–21, Sa nur 9–12 Uhr). Eine weitere Poststelle befindet sich in der Jadranska Ulica in Umag-Punta (Marina).
- **Hafenmeisterei:** Obala Tita, Tel. 052-741662.
- **Marina:** ACI Umag-Punta, Tel. 052-741066, 500 Liege- und 150 Trockenplätze, Kran, Slip, Werkstatt.
- Eine **Apotheke** befindet sich an der Obala Nova sowie neben der Polizei.
- **Ärztliche Hilfe** findet man in der Sanitätsstation des Sol Polynesia (Zufahrt), in der Jadranska Ulica in Umag-Punta sowie im Camp Stella Maris. Das kleine **Kreiskrankenhaus** Dom zdravlja liegt in der Edoardo Pascali 3 und ist unter Tel. 052-702222 rund um die Uhr erreichbar.
- **Reiseagenturen/Leihfahrzeuge:** Ein halbes Dutzend Reiseagenturen bietet seine Dienste an der Nova Obala an, darunter Kompas (Trgovačka 13, Tel. 052-741613, Fax 741 388, www.kompas-travel.com), Plavo More (Trgovačka 3a, Tel. 752740, www.plavo-more.hr) u. Bentours (Trgovačka 1, Tel. 052-741005, Fax 741846, benico@pu.htnet.hr). Die Agenturen an der Zufahrtsstraße zum Zentrum verleihen z.T. auch Leihmopeds (Roller). Im Altstadtzentrum (Trg Slobode) liegen noch weitere Agenturen, zum Beispiel Atlas Travel Service (Trg Slobode 3, Tel./Fax 052-741779); ihre Dienste umfassen Unterkunftsvermittlung, Geldwechsel, Ausflüge sowie Angel- und Tauchgenehmigungen.

Buje

↗ A1

Landwirtschaftliches Zentrum

Buje (ital. Buie, ca. **5400 Einwohner**) liegt verkehrsgünstig im Nordwesten Istriens zwischen der Landesgrenze, Umag und den Routen nach Pazin bzw. Pula. Weniger als Hauptort der gleichnamigen Region denn als Landwirtschaftszentrum (Wein, Kartoffeln, Tomaten, Oliven, Mais) sowie als Geheimtipp für Jagd- und Reittourismus hebt sich Buje von den Küstenstädten ab. Durch die leichte Hügellage des Ortes sind die beiden Kirchtürme weithin sichtbar.

Sehenswertes

Geht man die Ulica 1. Svibnja 150 m hinein, erreicht man auf der linken Seite das kleine **Ethnografische Museum** (Trg Slobode 4, Tel. 052-

031is Foto: wl

772023, Mo/Mi/Fr 16–19, Di/Do/Sa 9–13 Uhr) mit landwirtschaftlichen Exponaten der Region und traditionellen kleinstädtischen Alltagsgegenständen. Neben dem Museum öffnet sich der „Freiheitsplatz" (Trg Slobode) mit schöner Aussicht über das Umland bis zum Meer.

Dem Museum gegenüber liegt die hübsch renovierte **Kirche Crkva Sv Marija** mit holzgetäfelter Decke und acht großen Wandgemälden, allesamt Werke von *Gaspare della Vecchia* aus dem frühen 18. Jh. Die Kirche selbst wie auch das Titularwerk, eine geschnitzte Marienfigur, stammen aus dem 15. Jh.

Eine kleine Gasse neben der Kirche (Ulica Mazzini) führt hinauf zum Trg Sv Servola und zur gleichnamigen **Pfarrkirche.** Sie wurde im 16. Jh. erbaut, vermutlich auf den Relikten eines alten römischen Tempels, da Fragmente römischer und frühmittelalterlicher Säulen erhalten sind. Das Innere birgt Holzskulpturen der Hl. Jungfrau (15. Jh.), Skulpturen des örtlichen Schutzpatrons Hl. Servulus (*G. Marchiri,* 1737) sowie ein Barockgemälde mit dem Titel „Ansicht von Buje" (18. Jh.).

Essen & Trinken

- Unter dem Torbogen des Museums liegt das sehr nette und günstige **Restaurant Pod Voltom** (sehr schmackhafte Gnocchi mit Gulasch).
- Zwei einfache Schänken liegen weiter unten am Trg Tito: das **Café Istra** und gegenüber das **Rondo** (Trg Tita 6, Tel. 772898, geöffnet tgl. 8–23 Uhr).

Aktivitäten

- Radler fürchten den dreistündigen **Momjan-Muscat Rundtrail** ab/bis Buje, der immerhin über 320 m Höhenunterschied aufweist und über Berge von knapp 500 m führt. Details siehe www.istria-bike.com.

Sonstiges

Von Umag her kommend, fährt man an der einzigen Ampel links 100 m ins Zentrum. 20 m rechts von der Ampel ist ein **Supermarkt.** Gleich rechts am Trg Tito liegen mehrere **Banken** und Bankautomaten, und es gibt auch einige **Parkmöglichkeiten.** Von hier aus geht man die Ulica 1. Svibnja (Straße des 1. Mai) hinauf. Lässt man die **Post** (tgl. 7–20, Sa 7–14 Uhr) links liegen, gelangt man zum Museum und den beiden Kirchen.

Grožnjan

↗ A1

Mittelalterliches Dorf

Nur 8 km südöstlich von Buje erhebt sich 260 m oberhalb des Mirna-Tals das mittelalterliche Dorf Grožnjan mit gerade einmal **191 Bewohnern.** Erste urkundliche Erwähnung fand der Ort um 1100, als die mittelalterliche **Zitadelle** dem Patriarchat von Aquilea (siehe Glossar) zugesprochen wurde,

Crkva Sv Marija in Buje

ehe 1358 Venedig die Geschicke des Städtchens lenken sollte. 1394 wurde Grožnjan zum Sitz der venezianischen Besitztümer in Nordistrien erkoren; vor allem die Verteidigungsanlagen (Wehrmauern) aus dieser Zeit sind recht gut erhalten.

Hinter dem Ortstor sind die alte **Renaissance-Stadtloggia** (1587) und die **Pfarrkirche Maria und Vitus** (1770), davor die **Kapelle Damian und Cosma** (1554) sehenswert. Bei einem Rundgang wird man leicht feststellen können, dass heute kaum noch Erwerbsmöglichkeiten im Ort bestehen, was beinahe zum Aussterben des Dorfes geführt hat. Lediglich einigen regionalen Künstlern ist es zu verdanken, dass Grožnjan als Austragungsort musikalischer Workshops und Konzertveranstaltungen Bedeutung zukommt.

kro_144 Foto: wl

Sonstiges

- Die kleine **Informationsstelle** in der Umberto Gorjan 3 (Tel. 052-776131, www.istria-groznjan.com) hat von Mai bis Sept. tgl. 9–12.30 und 16–19 Uhr (Mo nur vormittags), von Okt. bis April Mo–Fr 8–15 Uhr geöffnet.
- Die **Konoba Bastia** im Zentrum (Tel. 052-776370) bietet istrische Spezialitäten wie Fuži, Hausmacher-Brot und Trüffeln sowie Wild und Fischgerichte; sehr angenehmes Ambiente mit schönem Innenhof und Terrasse mit toller Aussicht. Mittleres bis gehobenes Preissegment.
- **Privatunterkünfte** findet man ab 38 Euro/DZ über die Touristeninformation oder direkt bei Herrn *Peter Pucer,* Trg 1. Maja 2, Tel. 052-776116, pucer.peter@hi.hinet.hr.

Motovun

↗ B1

Mittelalterliche Festungsstadt

Der italienische Name **Montona** („die Bergige“) deutet schon darauf hin, dass es sich um ein Bergstädtchen handelt – aber dass Motovun derart spektakulär auf das gesamte Umland herabblickt, lässt der Name nicht vermuten. Nüchtern betrachtet ist Motovun ein Dorf mit rund **600 Einwohnern,** das auf 312 Höhenmetern oberhalb des Mirna-Tals liegt. Architektonisch genauso wie historisch aber gilt der Ort als Paradebeispiel einer mittelalterlichen istrischen Festungsstadt. Ein Besuch bietet sich auf dem Weg nach Slowenien via Buzet oder zur Glagoliter-Allee (Roč, Hum) an.

Bedingt durch seine geschützte Hügellage oberhalb des sehr fruchtbaren Flusstales war der Hügel schon zu illyrischer Zeit eine Art Fluchtburg. Ebenso wie Pazin wurde Motovun im Mittelalter Poreč zugeschlagen, der Ausbau zur Festung folgte erst unter **venezianischer Herrschaft.** Der alte Stadtkern ist von vollständig erhaltenen und von **begehbaren Mauern** aus dem 13. und 14. Jh. umgeben; ein Rundgang dürfte für jeden ein un-

Im alten Stadtkern von Motovun

vergessliches (und zudem kostenloses) Erlebnis sein. Aus der gleichen Epoche stammen einige romanische und gotische Gebäude der Altstadt. Vom 14. bis zum 17. Jh. wurde Motovun außerhalb der Befestigung erweitert, sodass die heutige Stadt aus der Unterstadt sowie zwei ummauerten Bereichen besteht.

Sehenswertes

Man betritt die Stadt durch das **äußere Stadttor** mit den steinernen Wappen zur Stadtgeschichte – hier achte man besonders auf die Darstellungen des venezianischen Markuslöwen. Hinter dem Tor passiert man die **Lipovna-Kunstgalerie und -Museum,** die Café-Bar Montona Gallery sowie eine Bank (Mo bis Fr 8–14.30 Uhr). Von einem **Aussichtspavillon** (ehemalige Stadtloggia) kann schon einmal ein Vorgeschmack auf die herrliche Aussicht genossen werden, denn erst dahinter folgt ein zweites Stadttor, durch das man hinauf ins innere Kastell gelangt und zum **Trg Andrea Antico** (*Andrea Antico,* 1470–1540, istrischer Maler, Verleger, Komponist und Schnitzer). Auf dem schönen Zentralplatz liegen rechts die Post, links das noble Hotel Kastell sowie die **Pfarrkirche Sv Stjepan.** Die Spätrenaissance-Kirche entstand im frühen 17. Jh. und birgt einen beeindruckenden Marmoraltar *(F. Bonazza)* sowie das Gemälde „Das heilige Abendmahl" aus dem 17. Jh. von *Stefano Celestio.* Der Eintritt zum daneben liegenden Campanile kostet 5 K.

Auf dem Weg zu den eigentlichen Ummauerungen des inneren Kastells durchstreift man die **alten Gassen,** in denen ältere Frauen häkeln und stricken oder Künstler sich in Landschaftsmalerei üben. Ein Rundgang um die praktisch vollständig erhaltenen **Kastellmauern** bildet den krönenden Abschluss des Besuchs.

Transport & Verkehr

Motovun liegt weithin sichtbar **zwischen der E 751 und Buzet;** sowohl von Vižinada/Grožnjan wie auch aus Richtung Beram/Karojba kommend, achte man auf die wie auf einem Vulkankegel thronende Stadt.

Die **Busse** Buzet - Küstenstädte halten in der Unterstadt.

Infos

- Die kleine **Informationsstelle** am Trg Ressela 1 (Tel. 052-617480, www.istra.hr/motovun) hat tgl. außer Di und So von 11–15 Uhr geöffnet.

Unterkunft

- Angenehme Unterkunft bietet das renovierte traditionelle €€€**Hotel Kaštel** (Trg Andrea Antico 7, Tel. 052-681607, Fax 681652, www.hotel-kastel-motovun.hr) am Dorfplatz. Das Hotelrestaurant serviert hervorragende istrische Trüffelgerichte im gehobenen Preissegment.
- In den **Apartments Bella Vista** (Kanal 27, Tel. 052-681724, www.apartmani-motovun.com) sind sehr hübsche Feriendomizile ab 300 K erhältlich.
- Auch **Agrotourismus** („Ferien auf dem Lande") wird angeboten, Informationen findet man beispielsweise unter www.agroistra.com und www.agroturizam-spinovci.com.
- Interessant für kleine Gruppen bis 9 Personen, wenngleich nicht billig, dürfte die Anmietung der €€€**Stancija Scodanella** sein, einem im frühen 18. Jh. erbauten Landgut bei Motovun, welches vor wenigen Jahren von einem deutschen Paar erworben und restauriert wurde. Neben stilvoller Unterkunft und lokalen Küchenspezialitäten werden auch Reit-, Rad- und Wanderausflüge sowie Tauchgänge arrangiert. Kontakt: *B. Müller,* Tel. (0049) 0171-4404691, muellers-buero@scrive.de oder über www.istrien-pur.de.

Essen & Trinken

- Das **Mondo** (Barbacan 1, Tel. 052-681791, tgl. außer Di 12–15.30 und 18–22 Uhr) beim Stadttor bietet hervorragende istrische Trüffelgerichte (Spezialität: Rinderbraten in Trüffelbutter) im gehobenen Preissegment. Etwas versetzt von der TI liegt in der Ressela 6 das urige **Pod Voltom** (Tel. 052-681923, tgl. außer Mi 12–22 Uhr) mit istrischen Spezialitäten wie *Fuzi,* Trüffel- und Wildgerichten (mittleres Preissegment).
- Im Umland von Motovun, etwa 3 km außerhalb im Dörfchen Livade, hat das **Restaurant/Enoteka Zigante** (Livade 7, Tel. 052-664302) einen weit über Istrien hinausgehenden Ruf als Trüffelrestaurant. Besitzer *Giancarlo Zigante* fand 1999 einen gut 1,3 kg schweren Trüffelpilz, welcher ihm einen Eintrag ins Guinness-Buch der Rekorde für den schwersten bislang gefundenen Gourmetpilz sicherte. Die mehrgängigen Trüffelmenüs zum Festpreis (ab 150 K) sind besonders empfehlenswert, wenn man sich einmal etwas ganz Besonderes leisten möchte. Im benachbarten Geschäft vertreibt *Zigante* Trüffel- und Weinspezialitäten der Region zum Mitnehmen.

Istarske Toplice

↗ B1

Heil- und Kurbad

Von Motovun aus 10 km weiter Richtung Buzet, im Mirna-Tal, beginnt ein **Eichenwaldgebiet,** genannt **Motovunska Šuma** („Motovun-Wald"). Hier liegt Istarske Toplice, das bekannteste Heil- und Kurbad Istriens. Die schon in der Antike bekannten Thermen wurden 1807 erstmals wissenschaftlich analysiert, als Arthritis-Patienten von erstaunlichen Heilungsprozessen berichteten. Doch erst 1873 konnte man schwach radioaktive Sodium-Kalziumchloridsalze im gut 30 Grad warmen Heilwasser nachweisen und die internationale Reputation von Istarske Toplice begründen.

Kurhotel

●€€**Kurhotel Mirna,** mit Beauty- und Wellnessbereich, Bädern (Frei- und Hallenbad), 150 einfachen Zimmern rund 70 Euro im Hauptgebäude und ab ca. 90 Euro in der etwas besseren Dependance Sv. Stjepan (je DZ inkl. Frühstück), Sv. Stjepana 60, Livade, Tel. 052-603000, Fax 603403, www.istarske-toplice.hr.

Buzet

↗ B1

Allgemeines

„Cita Tartufo" – Trüffelstadt – nennt sich Buzet (ital. Pinguente), die kleine Kastellstadt an der Hauptstrecke von der slowenischen Küste nach Opatija, recht vollmundig. In der Tat soll der seltene und ausgesprochen wertvolle Pilz in den Wäldern des Mirna-Tals bei Istarske Toplice gut gedeihen (siehe Restaurant Zigante, Motovun). Immerhin rund 3000 Euro bringt das Kilo istrischer Trüffeln ein, die damit aber noch lange nicht Rekordhalter sind: Das Kilo weißer Trüffeln kostet bis zu 9000 Euro, in Japan bis zu 15.000 Euro!

Wer von Motovun heraufkommt, wird eher enttäuscht sein; Neuankömmlinge aus Slowenien dagegen gewinnen hier einen ersten Eindruck von der Architektur einer typischen istrischen **Berg- und Festungsstadt.**

Zur Altstadt hinauf kommt man (aus Richtung Motovun), indem man vor der ersten Tankstelle im

Ort nach links auf die Überführung fährt. Der Gesamteindruck der Altstadt ist erschütternd: Viele Gebäude sind verfallen und wirken kaum gepflegt, auch die alten Stadtmauern sind nur an wenigen Stellen zugänglich.

Sehenswertes

Durch das Stadttor von 1547 folgt man der Ulica Petra Fleger hinauf zum **Titov Trg,** dem zentralen Ortsplatz mit der renovierten **Pfarrkirche Sv Marija** von 1784. Sie beherbergt zahlreiche Wandgemälde mit alttestamentarischen Motiven und solchen aus der Zeit der Christenverfolgungen. Das hübsch restaurierte Gebäude am Kirchplatz ist das **Bezirksgericht.** Ein Stück weiter oben liegt die **Bruderschaftskirche Sv Juraj** (Georgsstift), von deren Vorplatz sich ein netter Panoramablick über das Umland bietet. Ebenfalls gut erhalten ist das kleine **Stadttor** (Mala Vrata, 1592). Geht man zurück Richtung Pfarrkirche, kann man noch im kleinen **Heimatmuseum** vorbeischauen (Veneciansko Skladišče, ausgeschildert).

Transport & Verkehr

Buzet dient in erster Linie als **Transitpunkt** für Alternativrouten von Slowenien nach Zentralistrien und an die Riviera von Opatija, wobei der nur schwach frequentierte Grenzübergang ein wesentlicher Vorteil dieser Route ist. Von Buzet aus sind es knapp 20 km bis Motovun, 25 km zum ins Kvarner Land führenden Učka-Tunnel und 10 km bis zur Grenze.

Eine nicht besonders gute **Busanbindung** besteht nach Umag, Poreč und Pazin sowie um 5.25 und 15.10 Uhr nach Pula.

Theoretisch gibt es auch eine **Bahnverbindung** nach Pula (3–4x tgl.), jedoch liegt der „Bahnhof Buzet“ rund 5 km außerhalb in Počekalj.

Infos

- Die **Touristeninformation** liegt beim Hotel Fontana, Trg Fontana 7 (Tel./Fax 052-662343, www.tz-buzet.hr) und ist von Okt. bis März Mo–Fr 8–15 Uhr, von April bis Sept. Mo–Fr 8–16 Uhr und Sa 9–14 Uhr geöffnet.

Unterkunft

●€€**Hotel Fontana**
Trg Fontana 1, Tel./Fax 052-662615, hotel-fontana@pu-t.com.hr. Bislang das einzige kleine Hotel im untouristischen Buzet mit DZ ab 350 K.

Essen & Trinken

●Viele Restaurants bietet der wenig touristische Ort nicht, empfehlenswert ist allein das **Most** (Tel. 052-662867) an der Mirna-Brücke mit schmackhaftem Spanferkel; tgl. außer Mi bis 22 Uhr geöffnet. An der Auffahrt zur Altstadt wurde das **Vrh** (Vrh 1, Tel. 667123) vor wenigen Jahren eröffnet und bietet istrische Spezialitäten wie Schnecken-, Trüffel- und Schinkengerichte.

●Weiter oben in der Altstadt (Ulica Fleger) lockt das **Bistro/Café Panorama** mit Erfrischungen und Snacks.

Sonstiges

Ein guter **Minimarkt** mit integrierter **Bäckerei** (warme Teilchen) liegt vor der T-Gabelung hinter der **Tankstelle** rechts – er ist in Richtung Slowenien die letzte Einkaufsmöglichkeit!

Roč und Hum

↗ B1

Glagoliter-Allee

Von besonderem sprachwissenschaftlichen Interesse ist die so genannte Glagoliter-Allee **(Aleja Glagoljaša),** die einige Städte in Nord- und Zentralistrien verbindet, in denen sehr lange und intensiv die **glagolitische Schrift** als Ausdruck der slawischen Nationalkultur gepflegt wurde (siehe Exkurs „Die glagolitische Schrift").

Die an der Glagoliter-Allee gelegenen Orte Roč und Hum vermitteln darüber hinaus einen Einblick in **mittelalterliche Dorfstrukturen und -lebensweisen,** ohne übertrieben touristisch zu wirken.

Rundgang in Roč

11 km hinter Buzet in Richtung Rijeka liegt linker Hand der Ort Roč. Die Ortsschilder in dieser Gegend sind bewusst historisierend in glagolitischer und kroatischer Schrift gehalten. Roč liegt, anders als die meisten Orte der Gegend, nicht auf einem Hügel – und gerade die „Normalität" seiner Lage

Stadtwappen mit glagolitischen Zeichen in Roč

034is Foto: wl

macht den Ort auf Anhieb sympathisch. Die heute ca. **160 Einwohner** leben vorwiegend von der Nutzung des hier sehr fruchtbaren Bodens (Anbau von Kartoffeln, Kürbissen, Kräutern) und nur am Rande vom Tourismus.

Man betritt Roč durch das teilweise erhaltene **Stadttor.** Bedeutendstes Bauwerk im hervorragend restaurierten Städtchen ist die **Kirche Sv Rok** (Rochus der Pestheilige) mit Fresken aus dem 14. Jh. Die alte **Druckerei** in ihrer Nähe zeugt von der literarischen Bedeutung des Ortes: 1483 wurde hier die Vorlage für das erste gedruckte kroatische Buch zusammengestellt. Allgegenwärtig sind im Ort die glagolitischen Schriftzeichen. Weiterhin sehenswert sind die **Kapelle Sv Antun** (12. Jh.) und die barocke **Bartholomäuskapelle** mit dem markanten Glockenturm (17. Jh.). Leider stören einige recht deplatziert wirkende moderne Skulpturen das Erscheinungsbild des Ortes.

Zum Einkehren bietet sich die kleine **Konoba Roč** mit istrischer Küche tgl. außer Montag von 12–22 Uhr (Tel. 052-666451) an.

Rundgang in Hum

Noch vor Roč windet sich von der Hauptstraße nach rechts eine schmale Straße durch hügelige Ackerlandschaft hinauf zum 7 km entfernten Hum – laut Guinness-Buch die **kleinste Stadt der Welt!** Die Strecke erweist sich, von vereinzelten Gehöften abgesehen, als total abgeschieden. Hum ist nicht ausgeschildert, man muss immer auf dem neu asphaltierten Hauptweg bleiben. Nach etwa zwei Drittel der Strecke liegt rechter Hand ein **Skulpturenpark,** ein steinernes Bildmonument zum Gedenken an die Erfinder der glagolitischen Schrift, u.a. *Kyrillos* und *Methodios*.

Außen hinter dem **Stadttor** bietet die **Konoba Huma** (Tel. 052-660005) Spezialitäten wie Humer Mistelschnaps, Gulasch, Sauerkraut, Käse, Schinken oder Trüffelgerichte an (nicht ganz billig; Leser empfehlen übrigens auch die **Konoba Didi in Tinjan,** wo Trüffelgerichte deutlich preiswerter als im touristisch propagierten Hum seien). Durch das Stadttor erreicht man den Kirchplatz mit der **Pfarrkirche Sv Petr i Pavel** (1802) und die beiden Gassen des Ortes. In der hinteren findet man ein kleines **Museum** mit landwirtschaftlichen Gerätschaften und glagolitischen Tafeln und Schriften sowie einen Souvenirshop. Insgesamt wirkt Hum wie ein künstlich erhaltenes ummauertes Filmdorf ohne Komparsen.

Die offiziell registrierten **22 Einwohner** der „kleinsten Stadt der Welt“ wechseln sich in der Bewirtschaftung der Dorfkneipe ab oder sind als Nebenerwerbslandwirte tätig. Ein Griff in die Kuriositätenkiste zeigt, dass eine bei uns zur Redewendung gewordene Sitte in Hum heute noch praktiziert wird: Ein Dorf, und sei es noch so klein, braucht natürlich einen „Meier“, den Bürgermeister. Zu dessen Wahl geben die nominierten Kandidaten ein Stück Holz mit ihren Initialen an die

Wähler aus, die im Kreis oder in einer Reihe sitzen. Jeder Wähler schnitzt nun eine Kerbe in das Holz seines Kandidaten – wer schließlich am meisten „auf dem Kerbholz hat", ist in Hum zum Bürgermeister gewählt!

Das glagolitische Alphabet

Die Wurzeln von Roč und Hum als Zentren des glagolitischen Schrifttums reichen bis ins 9. Jh. zurück, als der Kaiser von Byzanz im Jahre 863 die missionierenden Brüder *Kyrillos* und *Methodios* aussandte, um die Slawen das Christentum zu lehren. Zu diesem Zweck mussten die lateinischen Bibeltexte in das Altslawische übersetzt werden – eine Schrift kannte man aber im Slawischen vermutlich noch nicht. So entwickelte *Kyrillos* die glagolitische Schrift, die sich in Kroatien als Kirchen- und Literaturschrift durchsetzen konnte. In Hum wurde noch bis ins frühe 20. Jh. hinein die glagolitische Schrift aktiv verwendet.

Die Schriftzeichen sind unter Verwendung christlicher Ursymbole frei erfunden

Novigrad

↗ A1

Allgemeines

Prächtige **Weinfelder** erstrecken sich von Lovrečica bis zur Bucht von Tar (Tarski Zaljev), wo die Mirna – neben der Raša der einzige auch im Hochsommer Wasser führende Fluss Istriens – in die kroatische Adria fließt. Hier liegt Novigrad **(ca. 4000 Einwohner),** das in vielerlei Hinsicht in einem krassen Gegensatz zu Umag steht. Aufgrund der **geschützten Buchtlage** siedelten schon die Griechen an dieser Stelle (Emonia), und auch die Römer unterhielten später eine Ansiedlung unter dem Namen Civitas Nova (neue Stadt, kroatisch Novigrad). Bis 1831 war Novigrad sogar Bistum. Die Stadt zählt mit ihren diversen architektonischen Stilrichtungen, der weitgehend erhaltenen Stadtmauer unmittelbar am Mirna-Ufer und den zum Teil sehr hübsch restaurierten Altstadtbauten zu den Perlen der istrischen Westküste.

Schöne Altstadt

So besticht Novigrad (ital. Cittanova, dt. Neustadt) mehr durch sein **altstädtisches Erscheinungsbild** denn durch ein Überangebot an touristischen Freizeitaktivitäten. **Baden** ist rund um die Altstadt an der befestigten Promenade möglich, wobei die innere Bucht deutlich ruhiger ist als die der offenen See zugewandte Seite; die Wasserqualität jedenfalls ist ausgezeichnet.

Von der Ampelkreuzung an der Durchfahrtsstraße werden die Umag-Poreč-Busse wie auch die Selbstfahrer vorbei an mehreren Touristenagenturen ins Zentrum zum **Park Irma Benčić** geleitet (Parkplatz, Busbahnhof 300 m vorher linker Hand). Hier liegen die kleine Marina, die Hauptpost sowie die Ulica Mandrac. Ein Rundgang durch die **Altstadt** beginnt zweckmäßigerweise an dem kleinen Uferpark unmittelbar vor den Stadtmauern mit der kleinen **Kapelle Sv Agatha.**

Die befestigte Promenade von Novigrad verläuft fast um die ganze Stadt

035is-wl Foto: wl

Die Altstadt ist klein und überschaubar, binnen weniger Minuten dürfte der Reisende alle Gassen und Sträßchen erkundet haben.

Sehenswertes

Das eigentliche Ortszentrum von Novigrad bilden die Velika Ulica („Große Straße") mit einigen Geschäften und Lokalen sowie insbesondere an deren Ende der **Veliki Trg** („Großer Platz") mit seinen Cafés und hübsch renovierten mittelalterlichen Bauten und der **Pfarrkirche Maria, Maximilian und Pelagius,** im Volksmund „Basilika Pelagia" genannt. Sie vereint Fragmente einer frühchristlichen Basilika (6. Jh.), romanische wie auch barocke Elemente. Unter dem barocken Hauptaltar (*Picco von Palmanova,* 1749) liegt eine dreischiffige romanische Krypta verborgen, in der römische und romanische Steindenkmäler sowie ein Sarkophag aus dem 12. Jh. aufbewahrt werden.

•🛈	1	Marina, Touristen-information	•	7	Agentur Kompass
▮	2	Sv Marija,	✉$	8	Post & Bank
☕		Café Kavana Istra,	★	9	Park Irma Benčić
🍴		Rest. Vela Ventis	H	10	Hotel Nautica und
M		Muzej Lapidarium	🍴		Rest. Navigare
🍴	3	Konoba Bonazza,	B	11	Busbahnhof
🍴		Pizzeria Da Noe	H	12	Maestral-Hotel
★	4	ehem. Stadtloggia	H	13	Hotel Laguna
🍴	5	Gostionica Torci	⚠	14	AC Sirena
H	6	Hotel Cittar			

Die beiden Seitenaltare aus Marmor stammen aus dem Jahr 1790, darunter findet sich ein hölzerner mit Muttergottesstatue aus der Tiroler Schnitzerschule (18. Jh.).

Östlich der Pfarrkirche Sv. Marija am Veliki Trg beherbergt das **Muzej Lapidarium** (Di–So 10–13 und 18–22 Uhr) eine interessante Sammlung an

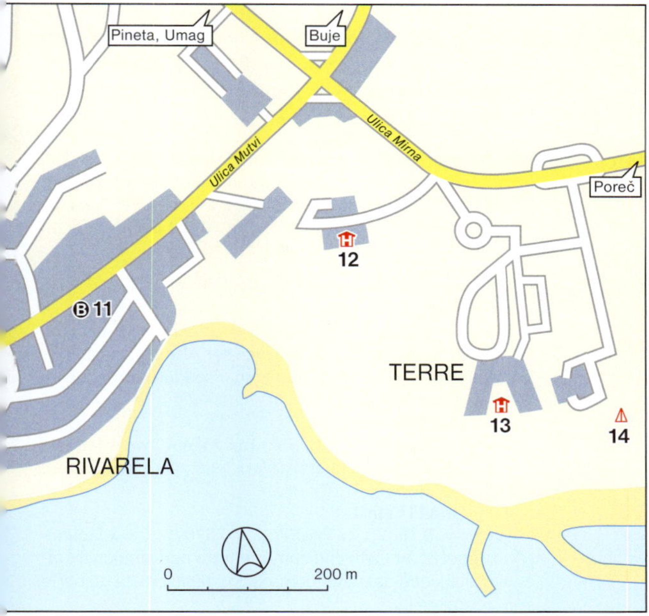

spätantiken und altkroatischen Steindenkmälern, vorzugsweise Schrankenplatten und andere sakrale Architekturfragmente, die z.T. aus Kirchen der Umgebung, z.T. aus Zufallsfunden stammen.

Hinter der Kirche liegt der kleine **Park Novigradske Biskupije,** von dem sich ein Rundgang auf der hübschen und fast vollständig die Stadt umgebenden befestigten **Promenade** anbietet. Hier lockt ein Bad im kristallklaren Wasser. Auch für Kleinkinder wurde gesorgt: Mehrere steinerne Planschbecken sind in die Promenade integriert.

Busverkehr Vom Busbahnhof in der Ulica Murvi (Tel. 757660) Direktanbindung **nach Poreč** 4–7x tgl.; dort Anbindungen in die Umgebung sowie 3–4x tgl. von/nach Rijeka und Opatija.

Stadtverkehr

Für die Bewohner der Campingplätze und Hotels von Novigrad fährt eine kleine **Touristenbahn** 14x tgl. die Strecke Benčić-Park – Kaprinjan – Pineta – Mareda (15 K, Kinder 8 K). Die Bahn fährt von 9 Uhr bis Mitternacht.

Infos

- Die **Touristeninformation am Hafen** (Porporela 1, Tel. 052-757075, www.istria-novigrad.com, www.novigrad-cittanova.hr und www.istra.hr/novigrad) hat Okt.–April tgl. außer So 8–15 Uhr, Ostern/Mai tgl. 8–20 Uhr, Juni/Sept. 8–21 Uhr und Juli/Aug. 8–22 Uhr geöffnet.

Unterkunft

Von den Hotels seien vier hervorgehoben:

- €€€**Cittar**

Tel. 052-758540, Fax 758781, villa@cittar.hr, www.cittar.hr. Absolut zentral in die Stadtmauer der Altstadt integriert – architektonisch weniger gelungen. Pseudohistorisches Interieur, aber klein und familiär.

- €€€€**Hotel Maestral**

Skverska bb, Tel. 052-757557, Fax 757462, www.laguna-novigrad.hr. Bestes Hotel am Platz, zentral, u.a. mit Casino, Hallen- und Freibad.

- €€€€**Hotel Laguna**

Škverska 8, Tel. 052-757050, Fax 757026, www.laguna-novigrad.hr. In Gehnähe zum Zentrum und strandnah, etwas kleiner als das unter demselben Management geführte Maestral.

- €€€**Hotel Nautica**

Mit der Umgestaltung der städtischen Marina entstand vor wenigen Jahren das vor allem bei Seglern beliebte **Hotel Nautica** (Sv. Antuna 15, Tel. 052-600480, Fax 600490, www.nauticahotels.com) unmittelbar an der inneren Promenade. Sehr modern und großzügig angelegt, gleichzeitig bei Preisen ab 72 Euro/DZ eine empfehlenswerte Alternative zu den Laguna-Großhotels.

Camping

- €€**AC Sirena**

Stadtnähe, in Waldgebiet, Tel. 052-757159. Teils angenehm schattig mit Kiefernhainen. Direkt am Felsstrand (Betonliegeflächen) Riesencamp für knapp 2000 Personen, Stellplatz ab 80 K.

- €€**AC Mareda**

4 km nördlich, etwas größer, Tel. 052-735291, www.laguna-novigrad.hr (hier Infos für beide großen Camps, die wie die Hotels Maestral und Laguna unter Laguna-Management stehen). Sehr modern mit einigem Komfort, Radverleih und Wassersportmöglichkeiten. 2 Personen zahlen für den Stellplatz je nach Lage 120–180 K.

- €**AC Kastanija (Baia Bianca)**

Novigrad-Kastanja, Tel. 052-726444. Mitte April bis Mitte Okt. geöffnet.

Wer eine **Privatunterkunft** sucht, kann bei Hunderten von Anbietern über die Internetseiten www.istra.hr/novigrad/de („Privatunterkünfte") und www.croatia.hr (Unterkunft – Stadt: Novigrad – Unterkunft beim Hausherrn) ein Arrangement vor der Anreise treffen.

Essen & Trinken

- Günstig und gut ist die mit Holzbänken ausgestattete urige **Konoba Bonazza** (Tel. 757624) an der Uferpromenade.
- Die **Pizzeria Da Noe** (Tel. 757884) nebenan ist nur in der Hauptsaison geöffnet, die riesigen Pizzas reichen mit einem Salat für zwei Personen.
- Am Veliki Trg liegen sowohl das **Café Kavana Istra** als auch das mittel- bis höherpreisige Restaurant **Vela Ventis,** Tel. 052-758455, bekannt besonders für gute und reichhaltige Beilagen (Gemüse) zum gemischten Fleisch (80 K) oder Fisch (110 K). Als Snacks werden Pizzen gebacken, außerdem fungiert das Vela Ventis auch als Apartment-Vermittler.
- Schwer zu finden, aber ganz besonders zu empfehlen ist die **Gostiona Torci,** Tel. 052-757174: Von der Velika über den Veliki Trg gerade hinweg bis zur Stadtloggia am Ufer, davor links die Torci hinein bis zur Nr. 18. Das Lokal liegt hübsch versteckt und ruhig in der Altstadt und bietet von 12–15 und 18–22 Uhr sehr gute und günstige Fleisch- und Fischgerichte (Grillteller 50 K, Wein 40 K/Liter.)
- Gourmets schwärmen vom **Navigare** (Hotelrestaurant des Nautica-Hotels, Sv. Antuna 15, Tel. 052-600400), das istrische Spezialitäten wie Goldbrasse auf Radicchio mit Pinienkernen oder Oktopus gesotten auf Rucola und Trüffel kreiert – gehobenes Preis-Leistungssegment.

Aktivitäten

- In den zusammengehörigen Hotelanlagen Maestral und Laguna kann man in einem **Casino** sein Glück versuchen.
- In beiden Campinganlagen werden **Tauchen, Minigolf, Radverleih, Tennis- und Surfunterricht** angeboten.
- In der Stadt – z.B. rund um die alte Stadtloggia – gibt es mehrere Möglichkeiten zum **Sonnenbaden** direkt am Ufer.
- Wer am 28. August in der Stadt sein sollte, kann sich glücklich schätzen, die **farbenfrohen Feierlichkeiten** zu Ehren des Stadtheiligen Pelagius miterleben zu dürfen.
- Abschließend darf auch das **Heineken Sommer-Jazzfestival** im Juli/August nicht vergessen werden.
- **Radverleih/Radtouren:** Laguna, Skverska ul. (beim Hotel Maestral), Tel. 052-757463, und Rent-a-bike, Rotonda Ulica, Tel. 052-757737). Ein ausgeschilderter, ca. 35 km langer Radweg führt beim Hotel Maestral beginnend über Sv Roželo über Antenal, Srbani und Nova vas bis Karigador, dort an den Camps Mareda und Pinta entlang zurück bis Novigrad. Details zu weiteren Routen bei Novigrad unter www.bike-istra.com (= www.istria-bike.com, St. Pelagius Trail) oder bei der Touristeninformation.

Sonstiges

- **Apotheke:** am Veliki Trg.
- **Hauptpost:** Ulica Vandraz/Benčić-Park (Mo bis Fr 7–20, Sa 7–14 Uhr).
- **Bank:** Riječka Banka, Ulica Vandraz (Mo bis Fr 7.30–13 und 15.30–21 Uhr) sowie am Veliki Trg (Mo bis Fr 7–20, Sa 7–12 Uhr), hier auch Bankautomaten.
- **Marina:** Tel. 052-757330, www.novigrad-cittanova.hr/D/nautickicentari.html. Knapp 400 Liege- und rund 100 Winterplätze, Supermarkt usw.
- Selbstversorger finden einen sehr guten **Bäcker** in der Velika Ulica/Ecke Porporella Ulica, einen **Minimarkt** am Veliki Trg und den **Trgopromet-Supermarkt** am Park Irma Benčić.
- **Reiseagenturen:** Mehrere Agenturen säumen die Straßen der Stadt, alle mit dem mehr oder weniger gleichen Angebot an Unterkünften und Ausflügen (z.B. Touren nach Plitvice, Venedig, Brijuni, Lim-Fjord per Boot oder Fischpicknick). *Novigradski Dom* am Busbahnhof, Tel./Fax 052-757042, *Laguna,* Skverska ul. (beim Hotel Maestral), Tel. 052-757463, *Kompas* (Gradska Vrata 11, Tel. 052-726383, www.kompas-travel.com sowie *Alternativna Istra,* Velika Ulica 31, Tel. 052-725100, www.istra.com/alternativ.

Tar-Vabriga

↗ A1

Allgemeines

Von Westen kommend, passiert der Reisende hinter der Tarski-Bucht das **Doppelstädtchen** Tar-Vabriga, das sich beidseitig der Küstenstraße erstreckt. Die beiden Dörfchen liegen an der Strecke Umag – Poreč; Ziel der meisten Besucher aber dürfte die **Landzunge Lanterna** mit ihren beiden Campingplätzen sein (3 km in Richtung Küste, gut beschildert).

Auf einem 112 m hohen Plateau gelegen, waren die ursprünglich getrennten Orte seit jeher eine Hochburg des **Wein- und Olivenanbaus.** Insbesondere das Olivenöl stellt einen für die gesamte Umgebung wesentlichen Produktionszweig dar. Heute spielt allerdings der Tourismus durch die nahe gelegenen Campingplätze eine mindestens ebenso große Rolle, sodass mittlerweile etwa jeder zweite Einwohner direkt oder indirekt vom Fremdenverkehr profitiert.

Sehenswertes

Von offizieller Seite wird der famose Ausblick hervorgehoben, den man vom **Glockenturm von Tar** (Eintritt: 15 K) habe: „Bis zur St. Markuskirche in Venedig" soll er reichen - doch selbst mit Fernglas blieb dieses Spektakel bislang nur wenigen Auserwählten mit außergewöhnlicher Einbildungskraft vorbehalten ...

Die an Säulen und Heiligenskulpturen reiche **Pfarrkirche des St. Martin in Tar,** in den Sommermonaten Schauplatz **klassischer Musikkonzerte,** wurde im 19. Jh. anlässlich des Gedenkens an einen Papstbesuch in der nahe gelegenen Tarska Vala erweitert und erneuert. Von diesem Besuch zeugt auch die lateinische Inschrift über dem Kircheneingang: „Seine Heiligkeit Papst Pius VII. weilte im Hafen der Tarska Vala am 13. und 14. August 1800."

Weltliche Vergnügungen stehen im Frühsommer im Mittelpunkt, wenn das alljährliche **Tarer**

Das beste Olivenöl der Welt

Experten haben wissenschaftlich bewiesen, dass just **in der Tar-Ebene,** auf der Plantage Larun, Oliven heranreifen, die das beste Öl in ganz Europa liefern! Wie bitte? Ist diese Behauptung nicht eine „Gotteslästerung" in Bezug auf die Oliven des südlicheren Mittelmeerraums - aus Spanien, Sizilien und Griechenland? Die Olive, diese biblische Pflanze, reift über den Sommer heran und wird im November geerntet. Das Geheimnis liegt in der milden Kälte Istriens im Endstadium des Reifungsprozesses, die dem Öl einen reicheren Säuregehalt gibt. Dies war auch schon den antiken Völkern bekannt. Der bekannteste römische Epigrammschreiber, *Marcus Valerius Martialis* (40–103 n.Chr.), pries in seinem Lobgesang sein heimatliches Córdoba mit folgenden Worten: „Uncto Corduba leatior Venafro Histria nec minus absolute testa", zu deutsch: „Córdoba, welch du fruchtbarer als das ölreiche Venafra und vollkommen, gleich dem Öl Istriens!"

Volksfest mit Eselswettritt, Blasmusik und Weinausschank fröhlich begangen wird.

Eine Besonderheit, die vor allem jüngere Reisende und Schumi-Fans interessieren wird, liegt zwischen Tar und Poreč unmittelbar an der Nordseite der Küstenstraße (auf Höhe des AC Ulika): das **Motodrom Poreština.** Vom 1.4. bis 31.10. kann hier tgl. von 10–1 Uhr auf einer Pistenlänge von 550 m auf Gokarts mit drei verschiedenen Motorenstärken Formel 1 gespielt werden (Preise: 80–100 K, www.tar-vabriga.de/gokart.html).

Ansonsten sind die beiden Dörfchen - auch in der Hochsaison - der **ruhigste Teil der Riviera von Poreč.** Viele Touristen bleiben in ihren Camps oder bevorzugen das Nachtleben in Poreč selbst, sodass spätestens am Abend wieder ländliche Idylle einzieht.

Busverkehr

Busse der **Linie Umag - Poreč** halten an der Durchgangsstraße und auch in Tar.

Infos, Agenturen

- **Tourist Association Tar-Vabriga**
Istarska 8a, Tar, Tel. 052-443250, www.istria-tarvabriga.com, geöffnet Okt.–März Mo–Fr 8–15 Uhr, April/Mai Mo–Sa 8–15 und So 8–13 Uhr, Juni–Sept. tgl. 8–21 Uhr.

Für **Ausflüge, Zimmervermittlung usw.** wendet man sich vor Ort in der Regel an eine der folgenden Agenturen:

- **Adriana-Tours**
Brajde 31, Tel./Fax 052-443466.
- **EUROTOURS**
Kreuzung Tar - Lanterna, Tel. 052-443247.
- **Lemo-Tours**
Vabriga, Turistička 22, Tel. 052-443024, 443028.

Unterkunft

Die Apartmentanlagen vor Ort entsprechen landesüblichem Standard, liegen aber deutlich ruhiger als etwa im benachbarten Poreč. In den letzten Jahren hat die Valamar-Gruppe im Raum Tar-Vabriga fast alle Anlagen aufgekauft (s. auch Poreč).

- Auf zwei sehr hübsche (u.a. deutschsprachige) Anlagen sei besonders verwiesen: die **Vila Bernaca** (Sv. Martin 12/Tar, Tel. 052-443556, nesuna2006@yahoo.com) und **Vila Lorenzo** (Istarske kontrade 77, Vabriga, Tel. 098-334158, ugo.musizza@pu.t-com.hr), ersteres ein restauriertes Landgut und letzteres ein stilvolles Altstadthaus. Weitere private Angebote s. www.istra.hr/tar_vabriga/de/unterkunft.

●€€€**Hotel Tamaris**
Lanterna, Tel. 052-465000, Fax 451440, www.valamar.com. Große, aber nicht überlaufene und kinderfreundliche 4-Sterneanlage mit eigenem Strandzugang. Es gibt auch eine kleine angeschlossene Apartmentanlage.

●€€€**Aparthotel Iris**
Lanterna, Tel. 052-402000 und 401000, Fax 443500, www.riviera.hr, 71 Apartments mit 2–4 Betten, mit eigenem Strandzugang.

●€€€**Ferienapartments Solaris**
Lanterna, Tel. 052-465000, Fax 451440, www.valamar.com, nur für FKK-Touristen (im Bereich des Solaris-Campingareals gelegen und zur Valamar-Gruppe gehörend).

●€€**Apartments Lanterna**
Tel. Tel. 052-465000, Fax 451440, www.valamar.com, gigantische, traditionelle Anlage mit knapp 3000 Betten!

Camping

●€€**AC Camp Lanterna**
Lanterna, Tel. 052-465010, Fax 451440, www.camping-adriatic.com. Mit einer Kapazität von über 8000 Personen einer der größten Campingplätze des Landes – und natürlich auch schon von der Valamar-Gruppe aufgekauft.

●€€**AC FKK-Camp Solaris Naturist**
Lanterna, Tel. 052-465010, Fax 451440, www.camping-adriatic.com.

●€€**AC FKK-Camp Ulika**
Červar, Tel. 052-436325, Fax 436352, www.plavalaguna.hr.

Die beiden FKK-Plätze sind jeweils etwa halb so groß wie Camp Lanterna. Alle drei bieten in etwa das gleiche Freizeit- und Unterhaltungsprogramm mit Reiten, Surfen, Tennis, Minigolf etc.

Sonstiges

- **Erste Hilfe:** Eine Sanitätsstation im Bereich Lanterna (Tel. 052-402030) bietet lediglich das Camp Ulika, auf das auch die beiden anderen im Notfall zurückgreifen müssen.
- **Ambulanz Tar:** Istarska bb, Tel. 052-443334.
- **Bank:** Zagrebačka Banka, Tar, Istarska, Tel. 052-443191.
- **Reiten:** Valeta, Lanterna, Tel. 052-405040 und Gut Kocijančić, Tar, Riječka 2, Tel. 052-443177.
- **Tauchen:** Basis Valeta, Lanterna, Tel. 052-405040, detaillierte Homepage unter www.zeus-faber.com/de/index.html.
- **Shuttlebus:** von 8–24 Uhr pendelt stündlich (volle Stunde Lanterna, halbe Stunde ab Tar) ein Bus für 5 K zwischen Landzunge Lanterna und Tar-Vabriga (fährt 4x tgl. via Baredine).
- Beim AC Lanterna findet man auch die zweite **Paintball-Anlage** (derselbe Betreiber wie Poreč, s. dort).

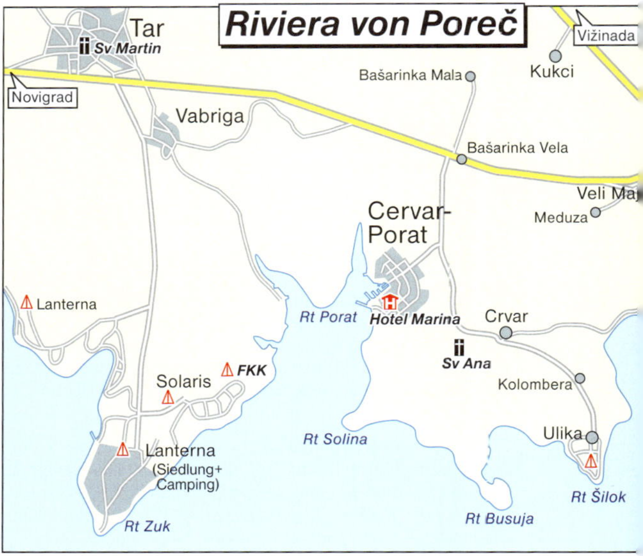

Poreč

⇗ A2

Riviera von Poreč

Touristisches Zentrum Kroatiens

Von der Tarski-Bucht bei Tar-Vabriga bis zum Limski-Kanal bei Vrsar/Koversada erstreckt sich Westistriens größtes Feriengebiet, die Riviera von Poreč. Mit über 700.000 Gästen jährlich aus aller Welt ist sie sogar mit Abstand das bedeutendste touristische Zentrum Kroatiens. Im Sommer sind die Küstenabschnitte und Siedlungen in und um Poreč mehr als gut besucht. Pauschalreisende werden mit an Sicherheit grenzender Wahrscheinlichkeit in unmittelbarer Nähe des Städtchens untergebracht; Campingfreunde werden einen der zahlreichen Plätze der Umgebung zumindest in Erwägung ziehen, und auch der Durchreisende wird zumindest der wahrlich einmaligen Kathedrale eine Stippvisite abstatten.

Umso bemerkenswerter erscheint daher die Tatsache, dass es **keine** (gravierenden) **ökologischen Schäden** wie „Vermüllung" o.Ä. gibt; die Gewässer der Riviera von Poreč sind auffallend klar, wozu auch das Fehlen jeglicher belastender Industrie erheblich beiträgt.

Die Stadt

Selbstverwaltung

Die besondere Stellung der Stadt Poreč (ca. **18.000 Einwohner,** ital. Parenzo) drückt sich schon in der Selbstverwaltung innerhalb der Gespanschaft Istrien aus, ein Privileg, das nicht jeder kroatischen Stadt zusteht. Poreč bezeichnet sich selbst als einen **„würdigen Nachbarn von Venedig** auf der gegenüberliegenden Seite der Adriaküste", und nahezu jeder Istrien-Urlauber wird auch in Poreč Station machen.

Der Stadtheilige, der Märtyrer *St. Mauro,* seinerzeit erster Bischof von Poreč, lebte im 3. Jh. in der

Stadt, die ihre große Bedeutung von einst nicht nur erhalten hat, sondern ihren Ruhm dank der touristischen Entwicklung sogar noch mehren konnte. Der **Tourismus** ist für den Ort und seine Umgebung schon lange wichtig: Die ersten Touristen in Poreč waren im Jahr 1886 Adelige der österreichisch-ungarischen Monarchie, zuerst die Erzherzogin *Stephanie,* dann die Erzherzöge *Karl Stephan* und *Karl Ludwig*. Das Altstadthotel Riviera an der Spitze der Halbinsel ist das älteste Hotel von Poreč, wie noch heute in allen öffentlichen Publikationen stolz vermerkt wird.

Mitten auf der vorgelagerten kleinen **Insel St. Nikola,** dem grünen Schutzwall der städtischen Uferpromenade, befinden sich einer der ältesten Leuchttürme der Adria (1406) sowie das Lustschlösschen Isabella, erbaut im pseudo-klassizistischen Stil und heute ein Aparthotel.

Die Stadt Poreč, oder besser: ihre Repräsentanten, waren es über viele Jahre hinweg gewohnt, als Seriensieger touristischer Auszeichnungen (Tourismuschampion Kroatiens, Blüte des Tourismus, Stern des Tourismus, höchster Qualitätsstandard, gepflegteste Straße ...) nahezu automatisch auf dem Siegerpodest der nationalen Ausschreibungen zu landen. Doch die Konkurrenz hat nicht nur dazu gelernt, sondern dem einstigen touristischen Überflieger Istriens inzwischen auch den Rang abgelaufen: Städte wie Rovinj, Strände wie auf Hvar oder Inseln wie Krk und Losinj liegen in der Gunst der Juroren (und des Publikums) derzeit vorne.

Geschichte

Wechselvoll

Um die Bedeutung von Poreč zu verstehen, müssen wir in der Geschichte einige Jahrtausende zurückgehen und die Entwicklung seit der Steinzeit betrachten: Zeugnisse menschlicher Siedlungen datieren bis in die **Jungsteinzeit,** eine durchgehende Stadtchronik lässt sich jedoch erst mit der **römischen Gründung** eines Castrum (Stadt, Quartier) im 2. Jh. v.Chr. bzw. mit der Erhebung zur „Colonia Juliae Parentium" im ersten vorchristlichen Jahrhundert nachweisen. Mit dem Zusammenbruch Westroms fiel Poreč zunächst unter die Herrschaft der siegreichen **Ostgoten** (476 n.Chr.), dann an Ostrom (**Byzanz,** 539). In diese Epoche fällt auch der Bau der berühmten Basilika. Nach der Kaiserkrönung *Karls des Großen* (800) und der Anerkennung des „Heiligen Römischen Reiches Deutscher Nation" durch Byzanz im Vertrag von Aachen (812), einhergehend mit der Abtretung Venetiens, Istriens und Dalmatiens, fiel auch Poreč an das fränkische **Karolingerreich.** Ab 1267 stand die Stadt unter **venezianischer Herrschaft** und war daraufhin oft die Zielscheibe des großen Widersachers Genua (Raub der Reliquien des *Hl. Mauro* 1354).

Im 15. und 16. Jh. fielen wechselweise Korsaren und Uškoken in das von der Pest auf die Hälfte seiner ursprünglichen Einwohnerzahl dezimierte Poreč ein, bis die Mutterstadt Venedig 1797 von *Napoleon Bonaparte* besetzt wurde. Dieser gab praktisch ganz Venetien, Istrien und Dalmatien unter die Regentschaft **Österreich-Ungarns,** und unter dieser Ägide (1861) wurde Poreč zur **Hauptstadt von Istrien** ernannt. Handel und Wirtschaft florierten wie nie zuvor, und auch der hier tagende istrische Landtag hatte einige Autonomie. Nach dem Zusammenbruch der k.u.k. Doppelmonarchie am Ende des 1. Weltkriegs fiel ganz Istrien an **Italien** (1918–1943). Poreč erlitt durch alliierte Luftangriffe im 2. Weltkrieg erhebliche Schäden und ging schließlich nach der italienischen Kapitulation in das befreite **Jugoslawien Titos** ein.

Die Giostra von Poreč

Wer gegen Ende der Sommersaison, etwa Mitte September, in Poreč weilt, mag das Glück haben, ein „ewiges" historisches Ereignis der Stadt mitzuerleben - die *Giostra* (Reiterturnier). Der italienische Begriff bezieht sich auf ein Ereignis, welches bis ins Jahr 1672, teils gar bis 1364, zurück reicht. Damals nämlich wurde ein Passus in die städtischen Statuten aufgenommen, wonach „... das Fest ab diesem Jahr einmal jährlich für alle Zukunft ..." stattfinden solle, und wenn sich die städtische Obrigkeit nicht daran halte, „... zahle der Stadtvorstand zur Strafe sechs Golddukaten."

Am Michaelstag - dem 8. Mai also - 1672 wurde das Volksfest *Fiera Franca Triduana* abgehalten, deren zentraler Bestandteil jedoch das (alte) „Giostra" war und fortan als Bezeichnung für das gesamte Volksfest verwendet wurde. Neben den Reiterspielen kamen nun auch Jongleure, Gaukler und Kirmes aller Art hinzu, wobei aber stets der traditionelle Gedanke (auch in der Kostümierung vieler Besucher) gewahrt blieb. Die Regeln der Giostra gehen auf Ritter *Bartolomeo Rigo* zurück, der 1745 den Parcours auf 180 m Länge mit zwei Zielen („Sarazenen"), die der Reiter während des Galopps zu treffen hatte, festsetzte. Jeder der acht zugelassenen Ritter („Giostranten") durfte dreimal die Strecke absolvieren, dann wurde der Sieger (bestes Treffergebnis) ermittelt.

Dazu kommen historische Musik und entsprechende Gastronomie - etliche Restaurants bieten zu dieser Zeit historische Menüs und Getränke an; über den Ablauf und Termine kann man sich unter www.giostra.info informieren.

Der künftige Fortbestand der Giostra wurde übrigens auch von Bürgermeister *Edi Štifanič* eifrig bestätigt: „Ich werde die sechs Golddukaten nicht zahlen!"

Diese wechselvolle Geschichte hinterließ ihre Spuren in den unterschiedlichsten **Bauwerken** – die Spanne reicht von prächtigen Kolonialpalästen über die unvergleichliche Eufrasius-Kathedrale bis hin zu den schlichten Wohngebäuden aus der sozialistisch-jugoslawischen Epoche.

Sehenswertes

Altstadtkern

Die Lage von Poreč auf der kleinen **Landzunge** ließ den Grundriss der Stadt über zwei Jahrtausende nahezu unverändert. Die Römer legten **zwei Straßenachsen** an, um die herum sich öffentliche und private Anwesen gruppierten; diese Achsen sind noch heute die beiden Hauptstraßen von Poreč und tragen ihre antiken römischen Namen: **Decumanus** („zur 10. Legion") und **Cardo Maximus** („große Achse"). Die Decumanus ist eine **Fußgängerzone** und bildet heute die zentrale Flaniermeile und Einkaufsgasse mit zahlreichen Cafés, Boutiquen und Andenkenläden. An ihrem oberen Ende sowie entlang der nordwestlichen Uferpromenade sind die ehemaligen **Stadtmauern** mit insgesamt noch drei Türmen am besten erhalten.

Eufrasius-Basilika

Als das **sakrale Prunkstück der Riviera von Poreč,** wenn nicht ganz Istriens, darf die Eufrasius-Basilika bezeichnet werden, seit gut 10 Jahren UNESCO-Weltkulturerbe. Kaum jemand wird sich dem Zauber der prächtigen Mosaiken und Verzierungen dieser Andachtsstätte entziehen können. Selbst wer ansonsten wenig oder gar nichts für Kirchenbesichtigungen übrig hat, wird die eigentümliche Faszination dieser außergewöhnlichen Basilika auf geradezu magische Weise spüren.

Portal der Eufrasius-Basilika in Poreč

kro_158 Foto: wl

Der Basilikenkomplex umfasst die eigentliche Kirche, das Atrium, die Taufkapelle und den ehemaligen Bischofspalast. Mit ihren reichen Verzierungen und dem hohen Erhaltungsgrad ist die Eufrasius-Basilika das **bedeutendste Monument byzantinischer Sakralbaukunst** auf kroatischem Boden.

Eine erste **Kapelle** zu Ehren des Stadtheiligen *St. Mauro* entstand im frühen 3. Jh., wovon erhaltene Mosaikfragmente zeugen. Nach dem Edikt von Mailand (313) wurde an dieser Stelle eine öffentliche Kirche mit mehr als den doppelten Ausmaßen errichtet. Hierbei diente ein Teil als Gebetsstätte, ein anderer zur Verwahrung der sterblichen Überreste des *Hl. Mauro*. Unter dem im 5. Jh. inaugurierten Bischof *Eufrasius* entstand dann, wiederum auf den Fundamenten des Vorgängerbaus, die prunkvolle Hauptkirche mit ihren unvergleichlichen Mosaiken rund um den Hauptaltar.

Die Basilika wurde **dreischiffig** errichtet, wobei das mittlere Schiff erhöht wurde. Die Stuckarbeiten der Säulenbögen sind im Original erhalten, zum Teil mit den Initialen des Bischofs *Eufrasius*.

Das **Zentralschiff** endet in einer tiefen Apsis mit einem erhöhten, von Säulen getragenen Hauptaltar, der mit einem goldbesetzten Antependium aus dem Jahre 1452 dekoriert wurde. Auch der steinerne gotische Ziborium-Baldachin (1277) wurde mit **farbigen Mosaiken** versehen, die Szenen der Verkündigung sowie lokale Märtyrer zeigen. Die Mosaiken der Apsis, alle aus der Hand unbekannter venezianischer Künstler, werden als Meisterstücke byzantinischer Sakralkunst auch Laien in ihren Bann ziehen: Die Halbkuppel wird von der Muttergottes auf einem Thron dominiert, flankiert von zwei Erzengeln und istrischen Märtyrern. Die Figur auf der linken Seite (mit der Kirche in den Händen) stellt den Bischof *Eufrasius* als Auftraggeber des Basilikenbaus dar, neben ihm sein Bruder *Claudius* mit Kind. Die beiden Figurengruppen darunter zeigen den Erzengel *Gabriel, Zacharias* und *Johannes den Täufer,* gegenüber die Begegnung *Elisabeths* mit *Maria*. Der Bogen zur Halbkuppel ist innen mit Bildnissen der seinerzeit bekannten Heiligen versehen sowie in der Mitte mit einem symbolischen Opferlamm. Den oberen Abschluss der Mosaiken bildet eine Christusfigur mit je sechs Aposteln zu seinen Seiten. Diese Gruppe wurde im 18. Jh. schwer beschädigt und 1891 restauriert.

Das **nördliche Seitenschiff** – vom Eingangstor linker Hand – weist zwei Schichten von älteren Mosaiken auf, die zu den Vorgängerbauten aus dem 4. und 5. Jh. gehörten. Auch das teilweise gut erhaltene Zentralmosaik des linken Schiffes fällt in diese Phase. Die Tür der Nordwand führt zur Sakristei (15. Jh.) sowie zum Oratorium mit der Krypta des *Hl. Mauro,* die auf das Jahr 1247 datiert wird. Sie wurde unmittelbar auf der Hauskapelle des *Mauro* aus dem 3. Jh. – also dem ältesten Teil aller Bauten, zu erkennen an den Original-Fischmosaiken – errichtet.

Das **Basilikenschiff der Südseite** (rechter Hand) mit seinen ländlichen Motiven stammt vorwiegend aus dem 15. Jh. und wurde erst kürzlich renoviert. Die drei hier angrenzenden Kapellen wurden nacheinander zwischen dem 17. und 19. Jh. angefügt, die Zentralkapelle birgt heute die ehemaligen Chorstühle von 1452. Ansonsten sind noch das **Polyptichon** (siehe Glossar) der westlichen Kapelle zu erwähnen, ein Meisterwerk von *Antonio Vivarini* (um 1440), eine Darstellung des letzten Abendmahls *(J. Palma der Jüngere)* sowie

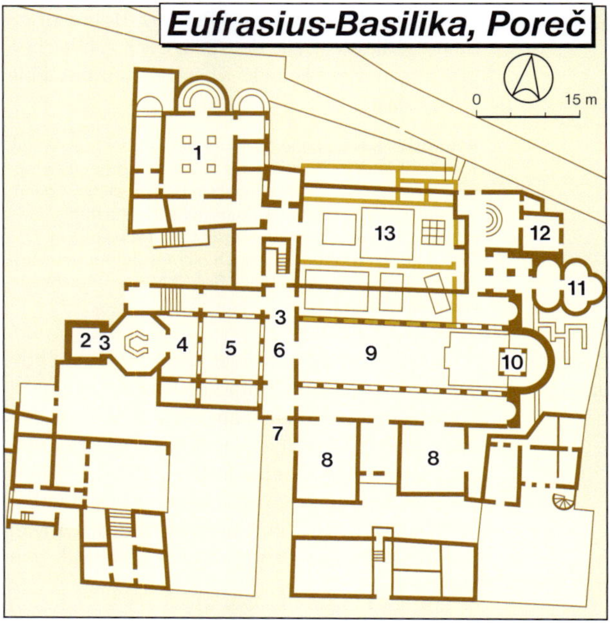

1	Bischofspalast	8	Andachtskapellen
2	Campanile	9	Hauptschiff mit Säulen
3	Kassen	10	Ziborium mit Hauptaltar
4	Baptisterium	11	Gedächtniskapelle
5	Atrium	12	Sakristei
6	Vorhof	13	Maurus-Oratorium mit Fresken
7	Zugang		

„Christus im Hause von Matthäus und Martha" aus der Schule *Francesco Bassanos*.

Die beiden Säulenreihen zu je neun Säulen, typisch für die byzantinische Sakralarchitektur, setzen sich gekonnt nach außen in das unmittelbar vor dem Eingang befindliche **Atrium** fort, welches von einem an allen vier Seiten überdachten Portikus umgeben wird. An die Westseite des Atriums schließt sich eine oktagonale (achteckige) **Taufkapelle** mit Zugang zum **Campanile** (Glockenturm) aus dem 16. Jh. an (Eintritt: 20 K, fantastische Aussicht!). An der Nordseite führt das Atrium zu einem der ältesten Teile der Anlage mit zahlreichen prächtigen Mosaiken (15 K) sowie zum bischöflichen Palast.

●**Eufrasius-Basilika,** die Basilika ist außer bei Messen tgl. von 7–22 Uhr, im Sommer bis 20 Uhr geöffnet. Es empfiehlt sich durchaus auch einmal ein Besuch in den Abendstunden, wenn durch die künstliche Beleuchtung eine gänzlich andere Stimmung entsteht als bei Tageslicht. Das Fotografieren ist erlaubt, jedoch nicht während der Messen, zu denen der „informative Besuch" generell nicht gerne gesehen wird.

Bischofspalast

Im Bereich der Basilika liegt auch der erzbischöfliche Palast (Eingang: Eufrasiusstr./Ecke Eleuterija), dessen erhaltene Wände aus dem 5./6. Jh. als einmalig gelten. Derzeit ist das Bistum mit einer umfangreichen Restauration insbesondere der ältesten Teile beauftragt; zu besichtigen ist im Moment nur das **Lapidarium** im Untergeschoss des Anwesens mit Mosaiken, Wappen und frühchristlichen Monumenten.

Heimatmuseum

In einem als „Galerija" bezeichneten, eher unscheinbaren Souvenirladen findet der geschichtlich Interessierte den Zugang zum städtischen Heimatmuseum. Das **älteste Museum Istriens** wurde schon 1884 im barocken Stadtpalast der wohlhabenden Händlerfamilie *Sinčić* gegründet. Heute sind hier über 2000 Exponate zur Stadtgeschichte aus allen Epochen von der Altsteinzeit bis zur Gegenwart ausgestellt. Ein Lapidarium zur römischen Geschichte nimmt einen besonderen Teil des Museums ein - insgesamt sehr interessant und sehenswert.

- **Poreština-Heimatmuseum,** Decumanus 9, Tel. 052-431585, tgl. außer So 10–13 und 18–21 Uhr, im Sommer bis 19.30 Uhr, Eintritt: 20 K, Kinder 10 K.

Forum Romanum

Der in der römischen Antike zentrale **Platz** liegt am Ende der Decumanus, an einigen Stellen tritt noch das einstige Pflaster hervor. Beachtenswert ist das steinerne dreistöckige Gebäude mit dem auffälligen umlaufenden Holzbalkon, ein **romanisches Haus** aus dem 13. Jh.

Die **Romanicka Kuca** aus dem 10.–13. Jh. (geöffnet tgl. 10–13 und 18–21 Uhr, Eintritt: 10 K) beherbergt einige Exponate wie Trachten, Haushaltsgeräte usw.

Unmittelbar am Trg Marafor sind die Reste eines römischen **Neptun-Tempels** (Westseite) sowie des **großen Tempels** (Nordwestseite) aus dem 1. Jh. zu sehen. Von Letzterem wird vermutet, dass er der größte römische Tempel Istriens war.

Franziskanerkirche

Am Ende der kleinen Ulica Gundulića trifft man unvermittelt auf eine äußerlich sehr unscheinbare, verfallen wirkende Kirche. Hierbei handelt es sich um eine ehemalige **gotische** Franziskanerkirche aus dem 13. Jh. Im 18. Jh. wurde die Kirche umgestaltet, wobei die Decke mit **Barockstuck** und **illusionistischen Freskenmedaillons** versehen wurde. Hier tagte der vom österreichischen Kaiserreich genehmigte istrische Landtag, heute werden Gespanschaftsversammlungen abgehalten. Der **Prunksaal** ist der Öffentlichkeit nicht zugänglich, vom Türfenster der Kirche aus kann man aber einen Blick auf die prunkvolle Decke erhaschen (Einblick frei).

Spaziergänge

Zum Lustwandeln und Promenieren laden die **Uferpromenaden** der Stadt ein, wobei sich die

036is Foto: wl

Touristenmagnet an der istrischen Westküste: Poreč

Obala Maršala Tita als die geschäftigere Seite erweist. Hier ankern die Ausflugsboote, und allabendlich werden an Ständen fangfrischer Bratfisch sowie Wein und Bier angeboten. Die Nordwestseite dagegen **(Obala Matka Lagine)** bietet sich an, wenn ein wenig Ruhe oder ein Plätzchen zum Schwimmen gesucht wird.

Zum Ausruhen oder um einfach mal das Leben der Stadt an sich vorbeiziehen zu lassen, eignet sich der **Park Olge Ban** (Obala N. Tesle), vor allem aber der **Gupča-Park** in der Altstadt.

Transport und Verkehr

Busverkehr

Der **Busbahnhof** (Anfragen und Reservierungen: Tel. 052-432153, 5–22 Uhr) liegt in der Ul Karla Hugesa (am Stadion seewärts) direkt am Hotel

Poreč. Trotz relativ guter Anbindungen empfiehlt es sich für Langstrecken und grenzüberschreitende Routen, zunächst nach Pula zu fahren, um dort die besseren Anschlussmöglichkeiten zu nutzen.

- Von/nach **Vrsar** 11x tgl. 5.50–20.30 Uhr.
- Von/nach **Rijeka** 12x tgl. 7.30–21.50 Uhr.
- Von/nach **Pula** 8–12x tgl. (saisonabhängig) 6.25–22.20 Uhr.
- Von/nach **Pazin** 4–8x tgl. (saisonabhängig) 7.30–20.45 Uhr.
- Von/nach **Zagreb** 9x tgl. 8.15–21.45 Uhr.
- Von/nach **Zelena Laguna** 8–10x tgl. 6.40– 23.30 Uhr.
- Von/nach **Lanterna** 5–10x tgl. (saisonabhängig) 6–19 Uhr.
- Ferner besteht eine Direktanbindung von/nach **Novigrad** 5–7x tgl., **Koper** (Slowenien) 3x tgl., **Buje** 1x tgl., **Višnjan** 5x tgl., **Vizinada** 7x tgl. und **Varaždin** 2x tgl.

Mit dem Auto in Poreč

Poreč liegt auf einer kleinen Landzunge unmittelbar an der Küstenmagistrale. Von wo aus man auch kommt (Uferpromenade Nikole Tesle, Hauptstraße Zagrebačka oder Ulica Karla Hugesa vom Busbahnhof), man landet unwillkürlich auf dem **Trg Slobode** (Freiheitsplatz), wo die Hauptachse von Poreč, die Decumanus, beginnt. Da kaum eine andere Kleinstadt im Verhältnis so viele Besucher aufnimmt, ergibt sich fast zwangsläufig ein **Parkplatzproblem.** So sind denn auch alle Parkflächen im Sommer automatisch eine zusätzliche Einnahmequelle (15 K/3 Stunden). Zum großen, gebührenpflichtigen Stadtparkplatz fährt man am besten an jener Kreuzung der Küstenstraße westwärts Richtung Zentrum, wo auf der anderen Seite (ostwärts) das Krankenhaus ausgeschildert ist. Kostenlos parkt man nördlich der Polizei an der Ulica Gaspara Kalčica, etwa beim Lagunacommerce (keine 10 Min. zum Zentrum).

Touristenbahn

Von der äußeren Promenade (Obala Nikola Tesle) fährt ein kleiner Touristenzug 20x tgl. über die Hotels Zagreb und Pical zum Hotel Luna und zurück (12 K, Kinder 8 K). Von der Maršala Tita fährt ein Zug bis zur Zelena Laguna. Beide Züge verkehren nur **von Juni bis September 9–24 Uhr.**

Bootstaxis

Ebenfalls im Sommer verkehren **Pendelboote** zwischen der Anlegestelle am alten Hotel Riviera und dem Hotel Delfin/AC Zelena Laguna (Stopps in Brulo, Plava Laguna und Zelena Laguna). Zur **Insel Sv Nikola** fährt ca. alle 45 Min. (Hauptsaison) von 7.30–0.30 Uhr eine **Fähre** (Hotelgäste erhalten eine Shuttle-Karte, sonst 15 K).

Touristische Infrastruktur

Infos

- Die „echte“ **Touristeninformation** liegt in der Zagrebačka 9, Tel. 052-451293 (2 Gehminuten vom Trg Slobode), geöffnet Juli/August 8–22 Uhr, So 9–13 und 17–21 Uhr, Sept./Okt. tgl. 8–20 Uhr, So 9–13 und 17–20 Uhr, Nov.–April tgl. 8–16 Uhr, So 9–13 und 17–20 Uhr, April–Juni tgl. 8–20 Uhr, So 9–13 und 17–20 Uhr; hier gibt es kostenlose Broschüren zur Stadt. Weitere Serviceleistungen: Unterkunftsvermittlung, Veranstaltungsinfos und Verkauf von fremsprachlichen touristischen Publikationen. Offizielle Webseite: **http://to-porec.com.**

Agenturen

- **Generalturist**
Obala M. Tita 19, Tel./Fax 052-451188, www.generalturist.com.
- **Kompas Istra**
Obala M. Tita 16, Tel. 052-451200, Fax 453464, porec@kompas-travel.com.
- **Rivieratours**
V. Nazora 9, Tel. 052-431087, Fax 431088.
- **Sunny Way**
Alda Negrija 1, Tel. 052-452021, Fax 431295, sunnyway@pu.t-com.hr.

Unterkunft

Poreč als beliebtestes Pauschalreiseziel Istriens verfügt über eine **beinahe endlose Kette von Hotels der Mittel- und Oberklasse;** unten stehend nur eine winzige Auswahl einiger ordentlicher und zuverlässiger Häuser im Zentrum (Gehnähe zur Altstadt).

Speziell zur Vorabbuchung von Ferienwohnungen in Poreč bietet sich ein Blick auf die deutsche Webseite **www.porec24.com** an, deren Betreiber sogar eine Bestpreis-Garantie für die gebuchten Unterkünfte bieten. Die meisten Hotels und Anlagen sind auf den Seiten **www.riviera.hr** und **www.plavalaguna.hr** zu finden, gleiches gilt für die offiziellen Seiten **www.istria-porec.com, http://to-porec.com** bzw. besonders **www.istra.com.** In Poreč trifft man häufig auf die Valamar-Gruppe als Betreiber, quasi der große Monopolist der Region, der etliche der einst eigenständigen Anlagen aufgekauft hat. Als Gegengewicht hat sich in den Strandgebieten die Gruppe Laguna als großer Wiedersacher herauskristalisiert.

- €€€**Hotel Parentino**
Tel. 052-465000, www.valamar.com. Nettes kleines Familienhotel an der Uferpromenade Maršala Tita 15.
- €€€**Jadran Residence**
Tel. 052-465000, www.valamar.com. Älteres, aber stilvolle kleine Hotel-Dependance des Parentino nur wenige Meter vom Parentino entfernt. DZ kosten 600 K.
- €€€**Hotel Poreč**
Rade Končara 1, Tel. 052-451811, Fax 451730, www.hotelporec.com. Günstig am Busbahnhof gelegen. Ganzjährig geöffnet, Casino, Beauty, Quaderblockstil (so hässlich, dass Valamar es NICHT wollte!), DZ inkl. Frühstück 650 K.
- Eine Besonderheit ist das €€€€**Hotel Fortuna** auf der Insel Sv Nikola, Tel. 052-465000, www.valamar.com, das wegen seiner Insellage (Shuttle-Boote) naturgemäß absolute Abgeschiedenheit bietet. Die Preise liegen zwischen 750 und 1080 K für das DZ.

038is Foto: wl

• **Privatunterkunft:** Einfach und günstig wohnt man in unmittelbarer Nähe zur Kathedrale in der Eufrazijeva 35 in einem stilvoll restaurierten Bürgerhaus (Sobe Eufrazijeva, Tel. 995-933343). DZ kosten hier in der Hauptsaison 36 Euro, 4er-Zimmer 54 Euro – es handelt sich um die beste Möglichkeit für Traveller im absoluten Zentrum.

• Weitere offizielle **Privatpensionen** in der Altstadt sind €**Porat I,** Eufrazijeva 33–35, €€**Porat II,** Eufrazijeva 22 sowie €€**Jedra,** Glavinica 13, Tel. 052-452729.

• **Apartments** werden sowohl von der Touristeninformation als auch von den unzähligen Touristenagenturen vor Ort vermittelt, z.B. von **Adriatic Apartments,** Trg Slobode 2a, Tel. 052-452663, Fax 452187, **Euro Tours,** Nikole Tesle 12, Tel. 052-431507 oder **VITS Turizam,** Zagrebačka 17, Tel./Fax 052-438740.

• **Apartmenttipp:** Wer abseits vom Trubel (ca. 1 km zum Zentrum) unter Einheimischen in der Neustadt wohnen möchte sei auf Haus **Casa Nova** der deutsch-kroatischen Familie Radovčić verwiesen (Visnjanska 8, Tel. 052-

434626, www.casa-nova-porec.com). Angeboten werden 5 Apartments (50–75 Euro/Hauptsaison je nach Größe) und vier DZ (25–45 Euro) sowie ein stilvolles istrisches Steinhaus (50–70 Euro/Tag).

2 km südlich der Altstadt beginnt (von Nord nach Süd) der **Ortsteil Brulo** mit unzähligen Hotels in Gehnähe (oder per Touristenbahn), dann folgt die **Plava Laguna** mit Fähr- und Touristenbahnanbindung (3 km ab Zentrum).

- Hier liegt das €€€€**Laguna-Galijot,** das unter Tel. 052-410102 Hotelunterkunft und Luxusapartments (ca. 225 Euro/4 Pers.) bietet; www.plavalaguna.hr.
- In der Nachbarschaft findet sich die zum selben Management gehörende Apartmentanlage **Laguna Bellevue,** Tel. 052-410102, www.plavalaguna.hr, welche je nach Lage und Ausstattung der insgesamt 114 Reihenhaus-Apartments 300–1200 K/4er-Zimmer verlangt.

Den Abschluss des unmittelbaren Einzugsbereiches von Poreč bildet die weitläufige **Zelena Laguna,** wo viele Pauschalreisende im €€**Delfin,** (Tel. 052-410102, www.plavalaguna.hr) untergebracht werden – qualitativ sicher nicht schlecht, jedoch weit außerhalb und eine 1500-Betten-Burg.

- Die Anlage €€€€**Laguna-Park** (Tel. 410102, www.plavalaguna.hr) ist deutlich höherwertiger und bietet neben dem überschaubaren Hotelkomplex mit Freibad, Rutschen, Kinderspielplatz usw. bei DZ-Preisen zwischen 92 und 200 Euro (je nach Lage und Saison) auch Apartments in den Villen Laguna Park ab 38 Euro in der Nebensaison, in der Hauptsaison bis 147 Euro/Einheit (4 Personen).

Zu allen Anlagen der Laguna-Kette sowie der Campingplätze findet man umfangreiche Kataloge zum Herunterladen unter www.plavalaguna.hr/de/Kataloge/Download.

Camping

Beide Campingplätze liegen im Bereich **Zelena Laguna,** einer sehr gepflegten Landzunge ca. 5 km außerhalb des Zentrums. Durch eine Pendelfähre, den regulären Bus und auch eine Touristenbahn ist das Areal gut an die Stadt angebunden.

- €€**AC Bijela Uvala**
Tel. 052-410102, Fax 451044, www.plavalaguna.hr. Schattig, aber recht gedrängt.
- €€€**AC Zelena Laguna**
Mehr Platz und aufgelockerter als Bijela Uvala, aber nur teilweise schattig. Größeres Freizeitangebot: Reit-, Wasserski-, Surfkurse etc. Kontaktdaten wie Bijela Uvala.

Eine Idylle mitten in der Stadt: Innenhof in Poreč

Essen & Trinken

In Poreč bieten rund 150 Restaurants ihren Service an – neben unzähligen Pizzerien, Fastfood Shops, Gelaterien und Cafés. Gastronomisch dürfte daher auch für ausgefallene Geschmäcker etwas dabei sein. In der Altstadt, vor allem aber auf der Touristenhalbinsel Zelena Laguna, kann jedes zweite Haus behaupten, vom Tourismus zu leben. Eine umfassende kulinarische Bewertung würde ein eigenes Buch füllen, hier daher nur einige Etablissements, die durch eigene Erfahrung besonders positiv aufgefallen sind.

Einfach und günstig:

- **Kavana Centar,** Decumanus (nahe Trg Slobode). Günstige Toasts, Snacks, Pizzen.
- **Pizzeria Bijeli Sun,** Trg Gupca. Pizzastücke, Burek und Teilchen – auch ausgedehnte Sitzmöglichkeiten auf dem Platz.
- **Café Alter,** Zagrebačka. Tolle Sandwiches und Croissants.
- Weitere **Cafés** und **Eisdielen** liegen im Meter-Abstand in der Decumanus und in der Obala Maršala Tita.

Mittelklasse:

- **Bistro-Restaurant Adelma,** Ulica Karla Hugesa (direkt am Busbahnhof). Prima Fisch- und Fleischgerichte sowie Kleinigkeiten (gebackene Sardellen 15 K).
- **Restaurant Ragusa,** Eufrazijeva (unmittelbar an der Basilika). Reichhaltige Auswahl, trotz der Größe wirklich nicht schlecht.
- **Gostiona Marconi,** Eufrazijeva (am Zugang zur Basilika, Tel. 052-244466). Gehobene Mittelklasse mit sehr guten Fleischplatten.
- **Fiore,** Zelena Laguna (dem Hotel Galeb angeschlossen). Gute und preiswerte Nudelgerichte sowie istrische Küche.
- Die Top-Pizzeria ist die **Peterokutna Kula,** Decumanus 1 (integriert in die Stadtmauer, nahe Trg Slobode; Tel. 052-451378). Wirkt sehr stilvoll, das Essen ist ausgezeichnet bei fairen Preisen.
- Als besonderer Tipp sei das **Rialto** genannt, welches sich am Ende der Eufrazijeva rechts die Gasse hinein etwas versteckt bis zum Ufer erstreckt. Hier werden einheimische Gerichte (Čevapi), italienische Speisen (Spaghetti oder Pizza von 30–50 K), vor allem aber vorzügliche Fischgerichte serviert (Sardellen 30 K, Makrele 60 K, Fischplatte 240 K, Seehecht 65 K und Goldbrasse 80 K).

Oberklasse:

- **Sofora,** Obala Maršala Tita 13, Tel. 052-432053. Erste Adresse für Fisch – nicht billig, aber ein Gedicht!
- **Vila Romana,** Zelena Laguna, Tel. 052-411527. Istrische Spezialitäten (Nudel-Trüffelgerichte).
- **Škaleta,** Obala Maršala Tita 15, Tel. 052-438364. Für tolle Grillgerichte berühmt.

Aktivitäten

Die Stadt Poreč bietet eine erstaunlich breite Palette an Aktivitäten. Unübersehbar am Ortsrand ist der **Športska dvorana Žatika,** der moderne 14.000 m² große Mehrzweckkomplex des Handballvereins RK Poreč, errichtet für die Handball-WM 2009 (Poreč war Spielort des deutschen Teams). In den **organisierten Sportzentren** (in aller Regel hoteleigen oder innerhalb der Campinganlagen) kann man sich in allen denkbaren Land- und Wassersportarten betätigen (einschließlich entsprechender Anfängerkurse), einige zeichnen sich auch durch „Spezialitäten" aus:

- Hotels Albatros und Delfin: **Fallschirmspringen.**
- Diamant, Galeb (Tel. 052-451357): **Reiten, Wasserskilift** (der bislang einzige an der Adria!) **und Deltaplanfliegen.**
- Lotos, Luna, Mediteran, Parentium und Pical: **Bungeejumping.**
- AC Bijela Uvala, AC Zelena Laguna (Tel. 052-410576): **Bogenschießen, Squash.**
- **Unabhängige Sportzentren:** Plava Laguna (Tel. 052-451955); Veli Jože (Hallenboccia!), Vukovarska Ulica.
- Wer Paintball-Spiele mag: **Paintballclub Poreč,** Varvari-Piantade 32, Tel. 052-452896, www.paintballcroatia.com.
- Die slowenische Actionfirma Akros eröffnete in der Ive Andriča 56 (vom Zentrum Richtung Vrsar, nahe der Zufahrt zur Plava Laguna, Tel. 052-5125666, www.akros.si) den so genannten **„Adrenalin-Park",** eine Art Höhen-Geschicklichkeitsparcours. Gesichert und mit Helm versehen können hier über Balken- und Seilkonstruktionen Tritt- und Höhensicherheit unter Beweis gestellt werden. Geöffnet im Sommer tgl. 9–21 Uhr.

Tauchen:

- **Diving Center**
Zelena Laguna, Tel. 052-410594, www.diving-porec.hr. PADI, VDST, SSI.
- **Sportzentrum Jedro**
Brulo, Tel. 052-517517, www.wreckdiving-croatia.com. PADI, SSI, VDST, sehr gute Tauchschule.
- **Plava Laguna Sub Center**
Tel. 052-451549, www.plava-laguna-diving.hr. SSI-Lehrpersonal.

Sportfischen:

Die Küstenregion von Poreč ist ein sehr beliebtes Sportfischfanggebiet, sowohl vom Boot als auch vom Ufer aus. Besonders häufig werden diverse Brassen und Meeräschen gefangen, aber auch Seebarsche und Tintenfische sind keinesfalls selten. Genehmigungen und Organisation von Bootstouren:

- **Sportfischverein Zubatac**
Ulica Rade Končara, Tel. 052-451850.
- **Club für Sportfischfang und Unterwasseraktivitäten**
Nikole Tesle, Tel. 052-452300.

Strandfreuden:
Neben den Bademöglichkeiten **in der Stadt (Obala Laginje)** sind alle weiteren Badeplätze, die sich die **gesamte Küste** entlangziehen, für jedermann zugänglich. Auch auf den **Landzungen** Zelena Laguna, Plava Laguna, Brulo oder Pical kann man gut baden. Die Einheimischen springen übrigens am liebsten nahe des AC Bijela Uvala ins Wasser.

Ausflüge:
- Am Pier zur Insel Sv Nikola bietet ein **Glasbodenboot** seine Dienste an (70 K/ca. 40 Min.).
- Ansonsten wird von den Touristenagenturen eine große Palette an **Touren** angeboten (z.B. Baredine - Jama oder Limski-Fjord (je 200 K sowie Venedig ca. 450 K).

Unterhaltung

- Die bekannteste **Top-Disco** ist das **CAPITOL,** Ulica V. Nazora 9 (oberes Ende der Decumanus).
- Edel gibt sich die **Disco International Club,** Zelena Laguna, Marafor No. 1; auch Artisten- und Showprogramme.
- Jederzeit zu empfehlen ist auch die **Disco Pinocchio,** Obala Maršala Tita.
- Ein reiner **Videospiele- und Billardtreff** ist **TREF,** Ulica Vladimira Gortana 9.
- **Simply the Best** - nomen est omen! **Nachtclub** im Hotel Parentium, Zelena Laguna. Hoteleigene Nachtclubs haben ferner die Hotels Diamant, Mediterran und Pical.
- Wer die schnelle Kuna riskieren möchte: **Casino Parentium,** Hotel Parentium, Zelena Laguna (Tel. 052-411500); gespielt werden Roulette, Blackjack, Baccara und Automatenspiele.
- Kleine **Live-Konzerte** finden im rückwärtigen Atrium des Heimatmuseums in der **Musikbar Jazz** statt.

Einkaufen

Es wäre sicherlich übertrieben, Poreč als „Shopping-Paradies" darzustellen, dennoch bietet die Stadt dank der starken Stellung des Tourismus ein **überdurchschnittliches Angebot** an Fachgeschäften, Boutiquen und Kaufhäusern, zum Beispiel:
- **Kaufhaus Riva,** Rade Končara (Tel. 052-431670), mit Mr. Minit für Schuhreparaturen, Angelzubehör, Musikfachabteilung etc., tgl. 8-20 Uhr, im Sommer bis 22 Uhr, So 8-12 Uhr.
- **Kaufhaus Lacop,** Ulica Mate Vlašica 20; Supermarkt, Möbel, Bank, Friseur, Kinderboutique etc., gleiche Öffnungszeiten wie Riva.
- **Selbstversorger** finden etliche **Supermärkte** nahe der Altstadt (z.B. Lagunacommerce, Ulica Kalčica; SM am Busbahnhof/Hotel Poreč) sowie im Bereich Zelena Laguna.
- Einen **Konsum-Supermarkt** befindet sich in der N. Tesle vor der Fußgängerzone (tgl. 7-21.30 Uhr).

Sonstiges

- **Polizei:** Gimnastička 2, Tel. 052-432555, 451025, 24-Stunden-Dienst.
- **Erste Hilfe:** Poreč Medical Center, Ul. Mauro Gioseffi 2, 24 Stunden, Tel. 052-451244 und 451611. Saisonambulanzen u.a. in den Hotels Albatros (Tel. 451411) und Delfin (Tel. 451311) sowie den Camps Ulika (Tel. 436782) und Koversada (Tel. 441378).
- **Feuerwehr Poreč:** Partizansko Šetalište, Tel. 052-451122, 451125, 24 Stunden.
- **Hafenmeisterei:** Obala M. Tita 17, Tel. 052-431183 (Bootsführer und Taucher).
- **Apotheke:** u.a. Trg Slobode 12 (Tel. 052-432362) und am Krankenhaus (Tel. 434950).
- **Bank/Post:** Die Hauptpost liegt in der Zagrebačka (Ecke Trg Slobode), ebenso eine Privredna Banka; zahlreiche Maestro-Geldautomaten im Zentrum.
- **Taxistand:** am Busbahnhof, Ulica Karla Hugesa, 24-Stunden-Ruf unter Tel. 052-431301, tagsüber außerdem Tel. 052-432465.
- **Fahrräder** vermieten Car Moto in der K. Huguesa 4 (nahe Busbahnhof), Tel. 052-427430, sowie etliche Hotels/Camps.

Tropfsteinhöhlen Baredine Jama

Geführte Touren

Zwischen Poreč und Vižinada (ein Ort mit Hochglanzprospekt und absolut nichts dahinter!) passiert man in einer vorwiegend von Weinbau geprägten Gegend den kleinen Weiler **Nova Vag-Gedići.** 1 km abseits der Hauptstraße (gut beschildert: „Baredine“) liegt das Tropfsteinhöhlenlabyrinth der Baredine Jama. Ausschließlich geführte Touren sind möglich, die 40-minütige Rundtour führt durch **fünf Höhlensäle** mit bizarren Tropfsteinformationen, pittoresken Naturskulpturen und einem unterirdischen See. Außerdem wird man mit endemischen Tierarten (Grottenolmen, „durchsichtigen“ Krebsen) vertraut gemacht. Zu überwinden sind 120 Höhenmeter und eine Gesamttiefe der Höhlen von 150 m; passiert wird dabei auch ein 4 m breiter Schacht, der zu einem nochmals knapp 67 m tiefer gelegenen unterirdischen **Karstsee** führt.

Die kroatische Karstlandschaft

Der Begriff Karst (serbokroatisch: *kras,* italienisch: *carso*) bezeichnet die meist waldlose Kalkhochfläche östlich des Golfs von Triest auf dem Balkan sowie in Italien. Diese Karstlandschaften dürften eine jener natürlichen Besonderheiten sein, von denen jedes Kind im Geografieunterricht hört, wenn das südöstliche Europa besprochen wird.

Karst bezeichnet einen **Millionen Jahre dauernden Prozess,** an dessen Ende bizarre Tropfsteinhöhlen, Täler und Kraterlandschaften stehen. Voraussetzung dafür sind extrem **weiche Kalkgesteine** sowie **Kohlensäure.** Die wasserlöslichen Gesteine wie Kalk und Gips werden vom Oberflächen- und Grundwasser ausgelaugt und ausgespült. Das Ergebnis sind Höhlen (Blasen) und Schluchten (aufgeplatzte Blasen). Sickerwasser lässt später in diesen Hohlräumen Tropfsteinhöhlen entstehen. Der Prozess setzt sich permanent fort und wird in Millionen von Jahren weitere Naturkunstwerke kreieren. Die Karstlandschaften sind sehr kalkhaltig und erstrecken sich entlang der gesamten Küste sowie im Hinterland.

• **Baredine Jama,** geöffnet April/Okt. 10–16 Uhr, Mai/Juni und Sept. 10–17 Uhr, Juli/Aug. 9.30–18 Uhr, Nov. bis April nur nach Voranmeldung, sonst nur Gruppen nach Voranmeldung unter Tel./Fax 052-421333, www.baredine.com; Eintritt: 50 K, Studenten 40 K, Kinder 30 K. Baredine ist ein sehr bekanntes Höhlensystem – entsprechend lange sind die Wartezeiten, Massenabfertigung ist die Regel. Wer – auch im Hochsommer – eine Privatführung für weit weniger Geld in einer ebenso schönen Höhle im kroatischen Hinterland (Region Kvarner) bevorzugt, dem sei Lokve zwischen dem Nationalpark Risnjak und Delnice wärmstens empfohlen.

Die Höhle von Pazin: Pazinska Jama

Pazin

⇗B1/2

Im Zentrum Istriens

Die im Zentrum Istriens gelegene Stadt Pazin (ital. Pisino) ist nicht nur eine administrative Schaltstelle, sondern hier wird auch der gesamte Agrarhandel des Umlands abgewickelt. Mehrere Textil- und Chemiewerke haben ihre Produktionsstätten, in denen auch die meisten Berufstätigen der knapp **6000 Einwohner** beschäftigt sind, in Pazin. Touristisch kann die Stadt mit einigen netten Sehenswürdigkeiten sowie einem sehr seltenen Naturereignis aufwarten, der Pazinčica-Schlucht/-Bach (siehe unten).

Geschichte

Hauptstadt Istriens

Kaiser *Otto II.* unterzeichnete 983 eine Urkunde, in welcher er die Burg von Pazin (Kaštel) der Diözese von Poreč zusprach. Mit der Gründung einer eigenen Paziner Region ist der Name **Graf Mejnhard** verbunden, der aus Roč stammt und im 12. Jh. Kaštel übernahm. Das **Haus Habsburg** lös-

041is Foto: wl

te die gräfliche Familie ab und kürte die Stadt im 19. Jh. zur Hauptstadt Istriens. 1861 wurde der Landtag nach Poreč verlegt, Pazin verlor an Bedeutung. 1918 bis 1943 italienisch und anschließend jugoslawisch, rückte erst die kroatische Unabhängigkeit im Jahr 1991 Pazin wieder in den Blickpunkt: Die Tuđman-Administration entschloss sich, die Stadt wieder zum Sitz der istrischen Provinzverwaltung zu machen, womit Zagreb sich den Volkszorn Pulas auflud.

Sehenswertes

Stadtpark

Von der Stadthalle Richtung Altstadtzentrum liegt linker Hand der kleine Park **Istarskih Velikana,** in dem „istrische Größen" geehrt werden. Gemeint sind diverse Künstler und Gelehrte der Provinz Istrien aus dem 18. bis 20. Jh.; im Park erinnern zahlreiche **Büsten** an sie. Im altjugoslawischen Monumentalstil gehalten ist das deplatziert wirkende **Kriegerdenkmal.**

Sv Nikola

Die Muntriljska Ulica vom Park geradeaus weitergehend, erreicht man die **Pfarrkirche** Sv Nikola. Sie stammt aus dem Jahre 1266 und birgt ein interessantes, **netzartiges Gewölbe** mit einem Freskenzyklus von 1460. Diese Gewölbebauart ist vergleichsweise selten in Istrien, man findet sie auch im Franziskanerkloster von Pazin. In Sv Nikola werden die Relikte des *Sv Liberat* aufbewahrt, dem zu Ehren am letzten Aprilsonntag der Kindersegen gesprochen und ein lokales Kirchenfest begangen wird. Der 45 m hohe Glockenturm neben der Kirche wurde erst 1705 hinzugebaut.

Franziskanerkloster

Über die Gasse Prolaz Vicenta betritt man die eigentliche Altstadt mit dem **Stari Trg** (Alten Platz), an dem linker Hand eine Treppe zum Franziskanerkloster (Franjevački Samostan) führt. Mit dem Bau der Klosterkirche war bereits 1463 begonnen worden, offiziell nahm der Orden aber erst auf Empfehlung von Kaiser *Friedrich III.* im Jahre 1481 seine Arbeit auf. Das spätgotische Presbyterium entstand, wie auch der gewölbte Chorraum, nach dem Vorbild der nahe gelegenen Nikolauskirche. Die Ordensbrüder unterhielten unter anderem ein Spital und eine Apotheke, im 18. und 19. Jh. kam ein Gymnasium mit Unterricht in deutscher Sprache hinzu. Höchster Feiertag ist für die Paziner Franziskaner noch heute der **„Rim-Dan"** (Rom-Tag, 2. August), basierend auf dem Brauch der Sündenvergebung an diesem Tag.

Kaštel und Museum

Vom Stari Trg die Prilaz Kaštelu entlanggehend, nähert sich der Besucher nunmehr der alten **Burg.** Sie gilt als außerordentliches historisches Denkmal; von hier nahm die Stadtentwicklung ihren Ausgang. Der Kern der Burg wurde 983 errichtet, von 1537 bis 1540 kamen noch die Ost- und Nordflügel hinzu. Markant ist seither die wehrhafte Form mit hohen Mauern und Wachttürmen.

Geht man ganz um das Kaštel herum, führt eine unscheinbare Pforte in das sehr empfehlenswerte **ethnografische Museum** des Ortes (Di–Do 10–15 Uhr, Fr 11–16 Uhr, Sa 10–16 Uhr, So/Mo geschl., 25 K, Kinder 18 K). Ausgestellt sind u.a. eine heimatkundliche Sammlung historischer Trachten, Möbel und Gebrauchsgegenstände.

Pazinska Jama

Das Paziner Kaštel steht auf einer Art Steilklippe und ragt über 90 m oberhalb der begrünten **Pazinčica-Schlucht** empor. Vom Museumstor folgt man dem Sträßchen weiter bis zur Brücke und klettert den stufigen Pfad davor hinunter. Nach zehn Minuten endet der Pfad am **Pazinčica-Bach.** Doch anders als bei 99 % aller Gewässer, die aus einem Bergloch entspringen und sich dann durch ein Flussbett schlängeln, hat die Natur hier offenbar aus einer Laune heraus beschlossen, dass der Bach in einer Bodenspalte unter dem Steilhang spurlos verschwindet! Bei hohem Wasserstand im

Frühjahr staut sich das Wasser sogar kilometerweit zurück und flutet die Schlucht. Im Sommer (Niedrigwasser) kann man bis zur **Felsspalte,** der **Pazinska Jama,** vordringen - rutschfeste Schuhe und Riechtüchlein nicht vergessen!

Wer das kleine Tal besucht, hat übrigens sehr berühmte „Vor-Gänger" (im wahrsten Sinne des Wortes): Der französische Reiseschriftsteller *C. Yriarte* beeindruckte den großen Science-Fiction-Pionier **Jules Verne** so sehr mit den Beschreibungen der Pazinska Jama, dass dieser einen Teil der Handlung seines berühmten Romans „Matthias Sandorf" im Kaštel und der Schlucht spielen ließ.

In dem kleinen, unscheinbaren Weiler **Beram,** etwas abseits der Straße von Pazin nach Poreč gelegen, lohnt der Besuch der 1 km außerhalb des Ortes in einem Waldstück gelegenen **Friedhofskirche Sv. Marija na Škriljinah.** Der einschiffige Innenraum ist zur Gänze mit spätgotischen Fresken ausgemalt (1474). Eine Inschrift über dem Seitenportal gibt Auskunft über den Schöpfer dieses Freskenzyklus: Meister *Vinzenz* aus Kastav. Als besonders eindrucksvoll erweist sich der „Totentanz" an der Westwand. Für den Besuch der Friedhofskirche wendet man sich am besten an Frau *Šestan,* Beram 38, die den Schlüssel verwaltet.

Transport und Verkehr

Bahnverkehr

Pazin liegt an der **Bahnlinie nach Pula.** Der Bahnhof befindet sich an der Ulica Kostanji, vom Busbahnhof 5 Min. zu Fuß über die Ulica Hrvatskog Narodnog Preporoda in östlicher Richtung. Es halten nur wenige Züge, meist auf der Strecke Bužet - Pula.

Busverkehr

Der **Busbahnhof** liegt in der Ulica Bulešica/Ecke Ulica Pazinske Gimnazije. Es bestehen **sehr gute Anbindungen** an alle größeren Küstenorte sowie die kleineren Orte an der jeweiligen Route. Wichtigste Zielorte sind Poreč (7x tgl. von 7.40– 20.30

Uhr), Pula (8.30 und 13 Uhr), Labin (5x tgl.) und Rijeka (2x tgl.).

Mit dem Auto in Pazin

Selbstfahrer halten sich an das Schild „Centar" und werden auf den großen **kostenlosen Parkplatz am Stadion** (Stadthalle) geleitet. Von hier geht man - den Touristenschildern folgend - die Ulica Soline hinein zum Stadtpark Istarskih Velikana.

Touristische Infrastruktur

Infos

- Die **Touristeninformation** befindet sich in der Franine i Jurine 14, Tel. 052-622460, www.tzpazin.hr und für Zentralistrien www.sredisnja-istra.hr oder www.istria-central.com.

Unterkunft

- Unterkunft bietet das alte €€**Hotel Lovac,** Šime Kurelića (genau gegnüber der Pazinska Jama: am Hrvatski trg nicht rechts zum Kaštel, sondern links die Buraj entlang bis zur Šime Kurelića), Tel. 052-624324, Fax 624384, tisadoo@inet.hr.

Essen & Trinken

- Als außerordentlich beliebt und auch preiswert kann die **Buffet-Pizzeria Vagabund** in der Muntriljska Ulica (Tel. 052-622187) empfohlen werden.
- Recht nett, trotz des martialischen Namens, ist das **Bunker** in der Velog Jože (von der Nikolauskirche durch die Gasse Richtung Altstadt).
- Ein etwas besseres Restaurant, das **Centar** (Tel. 052-621447), liegt unmittelbar am Park Istarskih Velikana.
- Rund ein halbes Dutzend weiterer **Lokale** und **Restaurants** liegt in der Ulica 25. Rujna: vom Kirchdurchgang/Altstadtkern nicht rechts (Velog Jože), sondern links in die Franine i Jurine 150 m hineingehen; hier zum Beispiel das Fontana-Bistro (Nr. 6, Tel. 052-622950, tgl. 8–23 Uhr).

Sonstiges

- **Ambulanz:** in der Pazinske Gimnasije/Jurja Dobrile, Tel. 052-624421.
- **Banken:** in der Ulica 25. Rujna/Trg Sloboda.
- **Post:** am Ende der Ulica Nar. Doma (zweigt von der Ulica 25. Rujna ab), linker Hand; Mo bis Fr 8–11 Uhr.
- Einen **Minimarkt** für kühle Getränke und Kleinigkeiten findet man am Stari Trg im Zentrum.
- **Anglertipp:** Preisangeln der Stadt Pazin/Angelsportverein Pazin (*Massimo Russi,* Tel. 098-431398, kee@net4u.hr bzw. über die TI Pazin); findet jährlich Anfang November statt.

Gračišće ⇗ B2

Allgemeines

„Rückständig, provinziell, mittelalterlich" - viele kroatische Orte werden mit solcherlei Attributen belegt, doch wenn es in Istrien auf einen Ort unbedingt zutrifft, dann wohl auf Gračišće (ital. Gallignana), etwa 10 km östlich von Pazin.

Die **Orientierung** fällt mehr als leicht: Gleich hinter dem Stadttor liegen die winzige Dorfpost und gegenüber die absolut urige **Konoba Marino** (istrische Bratwurst mit Sauerkohl, istrische Weinsuppe usw., Tel. 052-678081, geöffnet tgl. 14–23 Uhr, Sa 10–23 Uhr, Mi Ruhetag); der Pfad links führt zur Pfarrkirche. Ansonsten gibt es in dieser Filmkulissenstadt für einen mittelalterlichen Mantel-und-Degen-Streifen nichts außer der idyllischen **Beschaulichkeit** einer längst vergessenen Zeit. Bisweilen gackert erschrocken ein Huhn, wenn alle Jubeljahre ein Fremder vorbeispaziert – und selbst die Einheimischen wissen nicht genau, wie viele Seelen noch im Ort wohnen, es mögen vielleicht 50 sein. Die meisten Gebäude stammen aus dem 15. Jh. Einige Bezeichnungen zeugen, wenngleich etwas übertrieben wirkend, von der einstigen Bedeutung der Stadt Gračišće, etwa „Palast der Familie Salamon" oder „Sommersitz des Bischofs von Pičan".

Wanderung

Wanderfreunden sei der **„Weg des Hl. Simeon"** sehr empfohlen, eine herrliche, etwa dreistündige, nicht ganz einfache Rundwanderung (für Kinder zumindest im Hochsommer nicht geeignet). Kondition, gute Schuhe und viel Flüssigkeit (2 l/Person) sind unbedingt erforderlich. Auf dem gesamten Weg durch Krüppelkiefern, Zedern, Zypressen, Buschwerk, Brombeeren und Wein genießt man einen herrlichen Blick auf das Učka-Massiv (Antennenberg) und die alte Bergstadt Gračišće.

Der Weg beginnt auf 450 Höhenmetern an der großen Wandertafel am Ortsausgang Richtung Pazin rechts (Parkmöglichkeit) mit einem steilen

Abstieg den Feldweg links unterhalb der Tafel hinunter zur **Kapellenruine Sv Simun** (10 Minuten, 373 m). Ab hier müssen die Wanderzeichen (roter Kreis mit weißer Mitte oder rot-weiß-rote Striche) sorgsam (!) beachtet werden, da der Weg ansonsten nicht beschildert ist und etliche Abzweigungen für Verwirrung sorgen können. Nach etwa 40 Minuten erneuten steilen Abstiegs hat man endlich das hinterste Istrien erreicht, den **Weiler Zlepčari** (110 m), in dem alle fünf Hunde unverzüglich Alarm schlagen (hier halbrechts halten über die kleine Steinbrücke).

Es folgt ein gut begehbarer, fast ebener Feldweg durch Wein- und Apfelplantagen zum **Gehöft Sopot** (30 Minuten, 80 m), wo sich der Weg gabelt: Rechts geht es zum Weingehöft, scharf links hinauf führt der Rundweg weiter. Die Piste ist plötzlich asphaltiert, man achte nun linker Hand auf das Wanderzeichen; ein schmaler Pfad führt links ab zur malerisch-einsam gelegenen **Kapelle Marija Magdalena** (40 Minuten, 330 m; der Asphaltweg führt zur Kirche Sv Stjepan). Hier oben hat man einen herrlichen Rundblick über Zentralistrien.

Beim **Rückweg** wieder Acht geben: Aus der Kapellentür kommend, gehe man geradeaus zum Hang (Zeichen links am Bäumchen), wo ein schmaler Trampelpfad etwa 100 m hinunter führt – halbrechts wird eine Piste sichtbar, auf die der Pfad trifft. Dieser folgt man nun noch etwa eine Stunde in einem weiten Linksbogen um die Schlucht zurück nach Gračišće.

Funtana

↗ A2

Allgemeines

Kurz vor Vrsar, ca. 5 km südlich von Poreč, liegt das einstige Bauern- und Fischerdörfchen Funtana (ital. Fontana) umgeben von Feldern, Wiesen, Olivenhainen und Weingärten; die rund **850 Einwohner** leben heute allerdings unmittelbar oder mittelbar vom Fremdenverkehr. Die Küste rund um Funtana zählt zu den zerklüftetsten Abschnitten Weststriens, wovon zahllose kleine Buchten und vorgelagerte Inselchen zeugen.

Der Ort wurde vermutlich nach in unmittelbarer Meeresnähe gelegenen **Süßwasserquellen** benannt, aus denen die Bewohner in Holzgefäßen Wasser schöpften und auf Ochsenkarren zum alten Kastell wie auch auf ihre Felder transportierten. Schon im 2. Jh. hatte ein römischer Grundbesitzer die Quellen für seine Villa auf der mehrere Kilometer entfernten Landzunge Zelena Laguna genutzt, indem er das Wasser mittels eines unterirdischen Aquäduktes in sein privates Thermalbad leiten ließ.

Die **Orientierung** im Ort fällt denkbar leicht: Von Poreč kommend, zweigen von der Hauptstraße (Istarska) drei größere Straßen nach rechts ab, die Ribarska (AC Puntica, Pier und FKK Istra), die Borisi/Grgeti (Ortskern, Kastell, Camp Istra) – beide Straßen führen am Pier zusammen – sowie eine namenlose, ebenfalls gut ausgeschilderte Sackgasse (Hotel Funtana und AC Valkanela).

Geh- und Radweg

Fußgänger und Radfahrer finden vor Ort übrigens **etwas beinahe Einmaliges in Kroatien:** einen bis Vrsar durchgehenden, befestigten Geh- und Radweg, der 10 m neben der Hauptstraße verläuft. In Richtung Norden, bis kurz vor Poreč, gibt es immerhin einen gut begehbaren unbefestigten Weg.

Sehenswertes

Im Ort verdient die **Pfarrkirche St. Bernard** von 1621 (restauriert 1941) Erwähnung. Bemerkenswert ist besonders das Altarbild der Kirche, dessen oberer Teil (Muttergottes mit Kind) eindeutig Stilelemente der Renaissance aufweist, während der untere Teil (Heiligenfiguren) auf den Barock zurückgeht – eine sehr seltene, auch für Laien deutlich erkennbare Stilmischung. Zu Ehren des Dorfpatrons *Bernard* findet am ersten Wochenende nach dem 20. August ein uriges Dorffest statt.

Busverkehr Alle Busse auf der **Strecke Vrsar – Poreč** halten an der Hauptstraße.

Infos, Agenturen

- **Fremdenverkehrsamt Funtana,** Bernarda Borisija 2 (nahe der Pfarrkirche am Kastell), Tel. 052-441119, www.istria-funtana.com und www.funtana.com. Geöffnet Okt.–Mai Mo–Fr 8–15 Uhr, Juni–Sept. tgl. 8–21 Uhr.
- **Turist Biro Linet,** Ribarska 2, Tel. 052-445012, www.istra.com/linet und www.apartments-linet.com, für Unterkunftsvermittlung, Geldwechsel, Ausflüge, Jagd und Winterstellplätze.
- **Turist Biro Funtana-Adriatic,** Istarska 2a, Tel./Fax 052-441045, www.jelena.hr, Unterkunftsvermittlung, Geldwechsel und Ausflüge.

Unterkunft

- **Ferienwohnungen und Zimmer** vermitteln die Touristenagenturen, man kann sich natürlich auch direkt mit Privatanbietern in Verbindung setzen. Recht neu und modern wurde die €€**Villa Falcon** angelegt (Dalmatinska 15, Tel. 445333, www.istra.com/villa-falcon), wo allerdings nur zwei kleine Apartments für 2 bzw. 4 Personen zu 33–57 bzw. 52–80 Euro zur Verfügung stehen. Sehr schön ist auch die €€€**Villa Linet** (Ribarska 2a, Tel. 445012, www.apartments-linet.com), wo sieben Einheiten für 2–4 Personen und ein großes Gartenareal zur Verfügung stehen. Die Preise beginnen bei 40 Euro (2-er-Studio/Nebensaison) und enden bei 110 Euro (4-er Apartment/Hauptsaison); über die Linet Homepage werden zahlreiche weitere Objekte angeboten. Beide genannten Objekte liegen ruhig und etwa 500 m vom Meer entfernt.

Wer in einer der Top-Konobas Unterschlupf finden möchte sollte die *Konoba Bare* (s. „Essen & Trinken") in Erwägung ziehen – bei 35 Euro/Person (HP!) geradezu ein Schnäppchen.

- €€€**Hotel Funtana**

Tel. 052-442700, Fax 442799, www.maistra.hr. Einziges Hotel im Ort, geöffnet nur im Sommerhalbjahr, Schwimmbad und Sportmöglichkeiten, sehr attraktive All-Inklusive-Pakete.

Camping

- €€**AC/Naturist Camp Istra**

Von 1.4. bis 15.10. geöffnet, Tel. 052-465010, Fax 451440, www.camping-adriatic.com. FKK, für ca. 3000 Gäste, umfangreiche Ausstattung.

- €€**AC Puntica**

Von 15.4. bis 1.10. geöffnet, Tel. 052-410102, www.plavalaguna.hr. Klein, eng, kaum Freizeitangebot, vorrangig für Freizeitkapitäne (Slip, Kran, Anlegestellen) interessant.

- €€**AC Valkanela**

Tel. 052-445216, Fax 445394, valkanela@maistra.hr. 85 ha für 8000 Personen, einer der größten Plätze in Kroatien mit eigenem Restaurant **Kantineta.** Gehört zur Maistra-Gruppe aus Vrsar und wird häufig als Platz in Vrsar geführt (www.maistra.hr). Aufschlussreicher Blog unter http://reiseblog.kroistra.de/2009/03/11/campingplatz-valkanela-in-vrsar-istrien/.

Essen & Trinken

Funtana verfügt über ein breites Angebot gastronomischer Einrichtungen im Ort und in den Camps.

- In der Ribarska Ulica bietet die **Bäckerei-Konditorei Oaza** ihre Waren feil.
- Wenige Meter weiter bietet das **Marina** (Ribarska 7, Tel. 052-445400, tgl. 10–24 Uhr) Seebarsch in Salzkruste oder Teigwaren mit Trüffel.
- Gut und preiswert wird man in der **Pizzeria Partenon,** Istarska 47, Tel. 052-441486, satt.
- Sehr gute istrische Spezialitäten zu gemäßigten Preisen bietet die **Istarska Konoba,** Tel. 052-411511, Hotel Funtana.
- Als beliebtes istrisches Dorflokal sei das **Barba Čizo** empfohlen, J. Dobrile 7, Tel. 052-441296, nahe der Kirche, beschildert.
- Ein anderes kulinarisches Highlight präsentiert **Funtana** dem Reisenden mit der traditionellen *Konoba Bare* (ganz offiziell seit Jahren eine der besten Konobas Istriens, Kamenarija 4, Tel. 052-445193, geöffnet Mo/Di/Do 17–23 Uhr, Fr/Sa/So 12–23 Uhr, Mi geschl.). Das Seepolyptartar (!) ist etwas ganz Feines, und das Lammfleisch geschmort zergeht auf der Zunge.

Aktivitäten

Baden:
Bademöglichkeiten bestehen **rund um die Landzunge,** überwiegend aber umzäunt **in den Camps;** ansonsten an zwei Stellen: **unterhalb des Hotel Funtana oder bei den alten Süßwasserquellen.** Anfahrt: Zufahrtsstraße zum AC Puntica (Ribarska), dann erste rechts (Put Perila), hier parken, am Ende Weg links, nach 50 m rechts zu den Quellen und zum Strand.

Unterhaltung

Abendunterhaltung wird in der **Disco Margerita** (Ortsausgang Richtung Vrsar), Tel. 052-441064, geboten. Ansonsten nutzen die Besucher von Funtana die nahe gelegenen Freizeitangebote von **Poreč** (v.a. Casino und Clubs der Zelena Laguna) und **Vrsar.**

Sonstiges

- **Polizeidienststelle:** Vrsar, Obala Tita 35, Tel. 052-441414.
- **Bank/Post:** In den Camps oder im Hotel; Geldwechsel auch in den Agenturen.
- **Medizinische Versorgung:** Erste Hilfe leistet (in der Saison) die Ambulanz des AC Valkanela unter Tel. 052-441515.
- **Zahnarzt:** *Dr. Đakovič,* Coki 90, Tel. 052-441364.

Vrsar

⇗ A2

Touristenort mit Tradition

Mit Vrsar (ca. **2700 Einwohner,** ital. Orsera), einem Städtchen an der istrischen Westküste, das die Umwandlung vom einstigen Fischerdorf zum Touristenzentrum mehr oder minder abgeschlossen hat, endet die so genannte Riviera von Poreč. Der Name der Stadt basiert auf diversen dokumentierten Ursprüngen wie „Ursaria", „Orsaria" und „Versarium". Man nimmt an, dass sich der Name auf das nahe gelegene Funtana bezieht, wo es schon zu römischer Zeit zwei Quellen gab, in deren unmittelbarer Nähe aber generell wegen möglicher Abwasserverunreinigungen niemals gebaut wurde (daher Aquädukte). Gesiedelt wurde deshalb zu Römerzeiten in Ursaria, wovon noch etliche Relikte alter Villen und Mosaikenfunde zeugen.

Im Mittelalter dehnte sich die Stadt den Hügel hinauf aus und wurde von einer **Stadtmauer** umgeben, von der zwei Stadttore, Fragmente der Mauer, das **Kastell** sowie die Reste einer **frühchristlichen Basilika** erhalten sind. Gesichert ist, dass die Stadt von 983 bis 1778 unter direkter Verwaltung des Bistums Poreč stand, im Zuge der napoleonischen Kriege und der Regentschaft Österreichs dann aber im 19. und frühen 20. Jh. eine eigene Gemeinde im Porečtiner Bezirk wurde. Die weiteren Ereignisse im 20. Jh. verliefen ähnlich wie in Poreč.

Der moderne Tourismus datiert zurück ins Jahr 1961, als die **vorgelagerte Insel Koversada** zum reinen FKK-Gebiet erklärt wurde und damit zu den „Pionieren" in Europa zählte. Vrsar erlangte bereits in vergangenen Jahrhunderten einige Berühmtheit als Touristenort, immerhin errichteten hier die Bischöfe von Poreč ihre Sommerresidenz. Kein Geringerer als der weltbekannte venezianische Herzensbrecher *Giacomo Casanova* – eine Gasse der Oberstadt wurde nach ihm benannt – trieb hier sein Unwesen: In seinen „Erinnerungen"

198is08 Foto: wl

Schön auf einem Hügel gelegen:
Blick auf die Altstadt von Vrsar

memoriert er ausführlich über die liebreizende *Refoška,* eine seiner „Eroberungen" in Vrsar, die ihm im Gedächtnis blieb – honi soit, qui mal y pense, handelt es sich bei Refoška doch um die hiesige Rotweinrebe ...

Sehenswertes

Zweiteilung der Stadt

Das wirklich Besondere an Vrsar ist wohl die unübersehbare Zweiteilung der Stadt mit einer weitläufigen **Uferpromenade** auf der einen und einer engen, hügeligen **Altstadt** auf der anderen Seite. Rund um die Bucht spielt sich das touristische Leben ab, während 50 m den Hügel hinauf die Zeit vor einem halben Jahrhundert stehen geblieben zu sein scheint. Andererseits zeigt ein Rundgang gerade ostwärts der Pfarrkirche viele wunderhübsch renovierte Altstadthäuschen, die nicht selten wohlhabenden Slowenen gehören.

Trg Degrassi

Im **Zentrum der Oberstadt** liegt der alte Platz (heute Trg Degrassi) mit seinen historischen Bauten. Er war über viele Jahrhunderte Zentrum des Alltags, entweder als Markt, als Sitz des bischöflichen Salinenverwalters oder als Kirchplatz der kleinen **Kapelle Sv Anton** (zerstört 1941, heute stilvolles Atelier eines Künstlers). Das romanische **Stadttor** neben der Touristeninformation ist ein erhaltener Teil des alten Kastells.

Sv Foška

Auf der gegenüberliegenden Straßenseite lockt eine Holzbank zur Rast – mit nettem Blick über die Bucht. Am östlichen Ende des alten Kastells, der heutigen Oberstraße Rade Končara, kann die kleine Kirche der Lokalheiligen *Sv Foška* besichtigt werden. Das **Kirchlein** wurde im 17. Jh. überwiegend im Renaissancestil, allerdings mit barocken Elementen, erbaut. Die jüngst restaurierte Gebetsstätte birgt viele sakrale Gegenstände, vor allem das Titularbildnis „Folterung der Hl. Foška" aus dem 17. Jh.

Neben der Kirche liegt das **romanische Haupttor** der Stadt aus dem 13. Jh. An der Steinplatte oberhalb des Tores ist ein flaches Relief mit einer Miniatur (vermutlich 15. Jh.) des Löwen des *Hl. Markus* zu sehen, dem Wappentier Venedigs.

Sv Martin

Höchster und von der Sicht her spektakulärster Punkt der Altstadt ist die weithin sichtbare **Pfarrkirche** Sv Martin. Mit ihrem Bau wurde erst Anfang des 19. Jh. auf den Relikten der Stadtmauer mit romanischem Nordtor begonnen. Nach Beendigung der napoleonischen Ära (1813) lagen die Arbeiten jahrelang still, erst in der Amtszeit des wegen seiner energischen Argumentation oftmals mit *Don Camillo* verglichenen *Josip Martinoli* wurde der Bau 1935 fertig gestellt. Vom Mittelschiff wurden durch jeweils vier Säulen zwei Seitenschiffe abgeteilt. Die **Kuppelbögen** des Hauptschiffes wurden 1946 von *Antonio Macchi* aus Rovinj **kunstvoll verziert:** Der erste Bogen zeigt eine Christusfigur, rechts das Martyrium der *Hl. Foška,* links *Sv Martin,* der Patron der Kirche. Auf dem zweiten Bogen mit der Inschrift „Ace agnus dei: ecce qui tollit peccata mundi" (Dies ist das Lamm Gottes, siehe wie es die Weltsünden auf sich nimmt) sind Lämmermotive zu sehen. Bemerkenswert ist auch das **Taufbecken,** welches aus der ehemaligen Kapelle vom alten Platz stammt. Der **Glockenturm** kann bestiegen werden (15 K, Kinder 8 K, 9.30–12.30 und 17.30–21.30 Uhr). Hinter der Kirche führt ein Fußweg hinunter zur Landzunge Montraker mit dem AC Orsera, Liegewiesen und Bademöglichkeiten, sowie zur Uferpromenade des Ortes. Von oben hat man einen famosen Blick über die vorgelagerte Inselwelt und erkennt bei klarem Wetter die Eufrasius-Basilika von Poreč.

Bischofspalast

Unmittelbar neben Sv Martin am Kirchplatz steht ein mehrstöckiges, prunkvolles Gebäude – der erzbischöfliche Palast **(Palazzo Edbešorša).** Schon im 12. Jh. besaßen die Bischöfe von Poreč einen Sommersitz in Vrsar, allerdings war er zunächst deutlich bescheidener. Erst ab dem 14. Jh. wurden bis ins 18. Jh. hinein permanent Erweiterungen und Änderungen vorgenommen. Das Bauwerk wurde mit hohen Mauern mit Schießtürmen (Türkengefahr) versehen, was ihm auch

Vrsar
AC Turist
Privatstr. AC Turist
MONTRAKER
Privatstr. AC Turist
20
21
22
Marina
Rade Končar
Obala maršala Tita
Bootsslip
16
0
100 m
Ausflugs-
boote
Obala maršala Tita
7
6
8
9
Obala maršala Tita
10
5
4
11
3
Badeufer
1
500 m
2
AC Koversada

25
Stadtstrand
Istarska
Brionska
26
Privatstr. AC Orseva
24
Poreč, Pula, AC Valkanela
Trg Trsine
Vidikovac Trsine
23
Vidikovac Trsine
27
28
V. Trsine
Kamenolomska
Alda Negrija
Dalmatinska
Starograd
Gradskavrata
Orlandova
Rade Končara
30
Gradskavrata
Trg D. Degrassija
29
Pod voltom
Motovunska
Porečka
31
15
Rovinjska
32
14
Sportplatz
13
Limska
Lučka
Dalmatinska
12
Dalmatinska
Vala
Poreč, Pula
Vala
33
AC & Villa Koversada

den Namen „Kastell" eintrug. Die Wehrhaftigkeit der hohen Kleriker hatte aber nicht nur außenpolitische Gründe: Ihre **Verschwendungssucht** und der Prunk der Kirche bedingten höhere Belastungen der Fischer und Bauern, was 1299 zum Aufstand in Poreč führte – Bischof *Bonifazius* floh in die Fluchtburg von Vrsar. In der frühen Neuzeit mussten die Bauern dem Bischof u.a. das Gepäck kostenlos von Poreč nach Vrsar transportieren. Im 19. Jh. konnten die Bischöfe dem Volk schließlich nicht mehr genug aus der Tasche ziehen, um den Prachtbau zu halten, so dass der Palazzo an die Patrizierfamilie *Vergotini* aus Poreč verkauft wurde. In den Wirren der Kriege des 20. Jh. begann dann der Verfall des Bauwerks, welches in den vergangenen Jahren aufwendig restauriert wurde.

Skulpturenpark

Freunde der **modernen Kunst** werden eventuell den – künstlerisch umstrittenen – privaten Skulpturenpark von **Dušan Džamonja** (1928–2009), einem der berühmtesten zeitgenössischen Bildhauer, besuchen wollen. Sein Skulpturenpark liegt, von Funtana kommend, knapp 1 km vor Vrsar rechter Hand (Parkplatz und ummauerte Villa). Leider gibt es keine geregelten Öffnungszeiten – Interessierte versuchen es auf gut Glück oder arrangieren über die Touristeninformation einen Besuchstermin. Der berühmteste Sohn der Stadt ging – wie viele andere Bildhauer auch – aus der **Sommerkolonie Montraker** hervor (der Steinbruch Montraker liegt im Bereich des AC Orsera-Turist), wo seit 1991 alljährlich Studenten der Bildhauerei aus aller Welt ihre Fertigkeiten proben und die Ergebnisse in der Stadt ausstellen (geöffnet tgl. außer Mo 9–11 und 19–21 Uhr).

Warum gerade Vrsar? Das Gestein dieses Küstenstrichs ist besonders widerstandsfähig gegen Salzwasser, was auch die alten venezianischen Baumeister wussten: Für nicht wenige Bauten Venedigs (entlang des Canale Grande, Mollo dei Schiavi) wurde Baumaterial aus Vrsar verwendet!

Legende zu Karte auf Seite 204

1 Aptm. Petalon/ Camping Porto Sole	16 Agentur Adriatic
2 Apartmenthotel Belvedere	17 Privredna Banka
3 Rest. Belvedere	18 Café/Bar Ryder
4 Erste-Hilfe-Station	19 Spielplatz
5 Hotel Pineta	20 Sv Marija od Mora
6 Polizei & Hafenmeisterei	21 Marina-Club
7 Fotoläden, Eisdielen, Pizzerien	22 2. Camping-Rezeption
8 Aparthotel Riva	23 Camping-Rezeption
9 Istarska Banka	24 Spielplatz und Marinazufahrt
10 Disco	25 Camping Valkanela
11 Rummelplatz & Souvenirstände	26 Gambetti-Aptm.
12 Metzgerei & Bäckerei	27 Sv Martin
13 Post & Minimarkt	28 Bischofspalast
14 Rest. Stella	29 Sv Foška
15 La Rosa I	30 Apotheke
	31 TI
	32 Aussichtspunkt
	33 Busbahnhof & Post

Die Westküste

Transport und Verkehr

Busverkehr

Der **Busbahnhof** liegt nördlich der Tankstelle und der Freifläche (Obala Tita, Tel. 060-333111), die Anbindungen nach Pula und Poreč sind ordentlich:

- **Poreč:** 11–13x tgl. 6–21 Uhr.
- **Pula:** 8–12x tgl. (saisonabhängig) auf der Route Poreč – Pula.
- **Rovinj:** 5x tgl.
- Für weitergehende Strecken ist ein Umstieg in Pula bzw. Poreč notwendig.
- Für Auslands- und Langstreckenrouten empfiehlt es sich, direkt nach Pula zu fahren.

Mit dem Auto in Vrsar

Unmittelbar an der **Strecke Pula – Poreč** gelegen, ist Vrsar mit dem eigenen Fahrzeug leicht zu erreichen. Die drei Campingplätze sind gut ausgeschildert (die „Orsera"-Zufahrt liegt am Ortsausgang Richtung Poreč gleich scharf links). Wer eine Ferienwohnung/Zimmer in der Oberstadt hat (Belvedere, Petalon und Trsine liegen an den Hauptzufahrtsstraßen), muss sich auf die **Einbahnstraßen** einstellen: Die Alda Negrija/Rade Končara ist Einbahnstraße Richtung Montraker.

Touristische Infrastruktur

Infos, Agenturen

• **Touristeninformation,** Rade Končara 46, Tel. 052-441187, www.istria-vrsar.com, www.istra.hr/vrsar sowie www.istra.com/vrsar, geöffnet Nov.–Mai nur Mo–Fr 8–15 Uhr, Juni und Okt. tgl. 8–15 und 18–21 Uhr, Juli–Sept. tgl. 8–22 Uhr.

• Ein halbes Dutzend **Touristenagenturen** (Turist Biro) an der Uferpromenade Obala Maršala Tita bietet die Vermittlung von Unterkünften (€-€€Zimmer), Geldwechsel und Ausflüge an. Zuverlässig sind hier vor allem **Vrsar-Tours,** Tel./Fax 052-441362, und **Adriatic Travel,** Tel. 052-441338, www.apartmani-adriatic.hr.

Unterkunft

Das etwa mittig an der Westküste Istriens gelegene Vrsar wird sehr gerne als Urlaubsstandort gewählt, da sowohl das Hinterland als auch die bedeutendsten Orte der Westküste gleichsam gut erreichbar sind und Vrsar selbst trotz des riesigen Campingdorfes Koversada einen eher ruhigen, kleinstädtischen Charakter bewahren konnte. Speziell zu Vrsar kann man sich im Internet unter **www.adriatic-istra.com, www.bovi.hr** und **www.campingrovinjvrsar.com** vorab orientieren und buchen.

• Zimmer und Apartments vermietet beispielsweise **Patricija Gambetti** in der Istarska 13 in ruhiger Lage nahe dem Campingareal (Tel. 052-441584), wobei in dem hübschen villenähnlichen Areal einiger Luxus wie Spül- und Waschmaschine, TV und Grillmöglichkeit geboten ist. Zahlreiche weitere Objekte findet man mit der lokalen (deutschsprachigen) Suchmaschine unter www.infovrsar.com.

• €€€**Aparthotel Belvedere**
Tel. 052-689550, Fax 441730, belvedere@maistra.hr, unmittelbar an der Obala Tita (aber am Meer) gelegen.

• €€€**Hotel Petalon-Village**
Tel. 052-426100, Fax 426280, petalon-portosole@maistra.hr, 10 Gehminuten zum Zentrum. Das sehr schöne Hotel ist wie das Belvedere zu buchen über die Agentur Anita (liegt vor den Tennisplätzen/AC Porto Sole rechts), Tel. 052-441222, Fax 441122.

• €€**Aparthotel Riva,** Tel. 052-441131, Fax 441150, pineta@maistra.hr, welches zum beliebten Pauschalreisehotel €€**Pineta** an der Obala Tita gehört (Tel. 052-636500 und 441131, pineta@maistra.hr), beide Anlagen haben eine gemeinsame Rezeption im Pineta. An den Mailadressen erkannt man schon, dass auch in Vrsar ein Lokalmatador alle

Anlagen (auch Campingplätze) aufgekauft hat, hier die Maistra-Gruppe, sodass alle Objekte unter www.maistra.com im Netz zu finden und gebucht werden können.

Camping

Vrsar bietet mit seinen drei Plätzen über 10.000 Gästen Platz:

- Sofern man im unteren Bereich (direkt an der kleinen Bucht) beim €€**AC Porto Sole/Petalon,** Tel. 052-426500, Fax 441122, www.maistra.com, etwas bekommt, scheint dieser Platz der schönste zu sein.
- Wegen der unmittelbaren Stadtnähe und der Lage auf der grünen „Bildhauerlandzunge" Montraker ist das €€**AC Orsera** (vormals Turist), Tel. 052-441419, Fax 441330, camping@valamar.hr, www.camping-adriatic.com, fast ebenso gut – und (noch) nicht im Besitz der Maistra-Gruppe.
- Last but not least bietet das Naturistencamp €€**AC Koversada,** Tel. 052-441378, Fax 441122, www.maistra.com, den Anhängern der Freikörperkultur auf über einer Million Quadratmetern Wiese ungetrübtes Bräunungsvergnügen – allerdings heißt es bei mehr als 7000 Gästen (zweitgrößtes FKK-Camp Europas!) aufpassen, wo man untergebracht werden soll. Der Platz umfasst nicht nur das Ufergebiet, sondern auch die mit einem Damm verbundene Insel Koversada – übrigens in den Gründerjahren erstes und einziges FKK-Gebiet – sowie sehr ruhige und verstreut liegende Plätze an den Hängen des Lim-Fjords.

Essen & Trinken

- Gute und günstige Kleinigkeiten (Pizzastücke, Toasts, Burger usw.) zum Mitnehmen gibt es bei **Fast Food Mendica** neben der Istarska Banka.
- Wen es einmal wieder nach deutscher Hausmannskost gelüstet: **Konoba Kaštell,** Ulica Gradskih Vrata (am Nordtor, Sv Foška, Tel. 441303), bietet Gulasch für 40 K, Sülze mit Bratkartoffeln und echtes Weizenbier (25 K).
- **Grill La Rosa 2,** Obala Tita 28 (Tel. 441001) und **Grill La Rosa** (ursprüngliches Hauptrestaurant), Rovinjska 8 (Tel. 441558). Preiswert und ausgezeichnet (Nudel-, Fisch-, Fleischgerichte), die guten Pizzen gleichen Wagenrädern!
- Gegenüber liegt das **Restaurant Stella** (Tel. 441221) mit tollen Fischplatten (160 K für 2 Personen).
- Zur gehobenen Kategorie zählt das **Monte Carlo** (Tel. 052-441213) in der Primorska mit internationaler Küche.
- An der gegenüberliegenden Seite der Promenade (Obala Tita, unterhalb Hotel Riva) liegen weitere Lokale; zu erwähnen ist die **Pizzeria Gratis** (nomen non est omen!) mit ordentlichen Portionen und Preisen.
- Auch die Camps beherbegen eigene Restaurants, etwa das **Vala** (AC Orsera, Tel. 052-441390) oder das Restaurant **Garbin** (Tel. 052-441761) und die Pizzeria **Balun** im Koversada-Camp.

Aktivitäten

Touren:
Tagsüber werden meist Touren in die benachbarten Orte, v.a. zum Lim-Fjord und ins Hinterland, oder Ausflüge per Boot unternommen. Direkt an der Uferpromenade werden **Bootstouren** u.a. zum Lim-Fjord für 80 K, nach Rovinj für 120 K oder eine Fahrt durch die vorgelagerte Inselwelt für 60 K angeboten.

Sportmöglichkeiten:
- In den **Ferienanlagen** und auf den **Campingplätzen** steht das übliche Freizeitprogramm wie Tennis, Tischtennis, Minigolf, Surfen, Bootsverleih usw. zur Verfügung.
- **Scooterverleih:** direkt an der Uferpromenade rund um die Hafenmeisterei.
- Der **Sportflugplatz** von Vrsar liegt 2 km nördlich der Stadt und ist eine der drei Basen der kleinen North Adria Aviation (Tel. 052-442075, Fax 441350). Neben Fallschirmspringen und Rundflügen entlang der istrischen Westküste im Doppeldecker (350 K/30 Min.) bietet die Airline Chartershuttle-Flüge von/nach Mali Lošinj und Krk oder zur Insel Unije an (nur als Rückflugticket für 465 K buchbar).

Baden:
Am besten baden lässt es sich im Bereich der **Landzunge Montraker,** wo auch der weitläufige AC Turist zu finden ist. Der Zugang liegt nicht, wie oft angenommen, unterhalb der Marina (Zaun), sondern am Parkplatz der Rade Končara. Hier führen Fußwege zu schönen Liegewiesen, den Skulpturen der Bildhauerschule und zum Badestrand. Auch an der **Promenade** unterhalb des Belvedere ist Schwimmen möglich, die gesamte **Lagune zur Insel Sv Juraj** ist für Schwimmer abgesperrt und somit auch für Kinder ideal. Wer zur Insel schwimmt, sollte wegen der spitzen Felsen Badeschlappen mitnehmen!

Unterhaltung

Abends erwacht vor allem die **Uferpromenade** rund um die Bucht von Vrsar mit ihren Cafés und Bars erst richtig zum Leben.
- Auf den Terrassen des **Belvedere** spielen gelegentlich Livebands, oder es wird gesetzte Tanzmusik aufgelegt.
- **Café-Bar Obala,** Dalmatinska/Ecke Obala Tita (Tel. 441351), tagsüber Café und abends Bar.
- **Café/Bar Ryder,** Dalmatinska (Tel. 441415), unverkennbar an der aufgemalten Harley, spricht mehr das Abendpublikum an.
- Nachtschwärmer finden im Sommer an der Straße Richtung Funtana kurz vor dem Camp Valkanela Disco-Betrieb.

Shopping in Vrsar

Sonstiges

!

- **Post:** am Busbahnhof sowie neben dem Supermarkt (Dalmatinska/Obala Tita).
- **Geldwechsel:** Istarska Kreditna Banka, Obala Tita (unterhalb Riva), mit sehr guten Kursen (Mo bis Fr 7.30–20.30 Uhr), sowie die namenlose Wechselstube am Ende der Obala Tita vor der Belvedere-Anlage (9–21 Uhr, ausgezeichnete Kurse); mehrere Bankomaten (O. Tita) sorgen für volle Taschen.
- **Hafenmeisterei:** Obala Tita, neben der Wechselstube (Tel. 052-431663).
- **Medizinische Versorgung:** Eine kleine **Apotheke** liegt am Trg Degrassi in der Oberstadt, eine kleine **Erste-Hilfe-Station** neben der Hafenmeisterei, Obala Tita (Tel. 052-451611).
- Ein **Supermarkt** liegt in der Dalmatinska (Parallelstraße am offenen Promenadenplatz), schräg gegenüber befinden sich eine gute **Metzgerei** sowie ein **Bäcker.**
- Die neue **Marina** liegt neben der Kapelle Sv Marija an der Montraker-Landzunge unmittelbar vor dem Hintereingang zum AC Turist. Einkaufsmöglichkeiten, Restaurant, Werkstatt, Tel. 052-441052, Fax 441062, info@marina-vrsar.com. In der Marina sowie an der Promenade Bootsverleih.
- An der Uferpromenade/Ecke Rade Končara liegt ein kleiner Park mit **Kinderspielplatz,** an der Freifläche zwischen Tankstelle und Busbahnhof bieten im Sommer fliegende Händler und kleine **Kirmesstände** ihre Waren an.

207is08 Foto: wl

Dvigrad

⇗ A/B2

Zwei Burgruinen

Wer über den fertigen Schnellstraßenabschnitt Vrsar – Vodnjan fährt, quert eine lange Brücke über die Limska Draga (Lim-Fjord). Hier erspäht man schon östlich der Brücke die Burgruinen von Dvigrad. Die Zufahrt erfolgt über **Kanfanar** (ital. Canfanaro, beschildert), vor der Bahnlinie am Ortseingang führt links die Nebenstraße nach Dvigrad (2,5 km).

Im Frühmittelalter standen zwei kleine Burgfestungen direkt nebeneinander, **Parentino** und **Moncastello.** Die vordere, etwas jüngere, wurde schon im Hochmittelalter verlassen, Teile davon als Baustoff für die Erweiterung und Reparatur des hinteren, älteren Kastells verwendet, welches sich nun **Duecastelli (Dvigrad)** nannte. Mit der Pest im Jahre 1631 verließen die Bewohner jedoch die Doppelburg und gründeten das nahe gelegene Kanfanar.

Auf dem höchsten Hügel stand einst eine Sophienkapelle – die **Pfarrkirche von Kanfanar** birgt noch heute eine **Statue der heiligen Sophia** mit zwei Kastellen in den Händen. Von den Ruinen aus hat man einen sehr schönen Blick auf die umliegende Landschaft mit der etwa 2 km entfernten **Kapelle Sv Elija** (genau ostwärts).

Ein kleiner **Rundgang** durch die beiden sehr beeindruckenden und malerisch gelegenen Ruinen ist möglich – und irgendwie recht gruselig (Achtung, teilweise ungesicherte hohe Mauern!).

Es versteht sich fast von selbst, dass Stätten wie Dvigrad etliche **Legenden** und Anekdoten hervorriefen. Eine davon entstand mit dem Tod des berühmten englischen Abenteurers und Vizegouverneurs britischer Karibik-Besitzungen, *Sir Henry Morgan* (1635–1688). Er lebte zunächst als eine Art Freibeuter, kämpfte gegen die Spanier, plünderte Panama und wurde dafür von England inhaftiert, später begnadigt und geadelt. Als Beute seiner Raubzüge soll er einen **sagenhaften Schatz** verborgen haben – und zwar bei Dvigrad: Nur gut 1 km weiter das Sträßchen hinunter liegt das **Gehöft Mrgani,** dessen Entstehung wegen der Namensähnlichkeit *Sir Henry Morgan* zugesprochen wurde und von dem man annahm, dass dort der legendäre Schatz verborgen sei ... Viel Spaß bei der Suche!

Limski-Bucht

↗ A2

Limski Zaljev

Die heutigen Bezeichnungen in Prospekten und Broschüren („Lim-Fjord", „Limski-Kanal" usw.) dienen vornehmlich dazu, das touristische Interesse zu wecken. Geologisch handelt es sich beim schönsten kroatischen „Fjord" schlicht um ein **9 km langes,** durchschnittlich 600 m breites und bis zu 100 m tiefes **Karsttal,** in welches das Meerwasser eindringt, um sich mit dem Frischwasser des hier mündenden Lim-Baches zu vermischen. Nun muss aber eines deutlich gesagt werden: Auch wenn der Lim-Fjord auf spektakulären Luftbildern in Hochglanzprospekten als das achte Weltwunder hingestellt und heftig als touristisches Highlight beworben wird, sei vor übertriebenen Erwartungen gewarnt, denn es handelt sich „nur" um eine Bucht. Lohnend ist aber auf jeden Fall eine **Bootsfahrt ab Vrsar.**

Interessant ist sowohl der **eigentümliche Bewuchs der Hänge** – am Nordhang wachsen immergrüne Bäume, am Südhang dagegen nur Laubbäume wie Eschen und Eichen – als auch die Tatsache, dass wegen des geringen Salzgehaltes des Wassers die Sauerstoffkonzentration sehr hoch ist und daher **Fische und Muscheln** hervorragend gedeihen. So hat denn auch der organisierte Fischfang per Boot eine lange Tradition, und Bischof *Eufrasius* von Poreč ernannte sich wegen des außerordentlichen Fischreichtums im Jahre 543 kurzerhand zum Alleineigentümer des Lim-Fjords. Rund 1000 Jahre blieb die Bucht unter kulinarischer Aufsicht wohlbeleibter Kleriker, ehe die Dogen von Venedig den gesamten Lim-Fjord 1691 der Adelsfamilie *Barbabianca* als „ewiges Geschenk" überschrieben. Derartige Vereinbarungen berührten das befreite Jugoslawien 1945 wenig, der Fjord wurde der Allgemeinheit zugänglich gemacht und 1980 als **„besonderes Marine-Reservat"** ausgeschrieben. Baden ist daher strengstens verboten.

Ausflug mit dem Auto

Es gibt vier Möglichkeiten, die Limski-Bucht zu besichtigen: Zunächst kann man schlicht die (beschilderte) **Zufahrtsstraße zwischen Vrsar und Rovinj** nehmen (nicht die Schnell-, sondern die Küstenstraße). Hier wird man unmittelbar an das Ende des Fjords mit den Muschel- und Fischrestaurants Fjord und Viking geführt – beide mit erstklassigen Fischgerichten der mittleren bis oberen Preisklasse. Einige Spirituosenverkäufer bieten an Ständen ihre Waren feil, ansonsten ist hier recht wenig zu sehen.

Die zweite Möglichkeit liegt ebenfalls an der erwähnten Verbindungsstraße Rovinj – Vrsar, aber ein Stückchen höher, gleich hinter der Abzweigung nach Vrsar. Nach 50 m gibt es linker Hand eine kleine, „wilde" Parkmöglichkeit, von wo aus man einen sehr guten Blick über das Tal hat (ein wenig in die Büsche gehen). 50 m weiter liegt dann ein Parkplatz (Holzturm), wo für 10 K pro Person derselbe Ausblick genossen werden kann; auch stehen Spirituosenhändler bereit, den durstigen Wanderer mit in Šlivovica und Kruškovac eingelegten Kräutern zu versorgen.

Bootsfahrt und Flug

Die dritte Besichtigungsmöglichkeit besteht in einer **organisierten Boots- oder Angeltour** von einem der Küstenorte aus (siehe dort), am günstigsten ist es von Vrsar.

Zu guter Letzt bietet sich die Möglichkeit eines **Rundflugs** ab dem Flugplatz Vrsar. Der Flug über Poreč, Rovinj, Limski und Vrsar (30 Minuten) kostet rund 360 K und beschert unvergessliche Panoramablicke (alter Doppeldecker, K...-Tüte nicht vergessen ...)!

Romualdova Jama

Direkt am Buchtende führt links der Zufahrtsstraße zu den in der Bucht gelegenen Restaurants ein Pfad in etwa 20 Minuten hangaufwärts zur 97 m hoch gelegenen Romualdova Jama, einer 105 m langen **Karsthöhle,** in der Knochenfunde von mehr als 40 prähistorischen Tierarten, darunter auch des Höhlenbären, gemacht wurden.

Ihre geschichtliche Bedeutung bezieht die Höhle aus der Tatsache, dass sie zu Beginn des 11. Jahrhunderts der Überlieferung nach dem *Hl. Romuald* (gest. 1027) als Einsiedelei diente. Der spätere Begründer des Eremiten-Ordens der Kamaldulenser (benannt nach der bedeutendsten Klostergründung *Camaldoli* in der Toskana) gilt auch als Gründer des – heute verfallenen – Klosters Sv. Mihovil beim Dorf Kloštar an der Nordseite der Limski-Bucht.

Gaumenfreuden

Zum Abschluss noch ein echtes „Schmankerl": An der Küstenroute Richtung Vrsar passiert man **drei kleine Dörfer,** die allesamt mit wahren Gaumenfreuden aufwarten: in **Kloštar** die Istarska Konoba und Istarska Liza, in **Gradina** der Gradina Grill und – besonders zu empfehlen – in **Flengi** der Laura-Grill und die Konoba Sidro – alles berühmte Straßengrills mit Spanferkel nonstop. Top ist das Sidro mit Fisch- und Fleischplatte sowie leckerem Spanferkel (etwa 100 K).

Rovinj

↗ A2

Perle der Adria

Rovinj (**14.500 Einwohner,** ital. Rovigno) zählt zu den Perlen der Adria. Von nicht wenigen Istrien-Reisenden wird der Besuch der Stadt als ein Höhepunkt ihres Urlaubs empfunden. Die unmittelbare Umgebung ist eine der am stärksten entwickelten touristischen Regionen Kroatiens. Rovinj hat eine malerische Altstadt zu bieten, umsäumt von den Pinienwäldern des **Kap Zlatni Rat.** Das Waldareal wie auch die unmittelbar um Rovinj gelegenen Gewässer sind heute besonders geschützte Naturzonen.

Geschichte

Streifzug durch die Geschichte

Die Altstadt, die sich auf einer Landzunge erhebt, erweist sich als typisches Beispiel einer mediterranen, **mittelalterlichen Stadt** und zeugt von den fleißigen Händen einheimischer Meister. Der Gang durch den Stadtkern mit den aus Platzmangel dicht aneinander gedrängten Häusern, schmalen, gepflasterten Gassen sowie großen und kleineren Plätzen gleicht einem Streifzug durch vergangene Zeiten, wobei die **Stadtgeschichte recht komplex** erscheint: Archäologischen Grabungen zufolge war das Gebiet schon von den Illyrern besiedelt, ehe die Römer die Region ihrem Imperium einverleibten. Im 7. Jh. wird die Stadt erstmals als „Ruigno" und „Rovignio" urkundlich erwähnt, damals zum italienischen Ravenna gehörend. 788 wurde Rovinj zunächst Teil des Fränkischen Reiches, nach einer Reihe von Machtwechseln fiel die Stadt 1283 an Venedig. In dieser Epoche wurde Rovinj 1531 zur Stadt erhoben; mit dem Fall Venedigs (1797) folgte die österreichische Phase. Nach dem 1. Weltkrieg schließlich erfuhr die Stadt in der italienischen Ära bis 1945 ihre letzte Fremdherrschaft.

Rovinj wurde schon im 7. Jh. mit **Festungsmauern** gesichert, die später mit Stadttürmen verstärkt wurden. Von den ursprünglich sieben **Stadttoren** sind drei erhalten: das Tor des *Hl. Benedict,* die Portica und das Tor des Heiligen Kreuzes. Anstelle des äußeren Stadttores wurde im 17. Jh. der so genannte Balbi-Bogen im Barockstil errichtet, heute der Zugang zur Altstadt. Im 17. und 18. Jh. hat

Die „Wiener Gesellschaft"

Die Geschichte des Tourismus in Rovinj blickt auf eine rund 150 Jahre alte Tradition zurück, die eng an die k.u.k. Zeiten angelehnt ist und ohne diese wohl nicht denkbar wäre. 1845 wurde zwischen Triest und Rovinj eine erste reguläre Dampfschiff-Linie eröffnet, 1876 folgte das Dampfross mit dem Bau der Linie Wien – Pula. Während Letzteres für Österreich militärisch (Kriegshafen!) von Interesse war, lenkte eine ganz andere Institution ihr Augenmerk mehr auf humanitäre Ziele. Die „Wiener Gesellschaft" (eigentlich: „Wiener Gesellschaft zur Errichtung maritimer Gesundheitszentren und Asylen für arme Kinder sowie Scrofulosis- und Rachitispatienten") eröffnete **1888** das **Maria-Theresia-Gesundheitszentrum,** das erste seiner Art an der Adria. Kinder der gesamten Monarchie wie auch aus anderen Ländern wurden hier behandelt. Teils zur Unterbringung begleitender Eltern, teils für andere „Heilluft"-Suchende wurde zudem das **älteste Hotel der Stadt,** das Jadran (heute Adriatic), gebaut. Damit war der lokale Tourismus geboren, andere Adelige folgten der Notwendigkeit zum Bau weiterer Hotels: 1890 kaufte Baron *Georg von Hüterodt* die vorgelagerte Insel Sv Katarina und ließ das dortige Kloster in ein Hotel umbauen – die Hotelinsel Katarina wird noch heute vom Grand Hotel Zell am See/Österreich geleitet.

man auch außerhalb der eigentlichen Stadtmauern gebaut, schließlich im Jahre 1763 die einstige Insel mit dem Festland verbunden. Dominiert wird das Panorama der Altstadt von der dreischiffigen **Barockkirche Sv Eufemija** (Fuma) auf der höchsten Erhebung der Landzunge.

Unmittelbar an der Spitze der Landzunge der Altstadt gibt es etliche kleine Felsabschnitte, die zum Baden einladen. Sehr beliebt, wenngleich etwas umständlich zu erreichen, sind die beiden **Hotel- und Badeinseln Sv Katarina** und **Crveni Otok** („Rote Insel") – beide sind per Fähre an die Altstadt angebunden.

Sehenswertes

Zu Fuß beginnt man einen Stadtrundgang am besten an der Promenade, um über die Pfarrkirche und die Künstlergasse bis zum Trg Tita zu gehen.

Sv Eufemija Der großartige Bau der **Kirche der Stadtpatronin** beherrscht den gesamten Altstadtkern. Sie wurde 1736 auf den Fundamenten älterer Gebetsstätten errichtet, 1883 wurde die Frontpartie im Stil venezianischen Barocks neu ausgebaut. Der Altarbereich im Inneren verdient besondere Aufmerksamkeit: Auf dem Hauptaltar wird der *Hl. Georg,* der Drachentöter, von *Rochus* und *Markus* flankiert; dahinter befinden sich die Chorstühle sowie das große Bildnis „Das letzte Abendmahl" von *Giovanni Contarini* aus dem Jahre 1574. Hinter dem linken Seitenaltar sind weitere große Ölgemälde mit Szenen aus dem Alten Testament zu sehen.

Das Hauptaugenmerk aber liegt auf dem rechten Nebenaltar, wo die **Hl. Euphemia** (Sv Eufemija) mit der Stadt Rovinj und einem Mühlrad in den Händen zu sehen ist. *Euphemia* wurde im 3. Jh. zur Zeit des römischen Kaisers *Diokletian* in Chalcedon geboren. Wegen ihres christlichen Glaubens starb sie am 16.9.304 als junge Frau den Märtyrertod während der Christenverfolgungen. Ihre Gebeine ruhen angeblich in dem Sarkophag hinter diesem Nebenaltar. Zur Zeit des „Bilderstreites" (7./8. Jh.: Byzanz war gegen, Rom für eine Anbetung von Reliquien und Bildern) verschwand der Sarkophag, der in Byzanz stand, spurlos und tauchte auf wundersame Weise im Jahre 800 in Rovinj wieder auf. Seither fungiert *Euphemia* als Schutzpatronin der Stadt, ihr Todestag am 16.9. wird mit einem Stadtfest begangen. Die besondere Verehrung der *Euphemia* zeigt sich in

Altstadtgasse in Rovinj

213is08 Foto: wl

der Anzahl der Pilger an diesem Tag, auch tragen viele Mädchen der Gegend ihren Namen.

Den 60 m hohen **Campanile** (errichtet 1654–1680 von *A. Manopola*) ziert eine Kupferskulptur der *Hl. Euphemia,* die den Fischern früher Windrichtung und Hafeneinfahrt anzeigte.

Künstlergasse

Von der Pfarrkirche die Ulica Grisla (rutschige Stufengasse!) hinuntergehend, kann der Besucher in zahllosen Kunstateliers **Malern, Feinschmieden, Töpfern und Porzellanmalern** bei der Arbeit über die Schulter schauen und deren Kunstwerke in den altstädtischen Häuschen bewundern.

Uferpromenade

Ein angenehmes Vergnügen bereitet ein Rundgang auf der sehr weitläufigen Uferpromenade rund um die Landzunge der Altstadt, beginnend an der Obala Negrija. Rund um das Hafenbecken reihen sich **Restaurants und Cafés** aneinander und bieten Tourorganisatoren Rundfahrten und Ausflüge an. Weiter um den Kirchhügel herum bis

Rovinj
Bade-
plätze
Vladimira Svalbe
Bregovita del Monte
P. Stancovich
Casale
Grisia
Setalište braće Gnot
Montalbano
Trevisol
Sv. Križa
1
2
3
4
5
6
17
18
0
100 m

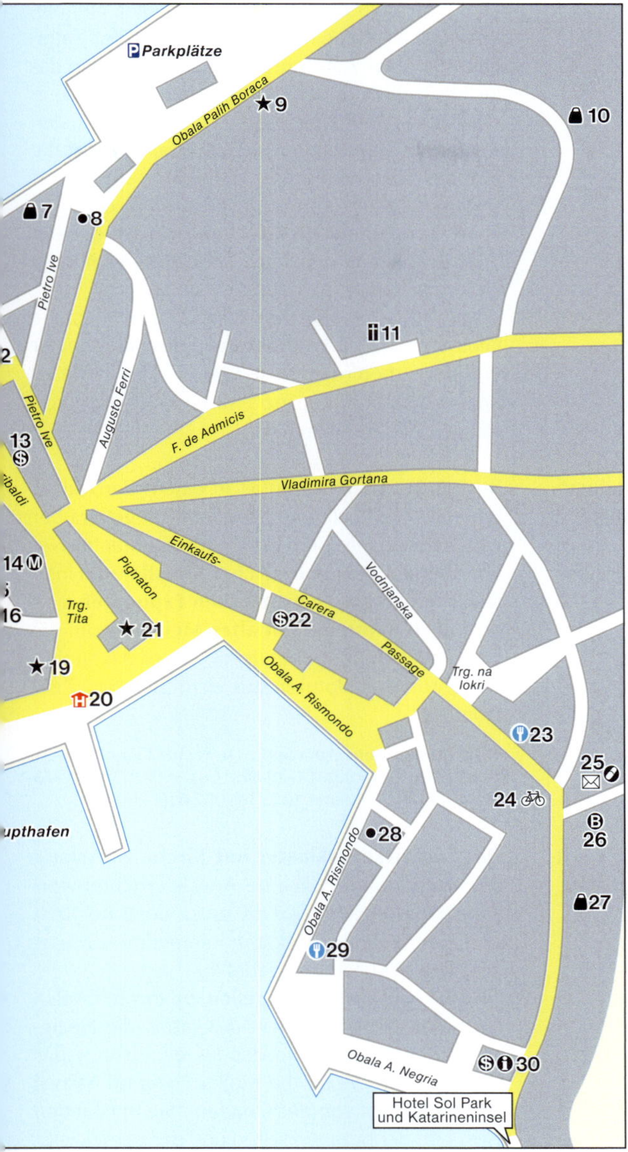
Parkplätze
Obala Palih Boraca
9
10
7
8
Pietro Ive
11
Augusto Ferri
2
Pietro Ive
F. de Admicis
13
Vladimira Gortana
ibaldi
Einkaufs-
Carera
Passage
Pignaton
Vodnjanska
14
16
Trg. Tita
21
22
19
Trg. na lokri
20
Obala A. Rismondo
23
25
24
26
upthafen
28
27
Obala A. Rismondo
29
Obala A. Negria
30
Hotel Sol Park und Katarineninsel

zum Trg Valdibora ist es deutlich ruhiger, hier bieten sich zahlreiche Felsnischen unmittelbar unterhalb der Stadt zum **Baden** an, und man kann das lustige Treiben der Fischer- und Ausflugsboote in der Bucht von Rovinj beobachten. Den zentralen Punkt der Stadt bildet der **Trg Tita,** wo das alte Rathaus, das historische **Balbi-Tor** (1680), das städtische Museum und insbesondere der markante **venezianische Glockenturm** im Stil der Spätrenaissance der Stadt ein unvergleichliches Flair verleihen.

Vom Museum führt die Ulica Garibaldi (siehe Glossar) zum **Trg Valdibora,** wo das Stadttheater und der farbenfrohe Obst- und Gemüsemarkt zu finden sind. Eher neosozialistisch mutet das uferseitige Kriegerdenkmal an.

Heimatmuseum

Rovinjs Heimatmuseum ist in einem Barockbau (ehemals Stadthalle) im Stadtzentrum gegenüber vom „venezianischen Turm" untergebracht. Neben **Werken zeitgenössischer Künstler** und interessanten **stadtgeschichtlichen Exponaten** sind dort auch **Sammlungen alter Meister** (vom 15. bis zum 19. Jh.) zu besichtigen, ein Teil davon sind polychrome Skulpturen aus dem gleichen Zeitraum.

- **Öffnungszeiten:** Apr.–Sept. Di–Fr 10–15 und 18–21 Uhr, Sa/So 10–14 und 19–22 Uhr, Okt.–März Di–Sa 9–15 Uhr, Eintritt 20 K, Kinder 10 K, Tel. 052-816720.

Altstadtkirchen

Das **Franziskanerkloster mit Kirche** ist Anfang des 18. Jh. in der Ulica de Amicis errichtet worden. In diesem komplexen Bau aus der Barockzeit sind eine Bibliothek und ein interessantes Museum sakraler Kunst untergebracht.

Kleine **Kirchen und Kapellen** ergänzen das Bild der Stadt: die Kirche der *Hl. Agatha,* die Heiligkreuzkirche, die Kirche des *Hl. Benedictus,* das Oratorio und die Kirche Majka Božja od Milosti (Mutter Gottes von der Gnaden). Sie entstanden zwischen der byzantinischen und der Barockzeit.

Legende zu Karte auf Seite 220

1 Hotel Rovinj
2 Dom
3 Pizzeria Da Sergio
4 Apotheke
5 Markt
6 Istarska Banka & Café Minotaur
7 Supermarkt/ Getränkehandlung
8 Marco Polo & Turist Biro
9 Aquarium
10 Supermarkt
11 Franziskanerkoster
12 Rest. Casa Mia
13 Riječka Banka
14 Stadtmuseum
15 Matteo Grill
16 Balbi-Tor
17 Touristeninfo
18 Zollamt/ Hafenmeister
19 Rathaus
20 Hotel Sol Inn Adriatic
21 venezianischer Turm
22 Zagrebačka Banka
23 Snackimbiss/ Bäckerei
24 Moped-/ Radverleih
25 Post & Apotheke
26 Busbahnhof
27 Minimarkt
28 Glob-Tour Ausflüge
29 Rest. Cantinon & Al Mare
30 Bank und Touristeninfo

Auf dem Trg na Lokvi steht das älteste Bauwerk der Stadt, eine **romanische Kirche** aus dem 13. Jh. An dem siebeneckigen Gebäude beachte man die Transenna (durchbrochene Steinplatte zum Verschließen von Fensteröffnungen) mit einer Golgatha-Darstellung.

Maritimmuseum

Unmittelbar an der Promenade Ulica Palih Boraca liegt das Maritimmuseum mit **Exponaten zur regionalen Meeresbiologie.** Für einen allgemeinen Einblick recht nett angelegt, entlockt es erfahrenen Tauchern doch gelegentlich ein Schmunzeln ...

• **Aquarium,** tgl. 9–20 Uhr, im Winter 10–17 Uhr, Eintritt: 20 K, Kinder 10 K.

Die Westküste

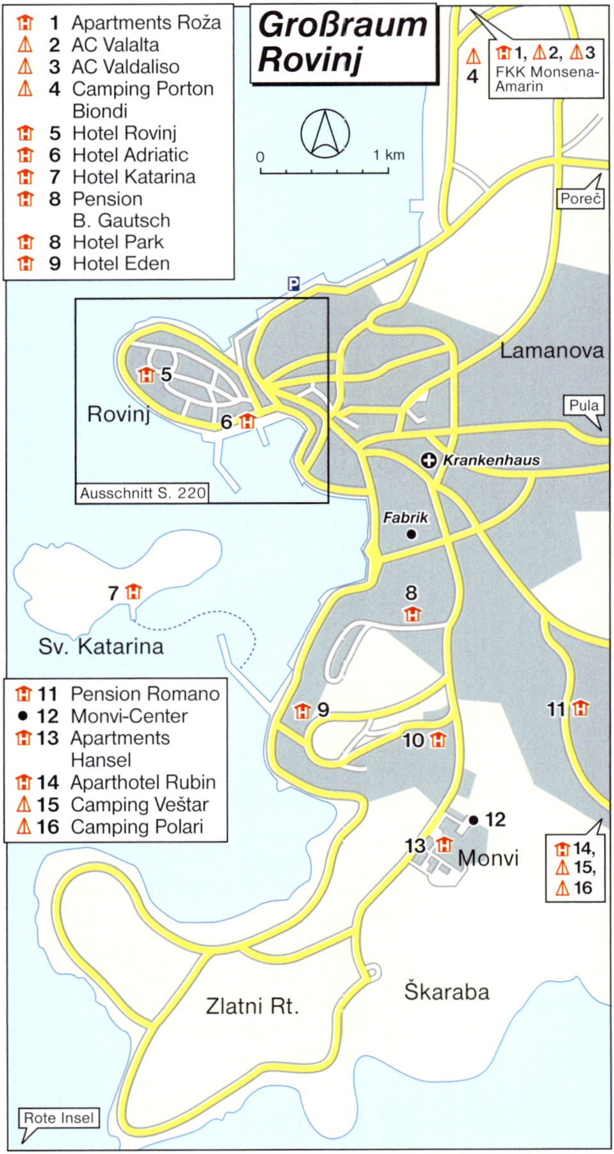

Großraum Rovinj
1 Apartments Roža
2 AC Valalta
3 AC Valdaliso
4 Camping Porton Biondi
5 Hotel Rovinj
6 Hotel Adriatic
7 Hotel Katarina
8 Pension B. Gautsch
8 Hotel Park
9 Hotel Eden
11 Pension Romano
12 Monvi-Center
13 Apartments Hansel
14 Aparthotel Rubin
15 Camping Veštar
16 Camping Polari
0
1 km
1, 2, 3
FKK Monsena-Amarin
4
Poreč
Pula
Lamanova
Rovinj
Krankenhaus
Ausschnitt S. 220
Fabrik
Sv. Katarina
Monvi
Zlatni Rt.
Škaraba
Rote Insel
14, 15, 16

Transport und Verkehr

Busverkehr

Die Verbindungen sind okay, wenn auch nicht überragend. Es besteht eine brauchbare Anbindung an die Busse nach Italien (Triest, Udine).

- **Zagreb:** 8–12x tgl.
- **Rijeka:** 7–11x tgl.
- **Pula:** etwa jede halbe Stunde von 5.50–23.40 Uhr.
- **Vrsar:** 4x tgl.
- **Buje:** 3x tgl.
- **Karlovac:** 6–10x tgl.
- **Dubrovnik:** tgl. um 19 Uhr.
- **Internationale Anbindung** besteht nach Belgrad (2x tgl.) und im Sommer Sa abends nach Süddeutschland.

Mit dem Auto in Rovinj

Rovinj liegt etwa auf halber Strecke zwischen Poreč und Pula und ist gut mit dem eigenen Fahrzeug zu erreichen. Von der Küstenstraße kommend, wird man (gut beschildert) Richtung „Centar" geleitet, an der Abzweigung des Franziskanerklosters bestehen dann aber zwei Möglichkeiten: Links **Richtung Busbahnhof** („autobusni kolodvor") gibt es wenige, jedoch kostenlose Parkmöglichkeiten, ideal wäre die unmittelbare Nähe zum Busbahnhof; am Franziskanerkloster nach rechts wird man **zur Uferpromenade** geleitet, wo ein großer gebührenpflichtiger Parkplatz direkt am Ufer liegt (6 K/Stunde).

Touristische Infrastruktur

Infos

- Offizielle Touristeninformation ist die **Turistička Zajednica Grada Rovinja,** Obala P. Budičina 12, Tel. 052-811566, Fax 816007, www.tzgrovinj.hr und www.istria-rovinj.com, sechs (!) verschiedene Öffnungszeiten: 1.) Nov./Dez. tgl. 9–18 Uhr, 2.) Jan.–März Mo–Fr 8–16 Uhr, Sa 9–12 Uhr, 3.) Osterwoche tgl. 9–13 Uhr, 4.) April Mo–Fr 8–17 Uhr, Sa/So 9–13 Uhr, 5.) Mai/Sept./Okt. tgl. 8–20 Uhr und 6.) Juni–Aug. tgl. 9–21 Uhr.

Agenturen

Touristenagenturen für **Ausflüge, Geldwechsel, Unterkunftsvermittlung usw.** liegen rund um die Uferpromenade sowie an den Ausfallstraßen, zum Beispiel:

- **Atlas,** am Hotel Sol Park, Tel. 052-813463, Fax 811241, atlas@atlas.hr.
- **Generalturist,** Trg M. Tita 2, Tel. 052-811402, Fax 813324, www.generalturist.com.
- **Kompas,** Trg M. Tita 5, Tel. 052-813211, Fax 813478, rovinj@kompas-travel.com.

Unterkunft

Privatunterkunft: Neben den Agenturen sind auch die Angebote der offiziellen Webseiten der TI (s.o.) für Zimmer- und Apartmentsuche sehr nützlich, ferner die sehr gute (mehrsprachige) lokale Seite www.rovinj-rovigno.hr. Als eine der schönsten Anlagen der Stadt seien die **Apartmani Roža** empfohlen: gelegen im Distrikt Borik knapp 2 km nördlich der Altstadt in unmittelbarer Meeresnähe (Strand) und sehr gut ausgestattet (Waschmaschine, Mikro, Sat, Internet ...), 60–130 Euro/Tag je nach Saison, Brunettija 26a (Rovinj-Borik), Tel. 098-366010, karmen.roza@gmail.com, www.rozarovinj.com. Etwas günstiger, da nicht strandnah, liegen zentrumsnäher im Bezirk Monvi die **Hansel-Apartments** für 2–6 Personen zu 40–80 Euro/Tag. Ebenfalls sehr gut ausgestattet, zusätzlich können hier Räder gemietet, Flughafentransfer arrangiert und sogar Babysitting in Anspruch genommen werden. Valpereri 30 (Rovinj-Monvi), Tel. 098-9658170, www.hansel-apartments.com.

Rovinj zeichnet sich vor allem durch ein breites Hotelangebot in Zentrum und Stadtnähe aus und erst in zweiter Linie durch Ferienbungalows. Insgesamt liegt das Preisniveau – sowohl bei der Unterkunft als auch bei der Verpflegung – in Rovinj leicht über dem Durchschnitt. Wie in Vrsar hat auch in Rovinj die Maistra-Gruppe das große Monopoly-Spiel gewonnen, die meisten Anlagen sind daher unter www.maistra.com zu finden. Im **Altstadtzentrum** liegen folgende Hotels:

- €€€**Sol Inn Adriatic**

Trg Tita/Pino Budicin, Tel. 052-803510, Fax 803520, adriatic@maistra.hr. Absolut zentrales kleines Haus mit 60 Betten.

- €€**Rovinj**

Tel. 052-811288, Fax 811257. Sehr hübsch unterhalb der Pfarrkirche gelegen.

- Ansonsten empfehlen sich in der Innenstadt (Neustadt, ca. 3 km vom Zentrum) die beiden einfachen **Privatpensionen** €**Romano,** Vukovarska 2a, Tel. 052-817275, www.romano.hr, DZ 26–34, Apartment 37–47 Euro, und €**Baron Gautsch,** Ulica Ronjgova 7, Tel. 052-840538, Fax 840537, www.baron-gautsch.com, DZ mit Balkon inkl. Frühstück je nach Saison 54–80 Euro/Tag.

223is08 Foto: wl

●Etwa 5 km südlich vom Zentrum Richtung Waldpark Zlatni Rat findet man allen erdenklichen Luxus (Sauna, Hallenbad, Freibad) im €€€€€**Hotel Eden,** Luja Adamovica bb, Tel. 052-800400, Fax 811349, eden@maistra.hr, einer modernen 750-Betten-Luxusanlage ohne Makel.
●Wer lieber näher am Ufer wohnt, dem sei das €€€€**Hotel Park,** Ulica Ronjigova, Tel. 052-811077, Fax 816977, park@maistra.hr, empfohlen. HP kostet hier umgerechnet rund 3 Euro mehr und lohnt sich unbedingt.

Wer die Abgeschiedenheit bevorzugt, kann auf zwei vorgelagerten **reinen Hotelinseln** wohnen; die Fähren für die **Insel Katarina** liegen an der Promenade vor dem Hotel Sol Park, für die **Insel Crveni Otok** am Pier der Obala Palih Boraca.
●€€€**Katarineninsel-Hotel Katarina,** Tel. 052-804100, Fax 804111, katarina@maistra.hr. Die einst österreichisch geführte Anlage ist zwar etwas in die Jahre gekommen und wird national als 2-Sterneanlage geführt, doch sind ledig-

051is Foto: wl

lich die Zimmer eher schlicht, das Areal selbst immer noch eine Attraktion.

- Auf der Insel Crveni Otok („Rote Insel", ehemalige Klosterinsel Sv Andrija) liegt der €€€€**Sol Club Istra,** Tel. 052-802500, Fax 813484, istra@maistra.tdr.hr, 15 Fährminuten von Rovinj entfernt und sehr isoliert.

Wer eine **günstigere Möglichkeit** sucht, dem seien die beiden großen Anlagen Monsena und Rubin empfohlen.

- €€**FKK-Siedlung Amarin-Monsena**
Tel. 052-802000, Fax 813354, tn-amarin@maistra.hr. Reine Naturistensiedlung, die über 1600 Gästen günstige DZ zwischen 300 und 400 K bietet.
- €€-€€€**Anlage Rubin**
Tel. 052-801400, Fax 813353, villas.rubin@maistra.hr. Hat sowohl DZ von 100–250 K als auch Apartments (120 Euro/4 Personen in der Hauptsaison) im Angebot.

Camping

Die ersten vier Anlagen liegen nördlich der Stadt, die ersten drei verfügen über ein Basisangebot an Freizeitaktivitäten (Bootsverleih, Tennis etc.).

- €€€**AC Valalta**
Tel. 052-804800, Fax 821004, www.valalta.hr. Nahe Lim-Fjord, ca. 6 km vom Zentrum entferntes FKK-Camp.
- €€**AC Monsena** (FKK)
Tel. 052-813044, Fax 813354, amarin@maistra.hr. Ca. 5 km vom Zentrum entfernt.
- €€**AC Valdaliso**
Tel. 052-805505, Fax 811541, www.rovinjturist.hr. 4 km bis zur Innenstadt.
- €€**AC Porton Biondi**
Tel. 052-813557, Fax 811509, www.portonbiondi.hr. Auf der Landzunge nördlich der Stadt und somit zentrumsnächster Platz (3 km), aber keinerlei Freizeitangebot.
- €€**AC Polari**
Tel. 052-801501, Fax 811395, www.maistra.com. 4 km außerhalb, mit dem breitesten Freizeitangebot.
- €€**AC Veštar**
Tel. 052-829150, Fax 829151, www.maistra.com. 5 km bis Rovinj.

Die beiden letzten Plätze liegen südlich der Stadt.

Essen & Trinken

Rovinjs Lokalitäten bieten **für jeden etwas,** vom einfachen Snackimbiss bis zum Gourmet-Restaurant.

- Der **Snackimbiss/Bäckerei** in der Carera (nahe Busbahnhof) bietet große Burek (12 K), Kuchen und Sandwiches.
- Die **Café/Bar Minotaur** (Pietro Ive) wird für sehr gute Kuchen gerühmt.

Der venezianische Glockenturm in Rovinj

●Für preiswerte Kleinigkeiten bietet sich die **Snackbar Adria** in der Grisia Ul. an.

●Günstig ist die **Pizzeria da Sergio,** Grisia 11, Tel. 052-816949, schon oft Sieger der nationalen Kategorie „Beste Pizzeria Istriens". Die Gäste äußern sich sehr zufrieden ...

●In der mittleren bis gehobenen Preisklasse empfiehlt sich das **Casa Mia** (Pietro Ive, gegenüber vom Kriegerdenkmal) mit Fleischplatte zu 140 K/2 Personen und Fisch zu 180 K/ 2 Personen.

●Das **Cantinon** (besser als das benachbarte Al Mare) in der Ul. Negrija/Ecke Rismondo 17 (Uferpromenade) tischt sehr gute Fischgerichte auf.

●Der **Matteo Grill** in der Ulica Garzotto (im Torbogen linker Hand, Tel. 814109) überrascht mit feinen und recht preiswerten Fleischgerichten.

●Leser empfehlen die **Konoba Nada** etwas außerhalb (von Rovinj in nördliche Richtung die Küstenstraße Richtung Camping Valalta fahrend, kurz vor dem Camp beschildert). In einem hübschen Garten werden istrische Gerichte mit frischem Gemüse aus eigenem Anbau serviert. Sehr ruhiges und angenehmes Ambiente.

Aktivitäten

Tauchen:

●Das **Diving Center Scuba Rovinj,** Trg Mateotti 10, Tel. 052-830731, Fax 830732, www.scuba-valdaliso.de, mit seinen drei individuellen Zentren hat sich innerhalb kurzer Zeit zu einer der besten Adressen für Taucher oder diejenigen, die es werden wollen, entwickelt.

●**In Deutschland: Tauchschule Eder & Leeb,** Sulzbacher Str. 1, 94152 Neuhaus am Inn, Tel. 08503/8010, Fax 8630, eder.tauchsport@t-online.de.

Bootsfahrten:

Die zahllosen Touristenagenturen wie auch Anbieter unmittelbar an den Anlegestellen offerieren die übliche Palette an Ausflügen und Touren. Besonders gefragt sind Tagestouren nach Venedig (350 K) und Rundtouren um Rovinj, meist in Form so genannter „Fischpicknicks" (ab 140 K).

Radfahrer finden mehrere größere Routen unter www.istria-bike.com (Captain Morgan Route oder Sv Eufemija Tour).

Unterhaltung

●**Monvi,** das **größte Vergnügungszentrum Kroatiens** (nahe Hotel Eden), liegt etwa 1 km vom Zentrum Rovinjs entfernt. Auf einer Fläche von 6000 m² findet sich für jeden Geschmack und jedes Alter unter den Nachtschwärmern das Richtige: Bierstube, Pizzeria, Fastfood, Eisdiele, Amphitheater, Cabaret, Diskothek, Spiele, Programme mit nationalen und internationalen Stars. Geöffnet rund um die Uhr! Monvi-Center, Luja Adamovica, Tel. 052-545117, www.monvicenter.com.

●Gediegene Abendunterhaltung mit Tanz bieten im Sommer die **Ferienanlagen/Camps** Monsena, Valalta und Valdaliso an.
●Zwei **Casinos** locken zum Verlust der Urlaubskasse: Casino Automat Club Istra, Pietro Ive 9, und Adria Casino (schwimmendes Casino), Ulica Rismondo.

Sonstiges

●**Erste Hilfe:** Die Ambulanz des Rettungsdienstes Rovinj arbeitet rund um die Uhr (Istarska Ulica, hinter dem Busbahnhof), Tel. 052-813004.
●**Apotheken:** Stadt-Apotheke, Ulica M. Benussi-Cio, Tel. 052-813589, 8–21 Uhr; Apotheke Centener, Trg Ulica 2, Tel. 052-811140, 8–21 Uhr.
●**Post:** Ulica M. Benussi-Cio, Tel. 052-811466; in der Sommersaison geöffnet von 7–21 Uhr.
●**Banken** (mit Maestro-Automaten) im Zentrum: Zagrebačka Banka, Obala Rismondo (Uferpromenade) und Pietro Ive; Riječka Banka, Trg Tita (gegenüber vom Museum).
●Zwei riesige Supermärkte mit großen Getränkeabteilungen lassen keine Wünsche offen: Der **Diskont-Markt** in der Obala Palih Boraca hat einen eigenen Getränkemarkt (außen unten), besser für Selbstfahrer ist der **Supermarkt** am Franziskanerkonvent (von der Boraca den Bogen hinauf, gleich links großer Parkplatz).
●**Mopeds** und **Räder** werden rund um den Busbahnhof vermietet (Fahrrad ab 60 K/Tag, 20 K/Stunde); Touristenagenturen an der Uferpromenade organisieren **Mietwagen.**

Die Westküste

Vodnjan

↗ B3

Pfarrkirche Sv Blaž

Von West- oder Zentralistrien kommend, führen Richtung Pula alle Wege über Vodnjan **(5700 Einwohner),** ein ältliches Städtchen ohne jeglichen Trubel, in dem die Zeit stehen geblieben zu sein scheint. Die – etwas übertrieben propagierte – Hauptattraktion ist die Pfarrkirche Sv Blaž mit ihren **mumifizierten Leichen** von Lokalheiligen, die in einer geheimen Behandlung lediglich unter Lufttrocknung präpariert wurden und teilweise mehrere Jahrhunderte überstanden haben (ein ähnliches Verfahren ist in Europa nur noch vom Franziskanerkonvent Floriana auf Malta bekannt). Die Gruft liegt in der hinteren linken Ecke der Kirche und wird tgl. von 9–19 Uhr den Besuchern zugänglich gemacht. Die Kirche selbst wurde um

1800 im neobarocken Stil über mehreren Vorgängerbauten errichtet und birgt einige interessante **Sakralrelikte** wie ein venezianisches Polyptychon aus dem Jahr 1321 und Hunderte von gläsernen und hölzernen Miniaturen.

Am kleinen Parkplatz nahe der Kirche liegt das **Restaurant Roko,** gegenüber ein **Turist Biro** für Unterkunft, Geldwechsel usw. Ausführliche Infos zu der Kirche und weiteren in der unmittelbaren Umgebung bietet das **Heftchen „Geistliche Itinerarien in und um Vodnjan",** welches kostenlos bei der TG Istrien angefordert werden kann.

Fažana

↗ A/B3

Fischerdorf

Fažana, ein kleines Fischerdorf zwischen Vodnjan und Pula, dient vornehmlich als Ausgangspunkt für **Touren zum Nationalpark Brijuni.** Unmittelbar am Pier liegt das offizielle Parkbüro, wo Rundtouren und Unterkünfte gebucht werden können (Tel. 052-525888, www.brijuni.hr).

Der Ort selbst wirkt sehr ruhig, sehenswert ist vor allem die dreischiffige **Pfarrkirche Sv Kosma** mit einem berühmten Gemälde des heiligen Abendmahls von Z. *Ventura* (1578). An der Hauptstraße steht die kleine **Kapelle Maria del Carmine** aus dem 14. Jh. mit Säulenvorhof und unveränderten Deckenmalereien. Baden empfiehlt sich in Fažana wegen des Seetangs weniger.

Unterkunft

- €€**Bi Village**
Tel. 052-300300, Fax 380711, www.bivillage.com, hinter dem Ortsausgang Richtung Pula (Zimmer und sehr schöne, großzügige Ferienwohnungen/Bungalows).
- Noch recht neu im Geschäft ist das ufernahe **Amfora-Hostel,** Vladimira Gortana 10, Tel. 521068, amfora.fazana@gmail.com, mit 12 DZ und einem 4er-Zimmer ab 35 Euro.
- Bekannter sind aber die **Campingplätze** €€€**AC Valbandon,** Tel. 052-521088, Fax 521883 (unmittelbar hinter dem Ortsausgang), sowie kurz vor Pula das kleine €€€**AC Puntižela,** Tel. 052-517490, Fax 517399, www.puntizela.hr.

Karte Umschlag vorn, Brijuni S. 235

- Neu vor Ort ist das €€**AC Pineta** des Club Adriatic (Tel. 052-521884, www.club-adriatic.hr) mit 600 Stellplätzen und Radverleih.

Sonstiges

- **Touristeninformation am Hafen,** Tel. 052-383727, www.fazana.hr, hier auch das **NP-Brijuni-Büro,** geöffnet Mo bis Sa 8–20 Uhr, Tel. 052-525883, www.brijuni.hr.
- An der Uferpromenade (links vom NP-Büro) liegen die **Istarska Banka,** die **Post** sowie eine **Apotheke.**
- **Stadtbusanbindung nach Pula** ca. 10–12x tgl. an der Hauptstraße.
- Empfehlenswerte Lokale sind die **Pizzeria Agava** (Riva 15, gut und günstig) sowie die **Konoba Plavi** (Trg Sv. Kuzme i Damjana 2, Mittelklasse) mit guten Fischgerichten.

Brionische Inseln

↗ A3

Allgemeines

Die **Inselgruppe Brijuni,** unmittelbar vor Fažana und nur rund 7 km von Pula entfernt gelegen, umfasst insgesamt etwa 36 km² (Landfläche 7,4 km²). Hauptinseln sind **Veli Brijun** (5,6 km²) und **Mali Brijun** (1,1 km²), hinzu kommt eine Reihe kleiner Inselchen und Riffe. Aufgrund des milden Klimas und der hohen Luftfeuchtigkeit entwickelte sich auf dem Archipel eine **außergewöhnliche Artenvielfalt** mit nahezu 700 Arten an Blumen, Sträuchern und Bäumen (Lorbeer, Rosmarin, Oliven, Pinien, Zedern, Eukalyptus, Bambus). Klima, Vegetation und Geschichte der Inseln haben dazu geführt, dass seit jeher ein großes Interesse an dieser Inselgruppe besteht, die 1983 zum **Nationalpark** erklärt wurde und heute als eines der großen Highlights einer Kroatien-Reise propagiert wird. Dabei muss letztlich jeder für sich selbst entscheiden, ob der Anblick von afrikanischen Zebras und südamerikanischen Lamas in Kroatien einen touristischen Höhepunkt darstellt oder nicht. Die historischen und zeitgeschichtlichen Gegebenheiten lohnen jedenfalls einen Besuch der Inselgruppe.

Geschichte

Besiedelt schon in der Jungsteinzeit, fiel die Inselgruppe im Jahre 177 an das Römische Reich, nach dem Untergang Westroms (476) an Byzanz. Von

776 an folgten die Inseln den wechselhaften Besitzungen des Festlandes, ehe sie 1331 in venezianischen Besitz kamen. Danach geriet das Archipel für Jahrhunderte in Vergessenheit, da mehrere **Malariawellen** die Bewohner zur Flucht zwangen. Erst im späten 19. Jh. (1893) kaufte der **Industrielle P. Kuppelwieser** die Inseln für 75.000 Gulden und plante ein Sommerresort. Er bat den berühmten deutschen Nobelpreisträger *Robert Koch* um Hilfe, der die Inseln binnen zweier Jahre von der Malaria befreite. Anschließend baute *Kuppelwieser* die Hotels Brijuni, Carmen und Neptun, eine unterseeische Wasserleitung zur Trinkwasserversorgung, ließ den Badestrand und das erste geheizte Meerwasser-Hallenbad anlegen, die historischen Stätten touristisch „aufputzen" und schließlich 1913 einen **Safaripark** mit afrikanischem Großwild anlegen – was keinen Geringeren als Kaiser *Wilhelm II.* entzückte, der das Archipel sechsmal besuchte. Weitere Monarchenbesuche folgten, es wurden Sportarten der feinen Gesellschaft (Polo, Tennis) angeboten, sodass rasch der Ruf der Exklusivität etabliert war. Im 2. Weltkrieg diente Brijuni als Erholungsinsel der Achsenmächte, was bis 1945 zu mehreren Bombardements führte. Nach dem Ende des Krieges wurden die Inseln zum **Präsidentenbesitz Marschall Titos** erkoren, was zur Einstellung des allgemeinen Tourismus führte (Sperrgebiet). Lediglich führende Politiker (u.a. *W. Brandt, N. Chruščov*) oder Hollywood-Megastars wie *Liz Taylor* und *Richard Burton* gehörten zu den wenigen Glücklichen, denen ein Besuch in *Titos* Privatreich vergönnt war. Nach *Titos* Tod folgte 1983 die Erhebung zum Nationalpark, und nach dem Ende des alten Jugoslawien übernahm *F. Tuđman* als Präsident von Kroatien die Besitzungen seines berühmten Vorgängers. Gleichzeitig wurde ein **kontrollierter Tourismus** erlaubt, auch werden die mittlerweile zu Top-Class-Hotels umgestalteten Hotelanlagen von Veli Brijun als Kongresszentrum genutzt.

Römisches Kastell

Die gut erhaltenen Relikte der römischen Anlage in der **Verige-Bucht** auf der Hauptinsel gelten als ein besonderes Beispiel für die **ländliche Architektur der römischen Antike.** Der Grundriss der Kastellanlage folgt dem Küstenverlauf (ursprünglich auf einer Länge von 1 km). Die Anlage beinhaltete neben eng aneinander gebauten ländlichen Unterkünften eine Galeeren-Anlegestelle mit Wellenbrechern. Im Zentrum des Kastells wurden die Spuren dreier Tempel gefunden, gewidmet Neptun, Venus und einer noch nicht bestimmbaren Gottheit. Auch ein Thermalbad gab es in dieser Anlage des 1. Jh., Mosaikböden sind noch in Ansätzen erkennbar. Die Gesamtanlage bildete eine architektonische Einheit; die Einzelbauten waren durch Wege verbunden, die alle in einer seeseitig offenen Säulenloggia zusammentrafen.

Byzantinisches Castrum

Die **Verteidigungsanlage** in der **Bucht von Dobrika** ist von einem symmetrischen Grundriss mit starken Verteidigungsmauern gekennzeichnet. Die Anlage war den Spuren zufolge vom 4. bis ins 16. Jh. durchgehend bewohnt; als Gebetsstätte diente eine **dreischiffige Basilika (Sv Marija)** in unmittelbarer Nähe. Benediktinermönche errichteten neben der Kirche eine **Abtei,** die aber wegen der Pest (1312) und späterer Malariaplagen verlassen und erst zwischen dem 16. und frühen 18. Jh. wieder benutzt wurde.

Provinzmuseum

Im kleinen Ort **Brijuni** an der Anlegestelle liegen einige weitere Attraktionen sowie gute Bademöglichkeiten (westlich des Hotels Neptun). 1955 wurde unter *Tito* ein Provinzmuseum im restaurierten venezianischen Kastell und im Wachtturm gegründet. Paläontologische, archäologische und kulturhistorische Ausstellungsstücke beleuchten die frühe, aber auch die jüngere Geschichte der Inseln, insbesondere die Ära *Tito*.

●**Öffnungszeiten:** tgl. 9–13 und 17–22 Uhr, Eintritt in der Tour inbegriffen.

Safaripark und Garten

Das **Wild im Safaripark** wirkt ein wenig deplatziert, bildet für jüngere Besucher jedoch den Höhepunkt einer Brijuni-Tour. Weit romantischer erscheint ein Spaziergang durch die hübschen Gartenanlagen, die mit ihren Hainen, **seltenen Baumarten** und der unglaublichen **Blumenvielfalt** jeden Besucher in ihren Bann ziehen – das Frühjahr ist hierfür die beste Zeit.

Praktische Hinweise

Ein **Besuch Brijunis** ist **beschränkt auf die Hauptinsel Veli Brijun,** da die restlichen Inseln dem breiten Publikum nicht zugänglich sind. Ein **Besuch des Nationalparks** ist derzeit von mehreren Orten aus möglich: In Pula und Rovinj etwa bieten die Touristenagenturen etwas teurere Komplettpakete an, von Fažana aus kann man eine **Tour** auch auf eigene Faust durchführen. Direkt am Kai in

232is08 Foto: wl

Fažana liegt das offizielle **Parkbüro,** wo Tickets gelöst und Standardtouren gebucht werden können: Juni bis Aug. 220 K, April/Mai und Sept./Okt. 180 K, Kinder jeweils die Hälfte. Die **Standardtour** (rund 4 Stunden) beinhaltet die zehnminütige Überfahrt und eine Rundfahrt auf Veli Brijun mit der Touristenbahn einschließlich Besichtigung aller kulturhistorischen Sehenswürdigkeiten (u.a. Sammlung „Tito auf Brijuni", byzantinisches Castrum und römische Villa).

Infos

- Information und Buchung unter **NP Brijuni,** 525807 Brijuni, Tel. 052-525882, Fax 521367, www.brijuni.hr, sowie im **NP-Brijuni-Büro in Fažana,** geöffnet Mo bis Sa von 8–20 Uhr, Tel. 525883, ebenfalls www.brijuni.hr.

Unterkunft

Die **Hotelanlagen Neptun-Istra und Carmen-Dep.** (€€€-€€€€) dienen vorwiegend als mondäne Tagungs- und Konferenzhotels; im Carmen beginnen die DZ-Preise bei 48 Euro (Nebensaison) und steigen in saisonalen Stufen bis 160 Euro, das Neptun-Istra kostet 70–188 Euro im DZ, inkl. Frühstück und Bootstransfer von/bis Fažana. Neben so banalen Freizeitbetätigungen wie Schwimmen werden von den Hotelanlagen auch Tennis, Reiten, Golf und Yachtfahrten angeboten; am Abend locken dann die Hotelcasinos.

234is08 Foto: wl

Pula

Allgemeines

↗B3

Größte Stadt Istriens

Von Fažana Richtung Pula (ital. Pola) reisend, erlebt der Besucher eine **spürbare Landschaftsänderung.** Bot die Westküste bislang das Bild eines dicht besiedelten, kleinstädtischen und für den Tourismus entwickelten Küstenabschnitts mit landwirtschaftlich geprägtem Hinterland, ändert sich nun dieser Eindruck: Zum einen wird das Hinterland – und das spürt man vor allem an der Ostküste – deutlich karger, ohne jedoch den unwirtlichen Eindruck der südkroatischen Küste zu erwecken, zum anderen ist der „Rest" der istrischen Küste wesentlich stärker zersiedelt als der Nordwesten. Eine Art Zentrum bilden hier die Metropole Pula und das ihr vorgelagerte Feriengebiet der Medulin-Landzunge.

Mit rund **65.000** (mit Randgemeinden über 80.000) **Einwohnern** ist Pula nicht nur die größte Stadt Istriens, sondern auch das **kulturelle, wirtschaftliche** und **inoffiziell auch politische Zentrum** der Halbinsel (offizielle Hauptstadt ist Pazin). Insbesondere die römische und die österreichische Phase der Geschichte hinterließen beeindruckende Spuren, die heute eine herausragende Rolle unter den Monumenten Istriens spielen – mit Fug und Recht gilt der Rat: „Fremder, der du durch Istrien reisest, vergesse Pula nicht!"

Seit 1972 ist Pula übrigens Partnerstadt von Graz, seit 1971 bereits von Trier.

Das heutige Pula zeigt sich dem Besucher als **blühende Metropole** der istrischen Halbinsel mit ausgedehnten Hafenanlagen, suburbanen Wohnvierteln, Museen, Theatern, Bibliotheken und einem großzügigen, einladenden Altstadtkern mit Sehenswürdigkeiten aus den unterschiedlichsten Epochen. Vor allem aber scheint die geistig-kulturelle Ausnahmestellung der Stadt überall greifbar zu sein, eine Atmosphäre der Überlegenheit ist allgegenwärtig, welche Pula von anderen nordkroatischen Städten unterscheidet.

Bild auf den Seiten zuvor: Das Amphitheater von Pula

Die **Straßenschilder** sind übrigens bewusst **zweisprachig lateinisch (!) und kroatisch** sowie zweifarbig grün/gelb in den **istrischen Wappenfarben** gehalten (gelbes Kreuz auf grünem Hintergrund). Dies sind auch die Farben der istrischen Unabhängigkeitspartei IDS (siehe „Staat und Politik"); auch die neueren Stadtbusse glänzen in den istrischen Farben.

Stadtgeschichte

Lange Besiedlung

Altsteinzeitliche Funde deuten auf eine frühe Besiedlung vor rund 35.000 Jahren hin. Der illyrische Volksstamm der **Histrer** (siehe Glossar) errichtete um 1700 v.Chr. eine erste Befestigung am heutigen Kastell sowie im nahe gelegenen Nesaticum. **Griechische Legenden** (Argonautensage) erwähnen den Ort unter dem Namen Polai („Flüchtlinge"). Die römische Geschichte beginnt mit dem Sieg Roms über die Histrer um 177 v.Chr. Mit dem Ende des ersten vorchristlichen Jahrhunderts begann eine intensive **römische Kolonisation,** Pula erhielt 43 v.Chr. den offiziellen Status einer römischen Kolonie. Aus der römischen Epoche blieb insbesondere das berühmte Amphitheater als unvergleichliches Monument erhalten.

Vom Fall Roms (476) bis zum Frankenreich (788) wurde Pula zunächst dem Territorium von **Ravenna** zugeschlagen. Unter den **Franken** wurde insbesondere der Hafen ausgebaut und für den Handel erweitert. Von 1331 bis 1797 kam Pula, wie viele istrische Städte, unter die Regentschaft **Venedigs** (eine ruinöse Phase für die Stadt). Erst mit der anschließenden **österreichischen Herrschaft** wurde die Bedeutung Pulas als strategischer Kriegshafen begründet: 1876 entschied der Kaiserhof in Wien, eine **Bahnlinie von Wien nach Pula** zu bauen, weshalb eine Abzweigung an die Route Wien – Laibach (Ljubljana) angeschlossen wurde. 1886 wurde der Kriegshafen fertig gestellt und 1911 schließlich durch eine direkte Bahnlinie Wien – Pula ergänzt. Im gesamten südwestlichen Stadtgebiet von der Landzunge Uljanik bis zum Puljiski Zaljev (heute Werftengebiet) entstanden Marinegefängnis, -arsenal, -akademie, -spital und umfangreiche Docks für einen reinen **Kriegshafen.** Die kleine vorgelagerte Oliveninsel war ein abgeschottetes, geheimes Konstruktionsarsenal für Marinewaffen und somit Stoff etlicher Spionagegeschichten.

Nach dem 1. Weltkrieg fiel Pula gemäß dem Vertrag von Rapallo an **Italien** und wurde 1943 nach der italienischen Kapitulation bis 1945 von der deutschen Wehrmacht besetzt. Nach einer kurzen Übergangsphase übergaben die Alliierten die Stadt 1947 an das sozialistische Jugoslawien *Titos.*

Sehenswertes

Amphitheater

Es dürfte nicht übertrieben sein, zu behaupten, eine Reise durch Istrien werde erst durch den Besuch des römischen Amphitheaters abgerundet.

238is08 Foto: wl

053is Foto: wl

So wie der Eiffelturm für Paris und das Brandenburger Tor für Berlin, stellt auch Pulas meistfotografiertes Bauwerk ein **Wahrzeichen** für die Stadt wie auch die Region dar, welches völlig zu Recht zu den von der UNESCO geschützten Bauwerken zählt.

Die elliptisch auf **132 x 105 m** angelegte Arena mit ihren 31 m hohen Wänden dominiert den nördlichen Hafenbereich wie auch das Zentrum. Soweit rekonstruierbar, wurde das Theater im 1. Jh. unter Kaiser *Vespasian* errichtet, angeblich auf Wunsch einer seiner Mätressen, die in Pula gebürtig gewesen sein soll. Mit einer Zuschauerkapazität von **23.000 Menschen** ist es das sechstgrößte erhaltene Amphitheater im gesamten antiken Imperium Romanum.

Im 15. Jh. – unter venezianischer Regentschaft – wurden Unmengen an Baumaterialien abgetragen und nach Venedig für dortige Bauten verschifft.

Weltkulturerbe und Wahrzeichen der Stadt – das Amphitheater von Pula

Heute ist die Anlage im Großen und Ganzen **ausgezeichnet restauriert.** Man muss diese Arena einfach gesehen haben: Mit ein wenig Fantasie sieht man vor dem geistigen Auge Löwen, Bären und nubische Sklaven miteinander ringen und erinnert sich unwillkürlich an die ersten Lateinstunden: „Hodie in colosseo sunt, gladii crepant, tubae sonant!" (Wir sind heute im Amphitheater – die Schwerter klirren und die Tuben ertönen!).

Unterhalb der Tribünen wurde in den ehemaligen Katakomben ein kleines **Museum** mit Erläuterungen zur Entstehungsgeschichte und mit römischen Alltagsgegenständen eingerichtet (im Eintrittspreis inbegriffen).

- **Öffnungszeiten:** Das Amphitheater ist tgl. von 8–20, im Winter von 9–16.30 Uhr geöffnet, Eintritt: 30 K, Kinder die Hälfte. Ein Besuch empfiehlt sich sehr früh oder später am Tag, denn vormittags nutzen viele Geschichts- und Lateinlehrer die Anlage für eine lebendige Unterrichtsgestaltung! Infos/Gruppenanmeldungen usw. unter Tel. 052-219028.

Der istrische Asterix

Jeder kennt *Asterix,* jenen kleinen, zwirbelbärtigen gallischen Erzrivalen des SPQR-Imperiums (*senatus populusque romanus,* lat.: der Senat und das römische Volk), verkörpert durch *Gaius Julius Caesar.* Doch *Asterix* ist eine erfundene Comic-Figur; kaum jemandem aber dürfte bekannt sein, dass just in Pula ein **Wildschweinjäger namens Kršan** die Römer tatsächlich gelegentlich das Fürchten lehrte: Der als Trunken- und Raufbold bekannte *Kršan* soll – so die zweifelhafte Legende – mehrfach auf dem Heimweg aus den örtlichen Schenken römische Patrouillen alleine gehörig aufgemischt und einige Legionäre ins Hafenbecken geworfen haben. Als Strafe sollte der Aufmüpfige zehn Stück Wild bringen – er aber brachte zehn römische Soldaten, die Worte gröhlend, „Da habt ihr eure zehn Stück Wild" –, wofür er im Amphitheater im Kampf gegen zwei Löwen mit bloßen Händen sein Mütchen kühlen durfte. Den Löwen soll es übel ergangen sein ...

241is08 Foto: wl

Hinweis: Bei der Touristeninformation (nicht immer vorrätig!) und hauptsächlich im Amphitheater kann man eine Komplettkarte für 50 K (Kinder 25 K) erwerben, die zum Eintritt ins archäologische Museum, den Augustustempel, das Amphitheater und das historische Museum berechtigt.

Fußgängerzone

Einen Stadtrundgang setzt man vom Amphitheater zweckmäßigerweise über die Istarska Ulica Richtung Porta Rata fort. Hier kreuzt die Fußgängerzone die **Flanatička,** eine lebhafte und geradezu üppige Einkaufsstraße mit topmodernen Boutiquen, Juwelierläden, Luxusgeschäften und vielem mehr. Farbenprächtiger Höhepunkt dürfte der **größte istrische Markt am Narodni Trg** sein.

Eingang in die Altstadt durch den Sergiusbogen

Nirgendwo sonst wird eine solche Vielfalt an Obst, Gemüse und anderen Erzeugnissen der Region angeboten und kaum irgendwo so preiswert. In der großen Markthalle sind im Obergeschoss etliche sehr günstige Cafés, Bistros und Restaurants untergebracht, im Erdgeschoss befinden sich der Fleisch- und Fischmarkt.

Sergiusbogen

Westlich der Flanatička führt ein alter Torbogen in die Altstadt. Dieser **Triumphbogen** wurde etwa 30 v.Chr. im Auftrag des römischen Gouverneurs *Salvia Sergius* als Baudenkmal für römische Würdenträger errichtet. Am **Vorplatz Trg Portarata** bieten Straßenkünstler ihre Andenken und Bilder feil, jüngere Anhänger der Muse bemühen sich mit Saiteninstrumenten um eine Erhöhung des Taschengeldes. Hinter dem Torbogen beginnt die **Ulica Sergijevaca** (Sergius-Straße), eine teilweise gepflasterte, urige und sehr belebte **Fußgängerzone,** die gleichsam als zentraler Rundweg durch den Altstadtkern mit seinen prachtvollen historischen Bauwerken führt.

Sv Marija Formosa

Ein Stückchen die Sergijevaca hinein liegt linker Hand eine kleine **gotische Kapelle** aus dem 15. Jh. Die nächste größere Gasse (Maksimilianova) links hinunter führt zur ehemaligen Basilika Sv Marija Formosa, einer **byzantinischen Basilika** aus dem 6. Jh., die alten Bildbänden zufolge ähnlich grandios gewesen sein muss wie die Basilika von Poreč. Leider wurden wesentliche Bauteile gestohlen, abtransportiert und zum Bau der San-Marco-Kirche in Venedig verwendet. Geblieben sind eine Nebenkapelle mit den Fragmenten eines Mosaiks sowie einige Wandmalereien.

Das Rathaus von Pula steht auf einem römischen Diana-Tempel

Römische Villa

Unweit von Sv. Marija Formosa wurden nach dem Zweiten Weltkrieg am Ende des Vicolo della Bissa Überreste einer römischen Villa gefunden. Eine 12 x 6 m große Mosaikfläche aus dem 3. Jahrhundert wurde dort konserviert: Die zentrale Szene des Mosaiks zeigt die **„Bestrafung der Dirke":** *Dirke* wurde, da sie ihre Nichte *Antiope* aus Eifersucht gequält hatte, von den beiden Söhnen der *Antiope, Amphion* und *Zethos,* an die Hörner eines Stieres gebunden und durch das Gebirge geschleift, bis *Dionysos* sie in eine Quelle verwandelte.

Sv Franje

Wieder zurück auf der Sergijevaca führt kurz vor dem Trg Republike die Ulica Lupetine Sv Franje rechts zum **Franziskanerkonvent.** Die Ordenskirche aus dem Jahre 1314, gebaut auf den Fundamenten einer Vorgängerkirche von 1227, zählt zu den schönsten ihrer Art. Schon das reich dekorierte Portal mit einer achteckigen romanischen Rose beeindruckt; Prunkstück aber ist ein geschnitztes,

056is Foto: wl

farbenprächtiges **Polyptychon** (siehe Glossar) aus dem späten 14. Jh. aus der Vivarini-Schule; es ist eines der schönsten Stücke gotischer Holzschnitzkunst auf istrischem Boden.

Augustus-Tempel

Die Sergijevaca weitergehend, öffnet sich unvermittelt der Platz der Republik (**Trg Republike,** auch Forum genannt), ein prächtiger Zentralplatz schon aus römischer Zeit und wunderbares Fotomotiv für alle Besucher der Stadt. Als auffälligstes Monument sticht der große Augustus-Tempel ins Auge, errichtet im 1. Jh. n.Chr. zu Ehren der Göttin *Roma* und des Kaisers *Augustus*. Der Tempel wurde auf einem Podium mit einem Portikus aus sechs korinthischen Säulen sowie einer geschlossenen Cella (Zentralschrein mit Götterstatue) gebaut.

• **Öffnungszeiten:** Der Tempel ist von 9.30–13.30 und 17–20 Uhr geöffnet, an Wochenenden nur vormittags; Eintritt in den Innentempel: 10 K, Kinder 5 K.

055is Foto: wl

Rathaus

Unmittelbar neben dem Augustus-Tempel steht das Rathaus **aus dem Jahre 1296,** errichtet direkt auf einem römischen Diana-Tempel (bzw. um ihn herum). Das Rathaus wurde mehrfach restauriert und erweitert, unter anderem 1653 um den ebenerdigen Portalgang (Loggia). Achtung: Wegen archäologischer Grabungen ist der gesamte Rathausvorplatz derzeit nicht zugänglich.

Sv Marija

Hinter dem Trg Republike heißt die zentrale Fußgängergasse **Ulica Kandlerova.** Nach 250 m trifft man auf den **Trg Sv Tome** mit der **Kathedrale** Sv Marija. Das **dreischiffige** Gotteshaus wurde im 5. Jh. errichtet und im 15. Jh. erstmals aufwendig restauriert. Ein Sarkophag aus dem 3. Jh. dient als Altarsockel, auf dem Boden sind Originalmosaike aus dem 5. und 6. Jh. erhalten. Das Hauptportal im Renaissancestil stammt aus dem Jahr 1456. Der gegenüberliegende **Glockenturm** kam erst im Zuge weiterer Umgestaltungsmaßnahmen im 17. Jh. hinzu.

Sv Nikola

Geht man die Kandlerova am Kathedralplatz rechts durch die kleine Gasse hinauf zur **Ulica Castropola,** gelangt man zu einer kleinen Kirche, der **serbisch-orthodoxen Nikolauskirche** aus dem 13. Jh. Leider ist Sv Nikola meist verschlossen und nur zu den Messezeiten (in serbisch-kyrillischer Schrift außen angeschlagen) geöffnet; wer das Glück hat, Einlass zu finden, kann dann die wunderhübsche hölzerne Ikonostase mit venezianischen Ikonen aus dem 16./17. Jh. bewundern.

Kastell

In unmittelbarer Nähe der Nikolauskirche führt die **Gradinski Uspon** hinauf zur alten Festung von Pula. An dieser Stelle standen vermutlich schon zu il-

Das Kastell beherbergt das Historische Museum von Pula

lyrischer Zeit Wehrbauten. Die heutige Form wurde im Wesentlichen zu venezianischen Zeiten vom französischen **Festungsbauer Deville** um 1630 errichtet und zuletzt von den Österreichern um 1830 erweitert. Das Kastell ist von einem Wassergraben umgeben, über eine kleine Holzbrücke betritt man den Innenbereich. Ein Besuch lohnt unbedingt: Zum einen genießt man von den Kastellmauern und dem alten, vermutlich seit k.u.k. Zeiten unveränderten Wachtturm einen **herrlichen Rundblick** über Pula (Amphitheater!), zum anderen beherbergt das Kastell heute das **Historische Museum** von Pula. Die sehr gut bebilderte und übersichtliche Ausstellung vermittelt einen hervorragenden Eindruck von Pula als Militärhafen der österreichisch-ungarischen Epoche.

• **Öffnungszeiten:** tgl. 9–18 Uhr; Eintritt inkl. Museum: 15 K, Kinder 7 K.

Archäologisches Museum

Einen krassen Gegensatz zum Historischen Museum stellt das Archäologische Museum (gegründet 1902) in der Carrarina Ulica dar. Den Zugang (genau gegenüber von Croatia Airlines) bildet die **Porta Gemina,** ein steinerner Zwillingstorbogen aus dem 2. Jh. Es muss deutlich darauf hingewiesen werden, dass ein Besuch des Museums vorwiegend **Experten zu empfehlen,** besser: zuzumuten ist, da die Ausstellungsstücke miserabel, nämlich fast gar nicht, beschriftet sind, und der Besucher daher durch eine zusammenhanglose Masse von mehr oder minder geschickt aufgestapelten Säulen und Statuenteilen geführt wird.

Im Erdgeschoss befinden sich **Fresken und Säulen** ohne jedwede Erläuterung; Funde aus Vor- und Frühgeschichte im ersten Obergeschoss sind teilweise kroatisch/italienisch, in Ausnahmefällen kroatisch/englisch beschriftet. Am spannendsten sind noch die **Münzen und Gefäße** der römischen Phase im zweiten Obergeschoss sowie **Waffen, Schmuck** und Ähnliches aus dem Frühmittelalter, sie sind aber ebenfalls sehr dürftig beschildert. Ein Gutteil der Exponate wurde in Nesaticum (Medulin), der berühmtesten istrischen Ausgrabungsstätte, gefunden.

Um den Museumsbau herumgehend, findet der Besucher auf dem Gelände ein kleines römisches **Amphitheater,** leider recht heruntergekommen und vermüllt.

● **Öffnungszeiten:** Juli bis Sept. 9–20 Uhr, So 10–15 Uhr, in den anderen Monaten tgl. 9–14 Uhr; Eintritt: 20 K, Kinder 10 K.

Transport und Verkehr

Flugverkehr

6 km außerhalb Richtung Rabac-Labin bietet der kleine Flughafen Pula tgl. außer So Anbindung **von/nach Zagreb** und in den Sommermonaten **Charterflüge in mehrere deutsche Städte sowie von/nach Wien.** Neben Croatia Airlines fliegen hauptsächlich Ryanair, Germanwings und Austrian Airlines Pula an. Taxis vom Flughafen ins Zentrum kosten rund 150 K. Weitere Infos unter www.airport-pula.com, siehe außerdem das Kapitel „Reisetipps A–Z/Anreise“.

Bahnverkehr

Obgleich bedeutender Zielort auch für Bahnreisende, sind die Bahnverbindungen nach Pula mehr als bescheiden: Ganze neun Züge fahren am Tag, Fahrkarten werden nur von 8–16 Uhr verkauft. Mit Ausnahme der internationalen Routen via Slowenien (Ljubljana 260 K einfach) **nach Österreich oder Italien** ist es mehr als umständlich, die Bahn zu benutzen: Bahnhöfe liegen weit außerhalb, eine Verbindung nach Rijeka (60 K einfach) oder Zagreb (128 K einfach) besteht nur auf dem Papier; tatsächlich fährt man bis Lupoglav vor dem Učka-Tunnel und wird derzeit per Bus zum Bahnhof Rijeka gefahren, da eine Schienenverbindung aus Istrien hinaus nur nach Slowenien be-

248is08 Foto: wl

Altstadtbummel

steht. Theoretisch jedenfalls kann man per Zug nach Vodnjan (einfach/retour 10/20 K), Pazin (30/48 K) oder Buzet (82/150 K) fahren.

Busverkehr

Stadtbusse fahren vom/zum zentralen Busbahnhof (Bussteige 15–20) in der Ulica 43. Ist. Divizije, Tel. 052-304030. Die wichtigsten der neun Stadt- und Umlandlinien sind die 1 (Zentrum/Busbahnhof – Stoja), 2a und 3a (Busbahhof – Verudela). Diese fahren von ca. 6–22 Uhr alle 20–35 Min. Außerdem fahren hier die Busse 30 (Pomer, Banjole, Premantura, 5.30–22.30 Uhr, etwa 12x tgl.), Fažana (6–22 Uhr, ca. 15x tgl.) sowie die 26 (Ližnjan, Medulin, 5.30–22.30 Uhr, ca. 25x tgl.).

Wichtigste **Überlandrouten** sind: Vodnjan (5.25–22.30 Uhr, 14x tgl.), Karlovac (12x tgl.), Labin (14x tgl.), Opatija (12x tgl.), Pazin (6x tgl.), Poreč (6x tgl.), Rijeka (16x tgl.), Rovinj (12x tgl.), Zagreb (13x tgl.)

Die **Kartenschalter** sind täglich von 5–12 und 13– 20 Uhr geöffnet. Internationale Anbindungen (D, A, I) siehe im Kapitel „Reisetipps A–Z". Details zu den Stadtbussen findet man unter www.pulapromet.com, hier gibt es auch sehr nützliche PDF-Fahrpläne (Innenstadt/„grad" und Umland/„prigrad" zum Ausdrucken.

Schiffsverkehr

Die Filiale von Jadrolinija liegt an der Uferstraße Riva, Tel. 052-222568, tgl. 8–16, So 9–15 Uhr.

Die mysteriöse Sonnenuhr von Pula

Woher kommt eigentlich der Begriff **„im Uhrzeigersinn"?** Vor der Erfindung des mechanischen Chronometers wurde die Zeit mit Hilfe von Sonnenuhren gemessen, die mit einem Schatten werfenden Stab und einer Skalaeinteilung von 15 Grad pro Zeitstunde die scheinbare Sonnenwanderung am Himmel wiedergaben. Derartige Konstruktionen – es gibt unterschiedlichste Varianten – wurden auf der nördlichen Erdhalbkugel erfunden, wo der Schatten, sofern der Stab senkrecht auf einer Ebene steht, von links (Sonne steht im Osten) nach oben (Sonne im Süden) und dann nach rechts (Sonne im Westen) verläuft. Der Zeiger einer mechanischen Uhr ist diesem Sonnenverlauf nachempfunden und läuft daher „im Uhrzeigersinn" von rechts nach unten und weiter nach links usw. Wäre die Sonnenuhr auf der Südhalbkugel erfunden worden, wo der Schatten genau andersherum verläuft, würden alle Uhren möglicherweise heute „gegen den Uhrzeigersinn" gehen – so wie die bayerischen (Souvenir-)Uhren!

An der Frontseite der Kirche Sv Franje in Pula befindet sich ein in diesem Zusammenhang mysteriöses Detail: eine Sonnenuhr mit den seltsamen Ziffern 17 bis 23 sowie quer dazu verlaufend eine „M"-Achse ... Der Schatten an der Wand der Kirche verläuft übrigens richtigerweise entgegen dem Uhrzeigersinn – der Stab steckt waagerecht in der Wand.

Angeboten werden derzeit allerdings lediglich Autofähren von/nach Italien (Venedig), zu buchen z.B. unter www.directferries.de.

Mit dem Auto in Pula

Von der großen **Umgehungsstraße Poreč – Pula – Rabac** Abfahrt „Centar/Amfiteatr“ (nach der Bahnüberführung), hier gleich rechts einordnen zur „Ulica 43. Istarske Divizije“. Immer geradeaus, am Busbahnhof (linker Hand) vorbei und dann am besten schon einen Parkplatz suchen. 200 m weiter liegt eine Art Sternkreuzung, dort ganz scharf rechts in die kleine Sackgasse: **Parken** ist hier kostenlos, weiter im Zentrum dann kostenpflichtig (5–6 K/Stunde). Achtung: Es wird rigoros abgeschleppt!

Ob vom Hauptbahnhof, Busbahnhof oder als Selbstfahrer kommend, geht man die **Flavijeska/ Istarska Ulica** entlang, das Amphitheater als Orientierungspunkt passierend, Richtung Zentrum.

Touristische Infrastruktur

Infos

- Die „richtige“ **Touristeninformation** liegt direkt am Forum rechter Hand (Forum 3, Tel. 052-219197, www.pulainfo.hr und www.istria-pula.com) und bietet neben Infos, Prospekten und (schlechten) Stadtplänen auch Multimedia-Säulen mit weitergehenden allgemeinen Hintergrundinfos zur Stadt und ihren Sehenswürdigkeiten. Geöffnet Okt.–März Mo–Sa 9–19 und So 10–16 Uhr, Apr./Mai tgl. 9–19 Uhr, Juni/Sept. tgl. 9–21 Uhr und Juli/Aug. tgl. 8–22 Uhr.

Agenturen

Die **Turist Biros** im Zentrum bieten wie üblich **Unterkunftsvermittlung, Geldwechsel, Ausflüge, Bahn- und Flugtickets usw.** Es gibt Dutzende solcher Büros in Pula, hier einige leicht auffindbare bzw. landesweit agierende:

- **A Turizam,** Kandlerova 24, Tel. 212212, Fax 215067, www.a-turizam.hr.
- **Kompas,** Narodni Trg 10, Tel. 052-212511, Fax 211592, www.kompas-travel.com.
- **Atlas,** Starih statuta 1, Tel. 052-393040, Fax 393041, www.atlas-croatia.com.

Istrisches Monopoly

Der aufmerksame Leser wird eine – für den Reisenden vielleicht nicht ganz unwesentliche – Neuigkeit der letzten Jahre bemerkt haben, dass nämlich im Raum Pula-Medulin die Firma Arenaturist eine vorherrschende Stellung im touristischen Unterkunftsbereich bei Campingplätzen und Hotelunterkünften einnimmt. Ähnliche Tendenzen sieht man auch deutlich in anderen touristischen Metropolen Istriens, etwa bei der Valamar-Gruppe (Raum Tar-Vabriga und Rabac/Labin) oder der Maistra-Gruppe (Raum Rovinj/Vrsar), wo man derzeit kaum eine Unterkunft findet (Hotels, Camping ...), die dort noch nicht aufgekauft wurde; man kann dies leicht an den Kontaktdaten erkennen.

In all diesen Fällen ist eine Reinkultur der kapitalistischen Marktverdrängung zu sehen, die dem Reisenden durchaus zunächst von Nutzen sein kann. Man hat einen zentralen Ansprechpartner, nicht nur breite Auswahl bei diesem vor Ort, sondern eventuell auch an anderen geplanten Urlaubsorten, oder auch Fahrzeug- und Ausflugsorganisation aus einer Hand.

Andererseits bergen diese aggressiven Aufkäufe mit erheblichem Fremdkapital naturgemäß auch ihre Gefahren. Das System ist zunächst einfach: Man leiht sich Geld, kauft ein Hotel (bevorzugt ein in finanzielle Schwierigkeiten geratenes) und zahlt die Tilgung nebst Zins mit den Einkünften daraus, nimmt erneut Kredit auf, kauft ein weiteres Objekt, zahlt mit den erzielten Einnahmen pünktlich die Raten usw. Die „freien Anbieter" haben im Laufe der Zeit wegen viel besserer Werbungs- und Preismöglichkeiten der „Großen" kaum eine Chance und neigen eher zum Verkauf denn zum Kampf. Am Ende gewinnt das Monopol – und kann dann die Preise diktieren, das ist das Ziel des Ganzen. Auf Gewinne wird verzichtet zu Gunsten von aggressiven Erweiterungszukäufen, und erst nach Verdrängung der Mehrheit des Wettbewerbes wird zugeschlagen – und dann könnte es für den Kunden (Touristen) teuer werden!

Gefährlich werden solche Schneeballsysteme auch, wenn – zum Beispiel in Folge einer anhaltenden Wirtschaftskrise wie zuletzt 2009/2010 – Touristenströme deutlich spärlicher fließen. Dann liegen nämlich noch längst nicht genügend Mittel in der Reserve, um eine Zeit lang „durchhalten" zu können, die Rückzahlung stockt, das komplette Unternehmen bricht zusammen. Anzahlungen von Kundenbuchungen könnten dann unter Umständen verloren gehen (offene Löhne gehen vor!), etwa wenn kein anderes Unternehmen das angeschlagene aufkauft und die Geschäfte weiterführt.

Genau dies nahm man im Dezember 2008 beim Unternehmen Arenaturist/Pula an, welches ein öffentliches Übernahmeangebot unterbreitete – meist ein Hinweis auf erhebliche Schwierigkeiten. Das istrische Hotel- und Touristikunternehmen fiel daraufhin mehrheitlich (knapp 62 %) in die Hände der renommierten Goldman-Sachs Gruppe.

Gerade im Zuge der globalen Finanzkrise von 2008, die sich in allen Auswirkungen erst 2010/2011 voll entwickelt, sollte der Reisende schon im eigenen Interesse immer wieder einmal ein Auge auf die Entwicklung des von ihm favorisierten Unternehmens im Zielland werfen.

•**Generalturist,** Carrarina 4, Tel. 052-218487, Fax 212710, www.generalturist.com.
•**Croatia Airlines,** Carrarina 8, Tel. 052-218909.

Unterkunft

Pula selbst wird außerordentlich selten als Standort gewählt, weit eher die vorgelagerte **Medulin-Landzunge.** Im Zentrum liegen nur wenige Hotelunterkünfte, aber die **Außenbezirke Verudela** (5 km) und **Stoja** (4 km) weisen Hotels und Campingplätze auf und sind sehr gut durch Stadtbusse angebunden: nach Verudela Linien 3 und 7, nach Stoja Linie 1.

•€**Jugendherberge FS Hrvatske**
Tel. 052-391133, Fax 391106, pula@hfhs.hr, www.hfhs.hr, Ljetovalište Valsaline 4. Internationaler JH-Ausweis und Reservierung zwei Wochen vorab erforderlich, rund 12–26 Euro/Person im Mehrbett- bzw. Einzelzimmer. Schön im Grünen an der Valsalina-Bucht gelegen, Busse 2 und 3, ganzjährig geöffnet.

•€€**Hotel Omir**
Dobricheva 6, Tel. 052-186944, Fax 218186, www.hotel-omir.com. Sehr zentral, einfach und okay; angeschlossenes Restaurant-Pizzeria; DZ 400 K, 3er 550 K (inkl. Frühstück).

•€€€**Hotel/Guest-House Riviera**
Splitska 1, jugendstil-schlossartiger Altbau nahe Hauptbahnhof und Busbahnhof, Tel. 052-211166, Fax 219117, riviera@arenaturist.hr, www.arenaturist.com. DZ 30–50 Euro.

•Im Bezirk Verudela liegen die größeren (Pauschal-)Urlauberhotels, u.a. das Luxushotel €€€€**Histria,** Verudela bb, Tel. 052-590000, Fax 214175, histria@arenaturist.hr, www.arenaturist.com, ein sehr schönes, aufwendig renoviertes Oberklassehotel.

•In der Mittelklasse empfiehlt sich das €€€**Hotel Park,** Verudela bb, Tel. 052-375000, Fax 375018, park@arenaturist, com, www.arenaturist.com. Gute DZ inkl. Frühstück sind unter 100 Euro zu haben.

•Im Distrikt Stoja sei auf das €€€€**Hotel Milan,** Stoja 4, Tel. 052-300200, Fax 210500, info@milan1967.hr, www.milan1967.hr, verwiesen. Besonders gelobt wird von Reisenden die vorzügliche italienische Küche im Hotelrestaurant. DZ 720–850 K.

•Wer ein **Apartment** sucht und nicht über eine Agentur oder privat fündig wird, dürfte in der Apartmentanlage €€**Punta Verudela** unterkommen, Verudela bb, Tel. 052-590781, Fax 222798, punta@arenaturist.hr, www.arenaturist.com. Die große Anlage verfügt über eine Poollandschaft, einen eigenen Strandabschnitt und 4er-Zimmer zwischen 35 und 110 Euro je nach Saison und Lage.

•**Tipp: Villa Jadranka,** Puntižela 79, Pula, www.villajadranka.com. Sehr schöne Lage oberhalb vom Campingplatz in Štinjan-Puntižela (dessen Strandbereiche genutzt werden können), modern und gut ausgestattet, sehr ruhig, Blick über die Brijuni-Inseln (obere Etage buchen! Hauptsaison ca. 400 Euro/Woche für 3 Personen). Etwa 5 Fahrminuten nach Pula-Amphitheater; Busanbindung. Kann auch über die Firma Interhome (info@interhome.de) vorab gebucht werden, dann allerdings mit zusätzlichen Vermittlungskosten. Von Norden kommend am Ortseingang vor der Tankstelle (linker Hand) rechts Richtung Stoja-Puntižela, nach etwa 1 km halblinks bis zum Camp, davor halblinks Hügel hinauf ins Dorf, erste Straße rechts (beschildert). Weitere private Anbieter findet man unter www.pula.net/anita, www.histrica.com, www.apartmanieletic.net oder www.apartman-franinovic.hr.

Camping

- €€ **Camp Puntižela,** beim Vorort Štinjan (Zufahrt siehe Villa Jadranka), Tel. 052-517490, www.puntizela.hr, sehr schön in direkter Uferwaldlage mit Tauchschule, Kiosk, Obstständen und Minimarkt. Mehrere Fels- und Kiesbadeabschnitte. Verfügt über eine Art Blockhausunterkunft mit einfachen Mehrbettzimmern. Busanbindung im Dorf (500 m).
- €€€ **AC Stoja**
Bezirk Stoja, Tel. 052-387144, Fax 387748, www.arenacamps.com. Mehrfach renoviert und auf 167.000 m² erweitert.

Essen & Trinken

Das gastronomische Angebot ist der Bedeutung der Stadt entsprechend umfangreich. Die Preise liegen dabei keinesfalls über dem Durchschnitt, sicherlich auch eine Konsequenz der großen Anzahl an Restaurants und Cafés.

Gut und günstig:

- Eine der in Kroatien noch relativ seltenen **McDonald's-Filialen** liegt in der Ulica Giardini/Ecke Flanatička.
- Ähnlich schlicht ist das **Bistro Orfey,** Kandlerova Ulica 1 (Tel. 214405), wo man günstige Pizzen und Burger bekommt.
- Mal was anderes isst man bei **Fish n'Chips** in derselben Straße ein Stück weiter - einfach, aber sehr zu empfehlen für Fischsnacks.
- Im Obergeschoss der **Markthalle** am Narodni Trg befinden sich mehrere **Bistros und Restaurants,** vorwiegend von einheimischen Marktbesuchern frequentiert, z.B. das **Café/Bistro Korner.**

Mittel- und Oberklasse:

- In der Altstadt empfiehlt sich in der Mittelklasse insbesondere das **Bistro Barbara,** Ulica Kandlerova (Wein 50 K/Liter, Bier 15 K), wo man sehr hübsch in einem ummauerten Innenhof sitzt.
- Der gehobeneren Kategorie gehört das **Restaurant Delfin,** Trg Sv Tome, an. Sehr gute Fischgerichte.

- Das **Kantina** (Flanatička 16, Tel. 214054, offen tgl. außer So 7–24 Uhr) ist ein sehr modern aufgemachtes Restaurant der gehobeneren Kategorie mit großem Außenbereich. Spezialitäten sind hier diverse Käsezubereitungen, etwa Putenbrust mit *Skuta* (Frischkäseart) gefüllt oder auch Beefsteak mit Trüffel.
- Besonders nett trinkt sich ein Cappuccino im **Café Forum** (Forum 8) auf dem gleichnamigen Zentralplatz oder im **Café Coco** am Trg Sv Tome.

Aktivitäten

- Ein reiner **Einkaufsbummel** empfiehlt sich in der Flanatička oder im Kaufhaus Istra (Dalmatinova Ulica, gegenüber der Hauptpost).
- Das größte **Kino** von Pula, Kino Zagreb, Giardini 1, zeigt überwiegend ausländische Spielfilme im Original mit Untertiteln.
- Gediegener erscheint das **Istrische Volkstheater & Galerie,** Ulica Laginjina 5, Tel. 052-22380, ein Multimediatheater für Schauspiel, Musik, Film, aber auch Kunstausstellungen (z.B. Wechselausstellung moderner istrischer Maler; tgl. 10–13 und 19–23 Uhr).
- Recht interessant finden insbesondere jüngere Besucher das **Seewasser-Aquarium Puntižela,** zu erreichen auf der Küstenroute Richtung Fažana (3 km). Mo bis Fr 10–13 und 18–21 Uhr, Sa, So 10–21 Uhr; Eintritt: 25 K, Kinder 15 K; Tel. 052-82320. Besonderheit: Halbtägige Lehr-Exkursionen auf hoher See (200 K) zum vertiefenden Verständnis der Meeresbiologie – gut gemacht, kurzweilig.
- Kleine Rennfahrer drehen ihre Runden im **Green Garden Kartodrom** an der Hauptstraße Richtung Labin zwischen der großen Kreuzung und der Flughafen-Abzweigung auf der rechten Seite.
- **Bootstouren:** Am Kai gegenüber vom Tito-Park werden Ausflüge zu den Brionischen Inseln direkt oder über eine der Touristenagenturen angeboten (250 K). Richtpreise der Agenturen für weitere Ziele: Tagesausflug nach Venedig oder Plitvice (ab 500 K), Rovinj mit Lim-Fjord ab 300 K, „Fischpicknick" 200 K.
- **Tauch- und Angelgenehmigungen:** A Turizam (Kandlerova 24, Tel. 052-24376), Delfin Turist (Trg Sv Tome, Tel. 052-33104), Orca Diving Center (G. Martinuzzi 20, Tel. 052-505994), Neptun (Flanatička 19, Tel. 052-214702, neptun1@pu.t-com.hr) und viele mehr!
- **Discomusik** und **Bar-Atmosphäre** bietet die **Café/Bar Etna** (Sergijevaca/Ecke Maksimilianova), Nachtschwärmer zieht es zum **Hotel Histria** in den **Nightclub** (Punta Verudela).

Snacks vom Straßengrill

Sonstiges

!

- **Medizinische Versorgung:** In Notfällen wendet man sich am besten an das sehr gute Kreiskrankenhaus (Bolnica) in der Zagrebačka Ulica, Tel. 052-376000 und 214433. Notruf Dekokammer Pula: 217877.
- **Banken** und **Maestro-Geldautomaten** findet man zuhauf im Zentrum, u.a. die Zagrebačka Banka, Ulica Giardini, oder die Istarska Banka am Forum.
- **Post:** Hauptpost Dalmatinova Ul., Filiale Leharova Ul. (jeweils Mo bis Fr 8–19 Uhr, Sa 8–13 Uhr).
- **Selbstversorger:** An der Umgehungsstraße liegen östlich (vom Zentrum kommend rechts) der Schienen, dann linker Hand, mehrere **Supermärkte** (Getro, Mercator, mit Bankomat). Der **Markt** in Pula (Fisch, Fleisch, Obst, Gemüse, Hausmacher-Waren, Getränke) bietet alles, was das Herz begehrt.
- **Film/Foto:** Kodak, Ulica Giardini (gegenüber von McDonald's).
- **Taxiruf Pula:** 052-223228.
- **Internetcafés:** mehrere in der Istarska Ulica, z.B. Filmski (Istarska 40) oder MMC Luka (Istarska 30, Tel. 224316). Ferner BASS Caffe Bar, Sirolina 3, Tel. 211 993; Caffé ETNA Internet, Ul. Sergijevaca 33; CYBER CAFFE, Flanatička 14; KLUB MLADIH, Kandlerova 10.
- **Rad- und Mopedverleihstellen:** Istraway, Riva 14, Tel. 052-214613 (Mopeds); Manuel, Giardini 10, Tel. 052-211255, www.rentcar-pula.com (Fahrzeuge aller Art); Raffaello, Uspon Svetog Franje Asiškog 4, Tel. 052-367637; Svera, Štigliceva 28, Tel. 052-543002 (nur Räder).

253is08 Foto: wl

Pula

254is08 Foto: wl

Die Ostküste

Der Südosten um Medulin ⇗B3

Fruchtbare Gegend

In einem Halbkreis mit etwa 15 km Radius erstreckt sich südöstlich von Pula die **südlichste Spitze Istriens** rund um den kleinen Ort Medulin. Die sehr fruchtbare Gegend beliefert mit ihren Agrarprodukten Pula und das Umland und bietet insbesondere Campingfreunden eine ganze Reihe interessanter Plätze in **abgelegenen Buchten.** Nicht zuletzt zieht sie mit der berühmten Ausgrabungsstätte Nesaticum den archäologisch Interessierten an.

Die nachfolgende Beschreibung gibt einen Überblick über dieses interessante Gebiet. Sie beginnt beim Flughafen von Pula 10 km nordöstlich der Stadt und folgt dann dem Küstenverlauf nach Pula zurück. Der gesamte, **etwas zersiedelte Abschnitt** wirkt sehr ruhig und wechselt optisch angenehm zwischen Baumhainen, üppigen Feldern und Küstenstreifen.

Nesaticum

Ausgrabungsstätte

Von der Hauptstraße Pula – Labin zweigt 3 km hinter Pula rechts eine befestigte **Landstraße nach Valtura** ab, vorbei an großräumigen Kasernenanlagen und dem Flughafen. Um Valtura fallen die Wein-, Oliven- und Tomatenpflanzungen auf, im Ort können sich Hobbyarchäologen in der Konoba Stari Cok oder im Bistro Valturka stärken. Vor der Pfarrkirche (nach links ausgeschildert) führt ein Weg nach Nesaticum, der bedeutendsten archäologischen Fundstätte Istriens.

Vor Ort sind noch **Reste frühchristlicher Basiliken** sowie römischer **Tempel und Thermen** erkennbar, die von Planskizzen und Grabungsdokumentationen näher erläutert werden. Im Archäologischen Museum von Pula sind heute die meisten der in Nesaticum gefundenen Artefakte untergebracht.

Bild auf den Seiten zuvor: Badeort Rabac

Medulin

Ausweichquartier zu Pula

Von Nesaticum kommend, erreicht man **über die Agrardörfchen Šišan und Ližnjan** Medulin, ein beliebtes Ausweichquartier zu Pula mit zwei Autocamps, von denen man binnen fünf Gehminuten zur Uferpromenade oder zum Ort gelangt. Weiter Richtung Pomer bieten am Straßenrand fliegende Händler Agrarprodukte (vor allem flüssige) der Region an. Informationen zum Ort (sehr gute interaktive Karte) finden sich online unter **www.medulin.hr.**

Unterkunft

●€€€**AC Medulin**
Osipovica 30, Tel. 052-57801, Fax 576042, acmedulin@arenaturist.hr, www.arenaturist.hr. Kapazität 7000 (!) Personen; angeschlossen ist ein kleiner „Family Park" mit Autoscootern, Hüpfburg usw. (tgl. 17–23 Uhr, 10 K). Geöffnet April bis Okt., sehr beliebt.

●€€€**FKK-AC Kažela**
Tel. 052-576050, www.kampkazela.com. Im Camp gibt es auch FKK-Ferienwohnungen, geöffnet Mitte April bis Mitte Oktober.

An der „Hotelstraße" am Ufer liegen die großen Urlauberhotels des Ortes, allesamt spürbar preiswerter als in Pula; hier seien nur zwei genannt:

●€€€**Hotel Medulin**
Osipovica 31, Tel. 052-572601, Fax 576017, medulin@arenaturist.hr, www.arenaturist.hr. Mittelgroßes Hotel mit mehreren Pools und gelegentlichen Folkloreaufführungen. DZ 90–170 Euro.

058is Foto: wl

●€€€**Hotel Belvedere**
Osipovica 32, Tel. 052-572001, Fax 572549, belvedere@arenaturist.hr, www.arenaturist.hr. Unmittelbar am Belvedere befindet sich das **Dive Center Shark** (Tel. 052-576515).

Privatunterkunft/Apartments:
Natürlich haben die „Privaten" auch die Landzunge rund um Medulin entdeckt und zahllose Häuser aus dem Boden gestampft. Abgesehen vom Angebot der TI bieten sich für Medulin und die Region für die Voraborganisation u.a. die folgenden Webseiten an: www.app-premantura.com, www.pula24.de, www.dianaville.com, www.oliveto.hr, www.villa-elizabeta.com und www.villafeniks.hr.

Essen & Trinken

Die Gastronomie erstreckt sich **entlang der Uferpromenade** in der Bucht mit mehreren guten Restaurants, u.a. der biergartenähnlichen **Konoba Hilde,** Tel. 052-577066, mit sehr guten Fischgerichten.

Pomer

Ruhig und beschaulich

Pomer erscheint wesentlich ruhiger und beschaulicher als Medulin, dafür ist abends viel weniger los. In der Bucht liegen der beachtlich große ACI Club (Marina) und dahinter ein Campingplatz. Im Ort selbst gibt es einen Minimarkt, daneben liegen die Dorfpost sowie die ländliche Gostionica Oštriga; ein wenig Stimmung am Abend bietet die Vedorna Pizzeria & Nightclub am Ortsausgang Richtung Premantura. In der Bucht locken das Restaurant Zlatna Školjka (vor dem Camp) sowie an der Marina das Mediteraneo.

Camping

●€€€**AC Pomer**
Tel. 052-573128, Fax 573062, mi-tours@pu.htnet.hr. Von hier hat man freien Blick über die Bucht bis Medulin.
●€€€**AC Tašalera**
Auf halber Strecke nach Premantura unmittelbar an der Straße, Tel. 052-575555, Fax 575533, www.tasalera.com. Sehr kleiner und angenehmer Platz mit integriertem Minimarkt.

Die Pfarrkirche von Medulin

Premantura

Gute Infrastruktur

Nach weiteren knapp 2 km erreicht man den Ortseingang von Premantura, der Ort liegt etwas erhaben auf einem Hügel. Alle wichtigen Einrichtungen liegen an der örtlichen Hauptstraße: mehrere Touristenagenturen (Zimmer, Ausflüge, Geldwechsel usw.), Minimarkt, Eiscafé, die Restaurants Mamut und Vernal sowie die Disco/Bar Joy. Vom Glockenturm der Hauptkirche genießt man eine herrliche Aussicht auf die Küstenlandschaft und die umliegenden Inseln.

Regionalpark Kamenjak

An der Kirche geht es links hinab zum Camp Stupice, halbrechts (Piste, nicht beirren lassen!) weiter zum Eingang des kleinen Regionalparks Kamenjak (vom 13.6. bis 15.9. tgl. 7–22 Uhr; Eintritt frei für Fußgänger und Radler, Moped 10 K, Pkw

Die Ostküste Istriens

Ein Gutteil des Tourismus in Istrien, um nicht zu sagen die Masse, spielt sich an der Westseite nördlich von Pula ab. Warum? Zum einen liegt die Ostküste für den westeuropäischen Besucher nicht auf dem Weg zur Kvarner Bucht oder weiter nach Dalmatien, zum anderen gibt es mit Ausnahme von Rabac/Labin praktisch **keinerlei nennenswerte Siedlungen** entlang der Ostküste bis zur Riviera von Opatija (und die gehört schon zur Kvarner Bucht). Auch historisch endet in Labin der italienische Einflussbereich auf dem Festland. Der Kontrast zwischen der quirligen, lebendigen Westküste und der **ruhigen Küsten- und Agrarlandschaft** der Ostseite ist unübersehbar. Bis Mošćenička Draga, der noch auf der Halbinsel liegenden „Grenze" zur Kvarner Bucht, sind tatsächlich nur zwei Orte von Bedeutung: der sehr beliebte Ferienort Rabac mit seiner Bergstadt Labin sowie Brestova, das eine rein logistische Funktion als Fährhafen für Porozina auf Cres einnimmt.

20 K; Ticket aufbewahren). Es lohnt sich, hier herumzustreifen und die vielen, sehr **angenehmen und versteckten Badeplätze** zu nutzen.

Camping

Beide Campingplätze sind ausgeschildert:

●€€€**AC Stupice**
Premantura bb, Tel. 052-575111, Fax 575411, acstupice@arenaturist.hr, www.arenaturist.hr. Riesengelände, von April bis Okt. geöffnet.

●€€**AC Runke**
Runke bb, Tel./Fax 052-575022, acrunke@arenaturist.hr, www.arenaturist.hr. Langer Steinstrand, Einkaufsmöglichkeiten, Tauchbasis, geöffnet von Ende Mai bis Mitte Sept.

Banjole

Hügeldorf

Letzte Station der Medulin-Südspitze ist Banjole, ein kleines Hügeldorf mit einer Hand voll Campingplätze an einer Ringstraße unterhalb des Ortes. Im Dorf wird Tennis angeboten, kulinarisch empfehlen sich die beiden mittel- bis höherpreisigen Restaurants Konoba Nina und Konoba Tesa.

Camping

●€€**AC Sidro**
Tel. 052-221903, Fax 221036, kapuralin@hotmail.com. Winziger Platz für 150 Personen.

●€€€**AC Indije**
Indije 96, Tel. 052-573066, Fax 573274, acindije@arenaturist.hr, www.arenaturist.hr. Großer Felsstrand, von Mai bis Sept. geöffnet.

●**Mira** (Tel. 052-573025), **Marina** und **Brajdice** (Tel. 503160, busta@vip.hr) sind einfache, an der weitläufigen Bucht verstreute Zeltplätze.

Labin und Rabac

⇗ B/C2

Doppelort aus drei Teilen

All denjenigen, die einen netten Küstenstandort mit historischen Stätten und **idealen Ausflugsmöglichkeiten** ins istrische Hinterland, ins Kvarner Land sowie auf die Inseln der Kvarner Bucht suchen, seien Rabac und Labin (zusammen 13.200 Einwohner) wärmstens empfohlen. Der Doppelort besteht praktisch aus drei Teilen: der markanten **Altstadt von Labin** (ital. Albona, dt.

262is08 Foto: wl

Tüberg) auf dem 320 m hohen Hügel, der unmittelbar dazugehörigen ehemaligen **Zechen-Vorstadt Podlabin** (hier führt die Hauptstraße hindurch) sowie 4 km unterhalb, direkt am Meer, dem **Badeort Rabac** mit allen touristischen Annehmlichkeiten, etlichen Campingplätzen und Hotels sowie unzähligen Privatzimmern.

Geschichte

Kohlebergbau

Die Hügellage der heutigen Bergstadt Labin zog vermutlich schon in der Jungsteinzeit erste Siedler an; belegt sind keltisch-illyrische Funde aus dem 4. Jh. v.Chr. Seit 177 v.Chr., dem Sieg Roms über die Histrer, ist Labin als **römische Siedlung Albona** (keltisch: „Hügelstadt") dokumentiert. Der römische Geschichtsschreiber *Titus Livius* schrieb über die damaligen Einwohner, dass sie Seeräuber gewesen seien. Nach dem Untergang Westroms folgte eine wechselhafte Geschichte unter Ostgoten, Byzantinern und Franken, bis 1207 die deutschen Adelsfamilien *Kärnten* und *Krain* Labin als Lehen übernahmen. Danach stand Labin praktisch bis 1945 unter österreichischer Kontrolle. Lehensgeber war bis 1420 Aquilea (Patriarchat im italienischen Torviscosa, siehe Glossar), danach bis 1797 Venedig. Erst unter der anschließenden auch nominellen **Herrschaft Österreichs** (1797–1918) folgte ein erheblicher ökonomischer Sprung durch die Entdeckung bedeutender Kohlevorkommen in Labin, seinerzeit wesentlicher Rohstoff für die österreichische Dampfschifffahrt (Kriegshafen Pula). Nachdem der damalige Vielvölkerstaat Österreich-Ungarn am Ende des 1. Weltkrieges (1918) zerfiel, wurde auch die istrische Ostküste **Italien** zugeschlagen. In diese Phase fiel am 2. März 1921 der berühmte **Bergarbeiterstreik** wegen der katastrophalen Arbeitsbedingungen, der nach 36 Tagen niedergeschlagen wurde und als kurzzeitige **„Republik Labin"** (Labinska Republika) in die Geschichtsbücher einging. An der Uferpromenade in Rabac zeugt noch heute eine Erinnerungstafel von den Bauxitförderungen per 9 km langer Seilbahn auf der anderen Seite der Bucht in jener Zeit.

Noch im Jugoslawien der 1960er und 1970er Jahre blieb Labin ein wichtiger Förderort, ehe der Energiesektor in die nahe gelegene Bucht von Plomin (Kraftwerk) verlegt wurde. Heute sind **Tourismus und Landwirtschaft** die Haupterwerbszweige der Stadt; Alt-Labin wird oft mit Motovun, der zweiten „Bergfeste" Istriens, verglichen – ein Unding, denn beide sind unvergleichlich!

Ansicht von Labin

Sehenswertes in Labin

Titov Trg und Porta Sanifor

Zentraler Altstadtplatz ist der Titov Trg mit einigen Lokalen und Bars sowie zwei Möglichkeiten, einen **Rundgang** zu **beginnen:** entweder außen am Šetalište San Marco entlang und um die Stadt herum zur Fortica, oder etwas versteckt neben der Post durch das alte Stadttor hindurch auf den Stari Trg und die stufige Ulica 1. Maja entlang.

Die **Porta Sanifor** (St. Florus, Sv Flor), das Haupttor aus dem Jahre 1589, bildet den eigentlichen Zugang zur Stadt. Oberhalb des Tores befinden sich das alte Labiner Wappen und der venezianische Löwe. Eine Kanone aus der Zeit der österreichischen Herrschaft wurde auf der Bastion Torjon aufgestellt.

Barockpalast

Unbedingt sehenswert ist der Barockpalast der gräflichen **Familie Battiala-Lazzarini,** die mehrere Besitztümer in Labin und Umgebung hatte und diese nach dem 2. Weltkrieg wegen der zu erwartenden Beschlagnahmungen durch die Kommunisten verließ. Der schmucke Bau beherbergt heute das sehr interessante **Volksmuseum** mit einer gelungenen Darstellung der jüngeren Bergbaugeschichte des Ortes im Souterrain, einem römischen Lapidarium im Erdgeschoss, einer Wanderausstellung regionaler Maler und Bildhauer im ersten Stock sowie einem stilvollen Prunksaal im zweiten Obergeschoss.

- **Öffnungszeiten:** 10–13 und 18–20 Uhr, Eintritt: 20 K, Kinder 10 K.

Kirche Maria Geburt

Die dreischiffige **Pfarrkirche Crkva Rođenja Blažene Djevice Marije** (Maria Geburt) wurde im Jahre 1336 auf den Ruinen einer kleineren Kirche aus dem 11. Jh. erbaut. Ihre heutige Form verdankt sie mehrfachen, aufwendigen Restaurierungsarbeiten, zuletzt 1993. Die Kirche schmücken **sechs Marmoraltäre,** unter ihnen auch der

Altar mit den Reliquien des *Hl. Justus*, die im Jahre 1664 aus Rom überführt wurden. Der Hauptaltar zeigt Figuren der *Jungfrau Maria*, der *St. Paulina* und der Heiligen *Justus*, *Sergius*, *Julian*, *Thomas* und *Jakob* – alles Werke des gebürtigen Dalmatiners *Natale Schiavone*. Weit wertvoller aber ist das

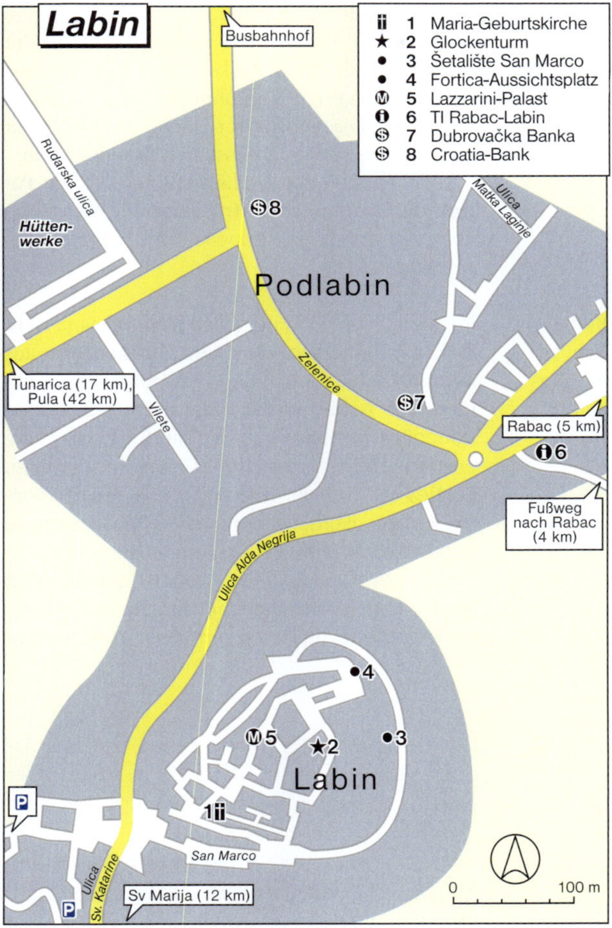

Altarbild der „Muttergottes vom Karmel" aus dem 17. Jh., ein Werk des berühmten Malers *Jacopo Negriti,* bekannter unter dem Namen *Palma der Jüngere.* Die Bilder mit der Darstellung des Kreuzweges schließlich stammen vom einheimischen Maler *Valentin Lukas* (19. Jh.). 1604 wurde an der Frontseite des Gotteshauses der venezianische Löwe mit einem Dokument im Maul angefügt – ein Symbol der Anerkennung der venezianischen Herrschaft in Labin. 1688 postierte man an der gleichen Stelle die barocke Statue des Senators *Antonio Bollani,* eines berühmten Kämpfers gegen die Türken. Diese Büste ist ein schönes Beispiel für die schlichte Bildhauerkunst im Istrien des 17. Jh.

Rechts neben der Kirche befindet sich der **Palast der** bekannten **Patrizierfamilie Scampicchio,** der durch eine Kapelle mit der Pfarrkirche verbunden ist.

Sonstige Sehenswürdigkeiten

Im alten Ortskern in der Ulica Rike Milevoja steht der 35 m hohe **venezianische Glockenturm** aus dem Jahre 1623 – 10 K leichter (Kinder 5 K) und 63 Stufen höher genießt man einen fabelhaften Rundblick über das Labiner Land. Eine beinahe ebenso schöne Fernsicht hat man von der alten **Fortica** (17. Jh.), der Festung am oberen Stadtende, von der allerdings nur noch ein Aussichtsturm und Teile der schweren Mauern erhalten sind.

Noch eine ganze Reihe weiterer sehr hübsch restaurierter mittelalterlicher Bauten in den verwinkelten, engen Gassen vermitteln einen großar-

Eindrucksvolle Fassade der Pfarrkirche Labin

301is Foto: wl

tigen Eindruck vom kleinstädtischen Leben früherer Jahrhunderte. Zu erwähnen sind hier vor allem der **Negripalast** mit altem Spital (17. Jh.), der **Sitz des Archidiaconus** (10. bis 14. Jh.) oder der alte **Stadtpalast** am Stari Trg.

Orientierung

Durchgangsstraße

Zentrale Durchgangsstraße in Labin ist die **Zelenice von Podlabin;** von Norden kommend, verläuft sie in einer scharfen Rechtskurve unterhalb der alten Bergstadt entlang Richtung Pula. In diesem Knick führt die **Abzweigung** geradeaus/halblinks (beschildert) **Richtung Rabac** (4 km) sowie (nächste größere Straße rechts, Ulica Negrija) **hinauf zur Altstadt.** Podlabin ist vergleichsweise uninteressant, es sei denn man möchte zum Busbahnhof.

Parken in der Altstadt Die Ulica Negrija hinauf zur Altstadt halte man sich geradeaus über den Platz hinweg in die **Ulica Sv Katerina** hinein, nach 100 m liegt rechter Hand ein größerer Parkplatz.

Hotels, Zentrum Durch Rabac führt die **Ulica Slobode bis zu den Hotels** am Ende der Bucht. Alle anderen Straßen sind sehr eng und meist Einbahnstraßen; man parkt am besten bei einem der **Hotelparkplätze** Narcis/Hedera/Mimosa (vor der Tankstelle rechts hinunter), an der jeweiligen Unterkunft oder für kurze Einkäufe usw. an der **Promenade Obala Tita** (wenige Möglichkeiten). Hier liegt auch das sehr **kleine Zentrum** mit Post, Bank und großem Supermarkt.

Fußweg nach Rabac

4,5 km lang Wer gerne wandert, dem sei der sehr angenehme Fußweg von der Touristeninformation am Ortsausgang **von Labin nach Rabac** empfohlen; der Weg schlängelt sich auf 4,5 km durch **üppiges Grün** und sollte zumindest einmal begangen werden. Er ist beschildert mit „Vidikovac, Principe, Stari Mrlin" und mit einem roten Kreis mit weißem Punkt als Wanderzeichen versehen.

In Rabac wird hauptsächlich **Wassersport** betrieben; am Abend empfiehlt sich ein ausgedehnter Spaziergang auf der sehr gut für Fußgänger ausgebauten, kilometerlangen **Promenade** von der Touristensiedlung Girandella bis zum Camp

Hotels in der Bucht von Rabac (Mimosa, Narcis, Hedera)

267is08 Foto: wl

Olivia. Schwimmen ist, von der Bucht im Zentrum abgesehen, überall an der Promenade möglich.

Transport und Verkehr

Busverkehr

Der zentrale **Busbahnhof** liegt **in Podlabin,** Trg 2. Maja (parallel zur Durchfahrtsstraße Istarska, Tel. 052-333888). Hier besteht von 5–22 Uhr 9–14x tgl. Verbindung **nach Pula,** 17x tgl. von 6–21 Uhr nach **Rijeka,** 3–5x tgl. nach **Rovinj,** 3x tgl. nach **Zadar/Split.**

Interessant sind die lokalen **Pendelbusse ab Raša** (Zementwerk, 5 km außerhalb) **über Labin nach Rabac** und zurück (8–12x tgl.).

Touristenbahn

Recht nützlich ist die kleine Touristenbahn, die **im Sommer täglich** von 9–19.30 Uhr zwischen dem AC Oliva via Altstadthafen, Hotel Castor und Hotel Sanfior bis zum Hotel Girandella fährt. Taxis werden unter 098-1858020 oder 366030 gerufen.

Touristische Infrastruktur

Infos

•**Touristische Gemeinschaft Labin,** 52220 Labin, A. Negri 20, Tel. 052-852399, www.istra-rabac.com, www.istra.hr/labin_rabac/de an der Straße Richtung Rabac am Ortsausgang rechter Hand. Nicht mit der Agentur Sidro-Tours nebenan verwechseln!

•Neben der Istarska Banka in Labin befindet sich eine im Sommer geöffnete kleine **Touristeninformation,** Tel. 052-855199, für Infos zur Stadtgeschichte.

•Eine recht nützliche Internetseite zu Rbac/Labin findet man auch unter **www.rabac24.com.**

Agenturen

Zwar erteilen auch die Agenturen Auskünfte, sie sind aber doch mehr für die **Vermittlung von Privatunterkünften, Ausflügen, Geldwechsel u.Ä.** zuständig; u.a.:

•**Atlas,** Tel. 052-872268, Fax 872958, www.atlas-istra.hr, am Hotel Castor.

•**Kompas,** Ul. Slobode, Tel. 052-856599, Fax 856473, www.kompas-istra.com.

•**Rabac,** Tel. 052-872245, Fax 872245, private@rabac-hotels.com.

•**Apis,** Obala M. Tita 1, Tel. 052-880465, apis@pu.t-com.hr. Arrangiert Unterkünfte, Exkursionen, Angellizenzen und verleiht Fahrräder, Scooter und Pkw.

•**Kvarner Express,** am Hafen, Ob. Tita 53, Tel. 052-872225, www.kvarner-express.hr. Organisiert Ferienwohnungen, Ausflüge, Boots- und Autovermietung.

•**Sidro-Tours,** Tel. 052-881010, neben der TI.

Einige der vermittelten Privatzimmer (25–35 Euro) und Ferienwohnungen (ab 180 Euro pro Woche) liegen an der Durchfahrtsstraße Ulica Slobode, die anderen an der Obala Tita unten im Zentrum. Eine hübsche Anlage ist die **Villa Solea** (Drenje 29b, Tel. 877190, www.villasolea.plus.com) mit 2 Wohnungen in Top-Aussichtslage für 2–4 bzw. 4–6 Personen ab 40 Euro/Tag. Die meisten Urlauber wollen aber direkt nach Rabac ans Meer, weniger nach Labin.

Unterkunft

Das **Unterkunftszentrum der Ostküste** schlechthin liegt unten **in Rabac.** Zimmer findet man über die o.g. Agenturen, Ferienwohnungen kann man etwa über www.istrien.info/unterkunft/ferienwohnung/istrien/labin arrangieren. Zu den Hotels ist anzumerken, dass die nahe des AC Oliva gelegenen Narcis, Hedera und Mimosa zwar logistisch gut liegen (Strand- und Gehnähe zu Promenade und Zentrum), aber ein hässliches altjugoslawisches „Outfit" aufweisen; die Hotels am anderen Ortsende (allesamt gut ausgeschildert) liegen ruhiger und wirken deutlich hübscher.

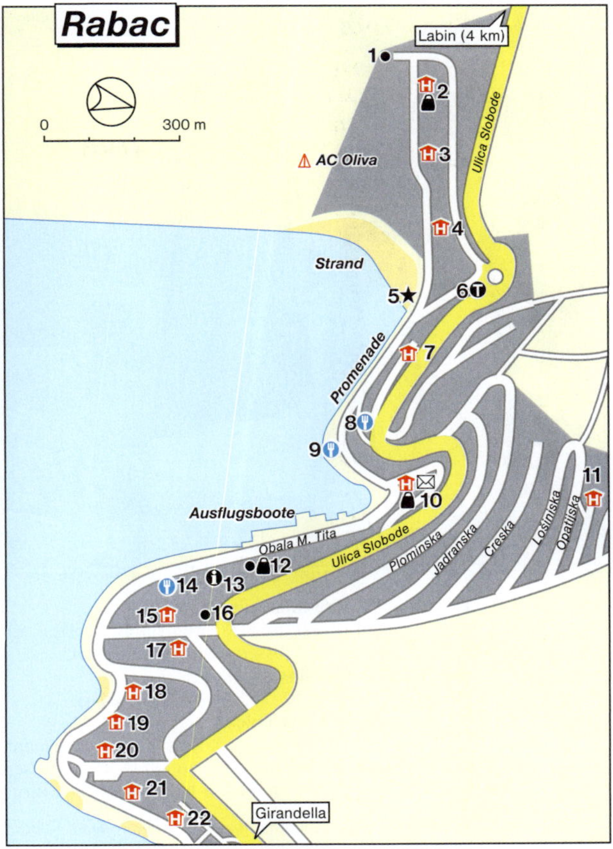

1	Rezeption AC Oliva
2	Hotel Narcis & Supermarkt
3	Hotel Hedera
4	Hotel Mimosa
5	Kl. Aquapark
6	Tankstelle
7	Hotel Bellevue
8	Rest. Vale Vista
9	Rest. Miramare
10	Hotel Amfora, Supermarkt, Post
11	Villa Annette
12	Agenturen, Hafenmeisterei, Minimarkt
13	Rest. Primorje & Agenturen
14	Rest. Lino & Bela Vista
15	Hotel Castor
16	Agentur Rabac
17	Hotel Pollux
18	Hotel Mediteran
19	Hotel Marina
20	Hotel Lanterna
21	Hotel Bellevue und Albona-Aptm.
22	Aparthotel Lanterna

●€€€**Hotel Mimosa (Maslinica)**
Tel. 052-872024, Fax 872097, Mittelgroße Anlage mit Wellness, Hallenbad, Wasserrutsche und Spielplatz.
●€€€**Hotel Narcis (Maslinica)**
Tel. 052-872026, Fax 872262. All-Inclusive-Anlage.
●€€€**Hotel Hedera (Maslinica)**
Tel./Fax 052-872028 – alle unter demselben Management, marketing@maslinicarabac.com, und mit gleichen Preisen für das DZ inkl. Frühstück von 65–110 Euro je nach Saison.

In der „jüngeren" Hotelbucht an der anderen Seite Rabacs empfehlen sich besonders:
●€€€**Amfora** (zuvor Apollo, „frei")
Tel. 052-872222, Fax 872345, www.hotel-amfora.com, mit großer Terrassen-Café-Bar. Kleines Familienhotel der Mittelklasse.
●€€€**Castor (Valamar) – Aparthotel**
Tel. 052-862100, Fax 862160, mit Sauna und Fitnessraum.
●€€€**Pollux (Valamar) – Aparthotel**
Tel. 052-862200, Fax 862260, mit schönen Pools.
●€€€**Marina**
Tel. 052-465000, sehr strandnah und überschaubar.

In der Altstadt von Labin

●€€**Mediteran**
„Schwesterhotel" des Marina, etwas weiter vom Ufer entfernt, Zweckbau, preiswerter.

●€€€€**Valamar-Bellevue**
Als Nummer 1 vor Ort präsentiert sich derzeit das Valamar-Bellevue, Tel. 465000, Fax 451440, www.valamar.com, am oberen Ortszugang mit schöner Dachpool-Terasse, modernen, hellen Zimmern und großartiger Aussicht über die Bucht.

Von den **Aparment-/Aparthotelanlagen** sind besonders hervorzuheben: die luxuriöse €€€€**Villa Annette,** Raška 24, Tel. 052-884222, www.villaannette.hr, Studios ab 1000 K; die Apartmentanlage €€€**Albona,** vormals Pluton, Tel. 052-128143, www.rabac-hotels.com, Studio ab rund 65 Euro, mit Pools und Fitnessbereich; die Apartmentanlage €€€**Lanterna** beim gleichnamigen Hotel, Tel. 052-862500, www.rabac-hotels.com, Studio 450 K, 6er-Wohnung 700 K.

Camping

●€€€**AC Oliva**
Tel./Fax 052-872258, www.maslinicarabac.com. Einziger Platz unmittelbar am Ort. Diverse Freizeitmöglichkeiten (Ballsportarten, Minigolf, Tennis), Supermarkt und Restaurant. Ab 100 K pro Platz, geöffnet von Anfang Mai bis Ende Sept.

Essen & Trinken

Da die Unterkünfte in **Rabac** liegen, findet sich hier auch die größte Auswahl an Lokalen und Cafés. Aber auch in **Labin-Altstadt** kann man sehr gepflegt in historischem Ambiente speisen.

In Rabac:

•**Restaurant Primorje,** Tel. 052-872217, Obala Tita. Einfaches Lokal mit hübschem Seeblick und ordentlichen Portionen, auch preiswerte Pizza und Nudelgerichte.

•Heißester Tipp in der Mittelklasse ist das **Vale Vista,** zwar ohne Meerblick, aber mit sehr guter Küche (Tel. 872167 und 852745, O. Tita 2b)!

•**Restaurant Miramare,** O. Tita, Tel. 052-872146. Mittelklasserestaurant mit hübschem Blick über die Bucht.

•**Restaurant Lino,** O. Tita 59, Tel. 052-872629. Exquisite Fischplatten für zwei Personen, Oberklasse.

•**Belavista,** O. Tita, Tel. 052-872523. Sehr angenehmes Restaurant der Oberklasse, etwas abseits des Rummels.

In Labin:

•In der einfachen Kategorie sind zu nennen: **Bistro Bar Spider,** eher jugendliches Publikum, und **Bistro Loža,** sehr stilvoll in der ehemaligen Stadtloggia mit Eiscafé, Snacks, Billard, Flipper.

•In der mittleren Preisklasse bietet sich das **Restaurant Kvarner,** Tel. 052-852336, San Marco bb, mit hübschem Blick von der großen Straßenterrasse an. Die Pizza ist gut, der Rest Geschmackssache; Massenbetrieb.

•Gediegener ist das bessere **Velo Café/Restaurant,** Tel. 052-856745, am Titov Trg 12.

•Etwas außerhalb empfehlen Leser die **Konoba Rogočana** auf dem Weg zur Halbinsel St. Marina, Tel. 052-852576. Hausmannskost und feine Fischgerichte zu guten Preisen.

Aktivitäten

Tauchen:

•**DPA-Calypso** im AC Oliva, Tel. 052-856 009.

•**Scuba Center SV Marina,** AC Marina, Cran Punta, Tel. 052-879052, info@scubacenter.de. „Selbsttaucher" erhalten hier die Genehmigung oder wenden sich an die Hafenmeisterei, Obala Tita 39, Tel. 052-872160.

•**Mare-Technik,** Obala M. Tita 9, Tel./Fax 052-872023, www.mare-technic.hr.

Wassersport:

•Wasserski, Scooter, Jet-Ski, Banane, Paragliding, Bootsverleih usw. werden in der **Badebucht Mimosa** angeboten; hier findet man auch einen kleinen **Aquapark** mit Wasserrutsche (für Kinder).

•Der örtliche **Segelclub Kvarner,** Tel. 052-872858, liegt im AC Oliva. **Hafenmeister** Tel. 052-872085.

Sonstiger Sport:

- **Beachvolleyball** wird neben dem Hotel Lanterna gespielt.
- Andere Ballsportarten und auch Minigolf oder Tennis (8 Plätze) bietet das **Sportzentrum Oliva,** Tel. 052-872016, im Campingbereich.

Bootsausflüge:

- Sehr beliebt sind in Rabac so genannte **„Fischpicknick-Touren"** per Boot: Ab 150 K fährt man am Nachmittag mit einem Ausflugsboot zum Fischessen aus; zu buchen direkt am Kai.
- **Andere Ausflüge** werden in den Agenturen angeboten.

Unterhaltung

- Die **Promenade mit Cafés und Restaurants** erwacht erst abends richtig zum Leben, wobei zwei Abschnitte zu unterscheiden sind: einerseits das **Zentrum (M. Tita),** das eher gesetzt wirkt (Flanieren, Bar- und Restaurantbetrieb), andererseits der **Uferabschnitt unterhalb des Mimosa-Hotels** mit abendlichen Live-Konzerten und insgesamt mehr Stimmung. Viele Stände (Muschelverkäufer, Scherenschnitt-Künstler usw.) säumen die Promenade.
- Nachtschwärmer besuchen die **Disco Sv Andrija** beim Hotel Pollux in Rabac oder die **Disco Zeus** am Busbahnhof in Podlabin.

Sonstiges

In Rabac:

- Wichtigste Örtlichkeit in Rabac dürfte das **Einkaufszentrum** an der Obala Tita mit allen wichtigen Institutionen sein: **Ambulanz Rabac,** Tel. 052-872030, **Post, Bank** und **Supermarkt,** tgl. 6.30–22 Uhr.
- **Selbstverpfleger** decken sich im **Supermarkt** am Narcis Hotel oder in dem sehr großen Supermarkt des Einkaufszentrums (s.o.) ein.
- Die **Hafenmeisterei,** Obala Tita 39, Tel. 052-872160, ist für Bootsmeldungen und Tauchgenehmigungen zuständig.
- Bekannte **Pkw-Vermieter** sind **Budget,** Tel. 052-872357, und **Europcar,** Tel. 052-872952.

In Labin und Podlabin:

- **Post/Bank:** In Labin liegt eine Istarska Banka in der Ulica Sfecija, eine kleine Post am Titov Trg. In Podlabin befinden sich einige Banken entlang der Hauptstraße Zelenice, die Hauptpost in der Zelenice 1.
- Die für alle drei Abschnitte zuständige **Polizeidirektion** liegt in Podlabin, Zelenice 34, Tel. 052-538434 (Notruf 92).
- Einen **Notarzt** für alle Fälle erreicht man unter Tel. 052-855333 im Kreiskrankenhaus Podlabin, Ulica Mikule 2, die Ambulanz rund um die Uhr unter 052-872030.
- **Filme** kann man in den Zeitschriften- und Andenkenläden kaufen, Filmentwicklungen sind nur in Podlabin bei Festival-Foto, Zelenice 10, möglich.

Rundfahrt über die Landzunge Crna Punta ⇗B/C2/3

Route für Selbstfahrer

Wer in einem der beiden abgelegenen Camps von Labin oder einer neuen, sehr günstigen Feriensiedlung wohnen oder einfach mal einen eher unbewohnten Landstrich kennen lernen möchte, sollte als Selbstfahrer die folgende Route auf sich nehmen (Achtung: sehr steiles Teilstück, nicht für Wohnmobile oder Gespanne geeignet!).

In der Altstadt von Labin über den Platz gerade hinweg der Beschilderung „Ravni/Sv Marina" folgen. Die Gegend zeigt sich bald hügelig, mit Mischwald begrünt und unbewohnt. Erst im kleinen **Gehöft Crni** gabelt sich das Sträßchen: Links geht es zum AC Sv Marina, rechts weiter zur **Feriensiedlung Ravni** durch eine zersiedelte Villengegend. Im erst vor wenigen Jahren aus dem Boden gestampften Ferienort bieten eine Grill-Bar, die Valmini-Touristenagentur sowie eine neue Tennisanlage ihre Dienste an; die Ferienwohnungen selbst liegen 250 m oberhalb vom Sand-Kiesstrand und wirken sehr ruhig und beschaulich trotz der großen Anzahl (zur Rezeption dem Schild „Market" nach links folgen, nach 300 m rechter Hand).

Aufgepasst: Es sieht zwar nicht so aus, aber vor dem Market-Schild rechts hinauf führt die Straße sehr steil fast bis zum Gipfel des 475 m hohen **Brdo,** wo ein Kreuz steht. Ein kurzes Stück weiter folgt das Dörfchen **Skitača;** im Ort rechter Hand führt ein **Wanderweg über den Goli** (538 m) nach **Gora Glusiči.** Die Strecke ist 8 km lang, lohnt aber wegen der spektakulären Blicke über die Küste.

Von Skitača fährt man hinunter nach **Brovinje,** wo man auf eine Hauptstraße trifft. Links liegt ein hässliches Kalkwerk, rechts der Ort **Viskovici,** wo eine Abzweigung zum AC Tunarica führt. Das Camp liegt 17 km von Labin entfernt; die Route von hier bis zur Stadt beendet die Rundfahrt unspektakulär.

Unterkunft

● Sehr beliebt sind die **Privatwohnungen** des Hauses **Bella Vista** der Familie *Milevoj* (Tel./Fax 052-877060, info@ravni.net) mit fünf unterschiedlich großen Wohneinheiten, alle mit Meerblick bis zur Insel Cres.
● Zwei sehr hübsche **kleine Ferienhäuser** (deutsch-niederländische Leitung) kann man unter **www.ravni.hr** buchen.

Camping

● €€€**AC Marina**
Crna Punta, Tel. 052-879058 u. 465010, Fax 879044, www.valamar.com/croatia/istria/rabac/camping/marina. Auch Mobilheime im Angebot.
● €€€**AC Tunarica**
Crna Punta, Tel.098-290310, marina-tunarica@pu.htnet.hr, www.istra.com/rabac/tunarica/index.html. Gilt als Geheimtipp unter Campern der istrischen Ostküste. Tauchbasis, Kiosk, nettes Restaurant, noch unabhängig. Beide Plätze ca. 40 K/Person.

Pican

⇗ B2

Zentralistrien

Eine sehr beliebte Tour durch Zentralistrien führt von Labin am äußerst fruchtbaren **Čepicko Polje** entlang Richtung Pazin, wobei der ehemalige Bischofssitz Pican passiert wird. Der Ort liegt 360 m hoch, seine heute rund **300 Einwohner** leben von der Viehzucht und dem Ackerbau (Kürbis, Zucchini, Tomaten, Wein).

Pican hat zwei Zufahrten, die beide hinauf zur alten Stadtmauer mit der Dorfschenke führen, wo man gut parken kann. Linker Hand steht die **St.-Rochus-Kapelle** mit schönem Blick auf das Umland. Die Stadt selbst wird durch ein Portal aus dem 14. Jh. betreten; dahinter liegt rechter Hand das Geburtshaus von *Marko Brajsa Rašan* (1859–1934), einem lokalen Unabhängigkeitsverfechter.

Wenige Meter weiter auf der gegenüberliegenden Seite steht die dreischiffige **Kirche Maria Verkündigung** (das Titularbild stammt von *Valentin Metzinger*), errichtet von 1735 bis 1738 auf den Grundmauern einer ehemaligen Kathedrale. Es

060is Foto: wi

mutet etwas seltsam an, dass auf die alten Grabplatten des Kirchenfußbodens Bänke gestellt werden. Mit einer Höhe von 48 m ist der **Glockenturm** einer der höchsten überhaupt in Istrien.

Gegenüber der Kirche, im Haus Nr. 7, der mit Blumen geschmückten **Podbiskupija,** war vom 5.

bis zum 18. Jh. der Sitz des Bischofs; es ist noch heute das schönste Gebäude in Pican.

Malerisches Pican im istrischen Hochland

066is Foto: wl

Die Riviera von Opatija

Allgemeines

Zwischen Labin und Opatija

Nordöstlich von Labin liegen nur noch das große Kohlekraftwerk von Plomin sowie (20 Autominuten ab Labin) der wichtige **Fährpier Brestova,** Transitort zu den Inseln Cres (Porožina-Pier) und Lošinj, die zur Region Kvarner Bucht gehören. An Wochenenden ist diese Fährstelle ziemlich überlastet, man sollte daher einen Werktag zur Überfahrt wählen und zudem sehr früh am Pier sein! Die Küstenstrecke ist unbewohnt und karg, erst mit Mošćenička Draga im Kvarner Land setzt eine neue Kette von Touristenorten ein. Der **Küstenstreifen von Mošćenička Draga bis Opatija** wird gemeinhin als die eigentliche **Riviera von Opatija** bezeichnet.

Mit **Brestova** endet offiziell die Verwaltungsregion Istrien und geht nahtlos in die Kvarner Bucht über. Verwaltungstechnisch ist dies begründet durch die linker Hand immer steiler emporragenden **Ausläufer des Učka-Massivs,** das Istrien vom Rest Kroatiens trennt; streng geografisch endet Kroatisch-Istrien allerdings erst in Opatija.

Kvarner Bucht

Der Begriff „Kvarner" dient als Sammelbegriff für die **Bucht um Rijeka von Mošćenička Draga bis Novi Vinodolski** mit dem dazugehörigen Hinterland bis zur slowenischen Grenze im Nordosten sowie den ebenso interessanten wie unterschiedlichen **Inseln Rab, Krk, Cres** und **Lošinj.** Während die Abgrenzung nach Südosten administrativer Natur ist und unauffällig verläuft, bildet das Čičarija-Gebirge mit dem Učka-Massiv im Westen eine sehr deutliche Barriere zur sich anschließenden Halbinsel Istrien. Die Vielfalt der geografischen Räume bietet dem Besucher eine breite Palette an Eindrücken und Gestaltungsmöglichkeiten für einen Aufenthalt in dieser Region: Die an sich schon sehr unterschiedlichen Inseln sind ein ganz anderes Erlebnis als das über 1500 m hohe und faszinierende Bergland um den malerischen **Veli Risn-**

Bild auf den Seiten zuvor: Die Riviera von Opatija gehört schon zur Kvarner Bucht (hier ein Strand auf der Insel Cres)

062is08 Foto: wl

jak (1528 m). Selbst die Festlandsbucht muss man zweigeteilt betrachten mit dem mondänen **„Flanier-Bereich" westlich von Rijeka** (Riviera von Opatija) und dem eher stimmungsgeladenen **„Action-Bereich" Crikvenica - Novi Vinodolski** sowie Rijeka als industriellem und verkehrspolitischem Mittelpunkt der Region.

Während Baumeister und Künstler in Istrien vorwiegend aus Italien kamen, warten die Baudenkmäler der istrischen Riviera von Opatija vor allem mit Namen **deutschsprachiger Künstler** und Architekten auf. Besonders auffällig ist diese historisch bedingte Tatsache bei den Kirchen.

Mošćenička Draga vor der Kulisse des Čičarija-Massivs

Mošćenička Draga ⇗C2

Drei Ortsteile

Das istrische Labin und Mošćenička Draga, welches administrativ zur Kvarner Bucht gehört, werden landseitig von dem scheinbar in die See stürzenden **Čičarija-Massiv** getrennt; an der Schnittstelle liegt der Fährhafen Brestova, wo die Autofähren zu den Kvarner Inseln Cres und Lošinj ablegen. Die erste größere Siedlung in der Kvarner Bucht, Mošćenička Draga, besteht aus drei Ortsteilen: Mošćenička Draga selbst an der Küste, das mit allen touristischen Einrichtungen aufwartet, Mošćenice als ruhiges Bergdorf, sowie Brseč, der gemütlichen ersten Station im Kvarner Land.

Brseč

Georgskirche

Brseč liegt zwar unmittelbar an der Küste, aber auf einer rund 160 m hohen Klippe, die den letzten Ausläufer des Čičarija-Gebirges bildet. Der kleine und verwinkelte Ort mit seinen **121 Einwohnern** wirkt sehr ruhig und vollkommen untouristisch. Die örtliche Georgskirche stammt aus dem 18. Jh. und zog mit ihren **„goldenen Altären“**, so genannt wegen der goldenen Reliquien und Verkleidungen, zahlreiche unliebsame Besucher an.

Sonstiges

!

- Im Ort werden zahlreiche **Privatzimmer** vermietet; Auskünfte dazu erteilt die **Touristeninformation Mošćenička Draga.**
- Sehr angenehm sitzt man im urigen Biergarten der **Konoba Šip** am Eingang des Ortskerns.

Mošćenice

Malerische Küstenstraße

Von Brseč nach Mošćenice empfiehlt es sich unbedingt, die **„Bergroute“** zu nehmen (am Ortsausgang Richtung „Martina, Sv Martin“). Das Ge-

Spinnerin in Mošćenice

birge erhebt sich hier immer noch über 800 m steil aus dem Meer empor, und die malerische Küstenstraße windet sich über rund 12 km bis nach Mošćenice.

Im Ort

Gegenüber der Friedhofskapelle Sv Bartolomej (Parkmöglichkeit) liegt mit dem alten **Stadttor** der Zugang zum winzigen Ortskern – es gibt nur eine Gasse bis zur Kirche, ansonsten steht man zwischen Privatgemäuern. Unmittelbar am Stadttor liegt ein kleines, aber sehr feines **ethnologisches Museum** mit Trachten und Gerätschaften, die von der einstigen Bedeutung Mošćenices als Agrarstadt zeugen. Die **Pfarrkirche Sv Andrej** mit dem massiven Glockenturm ist aus dem 17. Jh. und rühmt sich kunstvoller Schnitzereien von *Michael Zierer* und einer Meisterorgel von *Peter Rumpel*.

• **Ethnologisches Museum:** Geöffnet tgl. 9–13 Uhr und 16–20 Uhr, Eintritt: 20 K, Kinder 10 K.

300is Foto: wl

Sonstiges

- Im Ort kann man unmittelbar neben der Kirche in einer sehr hübschen **Privatunterkunft** nächtigen: €**L. Lencovič,** Tel. 051-737668.
- Vor dem Stadttor lockt das **Restaurant Perun Moščenice** mit tollem Blick von der Terrasse!

Mošćenička Draga

Touristisches Zentrum

Mošćenička Draga (475 Einwohner) an der Küstenstraße bildet den eigentlichen touristischen Kern in der hübschen Bucht. Hier liegt der Großteil der Freizeit- und Unterkunftsmöglichkeiten. Man schlendert die fast 2 km lange Promenade entlang, badet in der endlos langen **Kiesbucht** oder der benachbarten **Bucht Sv Ivan** (FKK-Strand), oder man frönt dem Tauchsport.

Wanderfreunde werden den **Aufstieg zum Vojak** (1396 m) lieben, der entweder selbstständig oder in einer geführten Tour via Detani, Trebišće und Učka durchgeführt werden kann (eine Wanderkarte hängt in der Agentur Liburnja aus).

Busverkehr

Mošćenička Draga liegt an der **Küstenroute Opatija – Labin.** Mit dem Bus (Haltestelle an der Hauptstraße neben der Abzweigung zum Camp) muss man zunächst nach Opatija fahren, um von dort in Langstreckenbusse umzusteigen.

Infos, Agenturen

- **Touristeninformation Mošćenička Draga,** Aleja Slatina 12, Tel. 051-737533, Fax 737584, www.tz-moscenicka.hr.
- **Agentur Liburnja,** an der Durchfahrtsstraße gegenüber der Zufahrt zum Ufer und Autocamp, Tel./Fax 051-737533.
- **Agentur Annalinea,** an der Zufahrtsstraße zu den Hotels, Tel. 051-737207, Fax 737400, www.annalinea.hr. Vermittlung von Privatzimmern (ab 25 Euro pro Zimmer) und Ferienwohnungen (ab 300 Euro pro Woche).

Unterkunft

- €€€**Hotel Mediteran**
Tel. 051-737622, Fax 737538, www.liburnia.hr. Direkt am Ufer, gute Mittelklasse.
- €€€**Hotel Marina**
Tel. 051-737504, Fax 737584, www.liburnia.hr. Unmittelbar im kleinen Ort gelegen (Zufahrt wie Camp), mit Pool und Sauna.

Camping

●€€AC „I"
Tel. 051-737523, Fax 737339, autokamp-i@ri.t-com.hr, indirekt über www.tz-moscenicka.hr im Web vertreten; im Zentrum gelegen und von März–Okt. geöffnet.

Essen & Trinken

Von **Eisdielen und Snackbars an der Uferpromenade** abgesehen – besonders schön sitzt man auf der Uferterrasse der **Konoba na Rivi** (Tel. 051-737502) –, werden vor allem in der **Konoba Sidro** (hinter der Agentur Liburnja an der Hauptstraße) hervorragende Fischgerichte serviert.

Aktivitäten

●**Tauchbasen:** B&J Šetalište 17, Tel. 051-294415, bj@ri.htnet.hr; RKE im Restaurant-Pension Dante, Tel. 051-737752; Marine Sport, Tel. 051-703216, info@marinesport.hr, Unterkunftsmöglichkeiten für Taucher vorhanden.
●Am Strand werden **Scooter, Wasserski, Banane** u.a. angeboten.
●**Wandern:** Die Agentur Liburnja (s.o.) bietet für ca. 100 K Touren auf den Vojak an.

Medveja

↗C1

Einsame Küste

Mit einem 4 km langen menschenleeren Küstenabschnitt **zwischen Mošćenička Draga und Medveja** endet das ruhige und zerklüftete Felsgebiet mit Baum- und Buschbestand, welches sich von der istrischen Südspitze bis ins Kvarner Land erstreckt, unterbrochen nur von wenigen nennenswerten Ansiedlungen. **Ab Medveja** ist es endgültig vorbei mit der Beschaulichkeit, **ein Küstenort reiht sich an den anderen** von Bucht zu Bucht. Ein unberührtes Stück Ufer zu finden, erweist sich als unmöglich. Ein ebensolches Kunststück ist es übrigens auch, an der engen Küstenstraße einen Parkplatz zu bekommen, man gehe daher am besten zu Fuß auf dem bis Lovran durchgehend befestigten **Ufer-Fußweg** („Obalni Put"). Der Kiesstrand von Medveja ist im Sommer ziemlich überfüllt.

Unterkunft

●Um die **Vermittlung von Zimmern, Ferienwohnungen** und Geldwechsel bemühen sich die **Agenturen Agencija New Sound,** Tel./Fax 051-291111, und die **Touristeninformation,** Tel./Fax 051-291296.

•Am südöstlichen Ortsrand liegt das €€**AC Medveja,** Tel. 051-291191, Fax 292471, www.liburnia.hr. Tauchschule, Disco, Restaurant. Seit Liburnia die Anlage betreibt wird sie beständig erweitert, heute gehören auch Bungalows (FeWo), eine Villa (DZ) sowie Mobilheime zum Angebot (Info und Buchung unter www.visitopatija.net.

Sonstiges

•Neben dem AC Medveja befindet sich ein **Konzum-Supermarkt** (6–21 Uhr geöffnet).
•Am Strand werden **Tauchgänge** (Sub-Service, Tel. 051-272153) sowie **Minigolf** angeboten.
•**Busanbindung** besteht mittels der Linien 32 und 54 nach Opatija und Mošćenička Draga (etwa alle 80 Minuten); Parkplätze kosten in Medveja 20K/Tag.
•Im winzigen Vorort Kraj (Richtung M. Draga) werden entlang der Hauptstraße etliche **Privatzimmer/-apartments** angeboten, ferner findet man hier die **Tauchbasis Diving Boat.**

Lovran

C1

Alte Siedlung

Die rund **4000 Einwohner** zählende Stadt Lovran (ital. Lovrana), die älteste Siedlung der Riviera von Opatija aus dem 7. Jh., bewahrte lange Zeit ihr mittelalterliches Stadtbild. Erst die Entwicklung des Tourismus im 19. und 20. Jh. veränderte die Stadt und die Lebensweise der Bevölkerung nachhaltig. Die berühmte „Lungomare", eine 8 km lange **Uferpromenade von Lovran bis Volosko,** einem Vorort von Opatija, zog zunehmend Besucher aus aller Welt an. Trotzdem konnte Lovran mit seiner **historischen Altstadt** seinen ursprünglichen Charakter weitgehend erhalten.

Der Mustačon soll gegen böse Geister helfen

071is Foto: wl

Im Zentrum

Durch das untere **Stadttor** mit dem Stadtturm (17. Jh.) kommt man unmittelbar zum kleinen Zentrum **(Trg Sv Juraj)** mit der **Georgskirche** (Sv Juraj) aus dem 12. Jh. Der ursprünglich frei stehende Glockenturm wurde im 17. Jh. mit der Kirche verbunden. Am Platz sieht man mehrere verzierte Häuserportale; gegenüber der Georgskirche steht das Rathaus mit einem Relief des *Hl. Georg,* der mit seinem Speer einen Drachen durchbohrt. Ein Relief am Haus neben dem Café zeigt ein Furcht einflößendes Gesicht mit riesigen Bartfransen, genannt **„Mustačon"** (von frz. *moustache,* Schnurrbart) – eine Art Abwehrmaske gegen böse Geister. Im oberen Altstadtbereich, Richtung Parkplatz, hatte die Bruderschaft des *Hl. Johannes (des Täufers)* im 14. Jh. eine romanische Kapelle errichtet; 1998 wurden hier **Fresken** mit Darstellungen aus dem Leben des *Johannes* entdeckt.

An der Hauptstraße

An der Hauptstraße **zwischen Lovran und Opatija** werden dem Durchreisenden **prachtvolle Villen** auffallen. Im späten 19. Jh. als Wohn- und

Sommerresidenzen errichtet, waren sie ursprünglich von weitläufigen Parkanlagen (wie man sie in Opatija noch findet) mit teilweise exotischer Vegetation umgeben. Einige der Villen sind Werke des als kreatives Genie berühmt gewordenen Wiener Architekten *Karl Seidl*.

Badebuchten Zwei Badebuchten locken in Lovran: eine etwas kleinere **gegenüber vom Hotel Splendid** (Richtung Medveja) und eine sehr hübsche **am Park Kormušćak** (1 km die Uferpromenade Richtung Opatija entlang).

Parken Der Beschilderung „P-Centar" folgend, wird man zum großen Parkplatz **an der Ulica Brajdice** geleitet; hier steht man genau am oberen Ende des Altstadtkerns.

Busverkehr Die **Regionalbusse** halten auf Höhe der Pizzeria Oaza/TA Kvarner an der Hauptstraße; von hier geht man 150 m hinunter zur Kurve. Das Stadttor mit Restaurant Bellavista ist der untere Zugang zur Altstadt.

Infos

- **Touristeninformation Lovran,** M. Tita 15, Tel./Fax 051-291740, schräg gegenüber dem Restaurant Kvarner an der Ufer-Plattform, www.tz-lovran.hr.

Agenturen

Drei Agenturen, alle an der Durchgangsstraße M. Tita, bieten **Information, Geldwechsel, Ausflugsorganisation und Unterkunftsvermittlung:**

- **Lovran,** Tel./Fax 051-291041, lovrana@lovranske-vile.com.
- **Štanger,** Tel./Fax 051-293266, pansion.stanger@ri.htnet.hr.
- **Kvarner Express,** Tel./Fax 051-291119.

Unterkunft

- Wer etwas ganz Exquisites sucht, dem sei die **Villa Astra,** Viktora Cara Emina 11, Tel. 051-294400, Fax 294600, villa.astra@lovranske-vile.com, empfohlen, die sich den Luxus mit 270 Euro/DZ vergüten lässt (Apartments 230 Euro).
- Ein hübsches (und recht preiswertes) Mittelklassehotel ist das €€€**Hotel Lovran,** Maršala Tita 19, Tel. 051-291222, Fax 292467, pol-mot@ri.htnet.hr, mit DZ von 45–140 Euro je nach Lage und Saison.
- Das €€€**Hotel Bristol,** Maršala Tita 27, Tel. 051-291022, Fax 292049, www.liburnia.hr, ist bei vergleichbar guter Qualität noch etwas günstiger (85–130 Euro).

Essen & Trinken

- Das **Café Sv Marija** am Trg Sv Juraj bietet günstige Erfrischungen und Snacks.
- 30 m daneben liegt das **Restaurant Lovranska Vrata,** Tel. 051-291050, mit guter Küche der mittleren Preisklasse.
- Beliebt ist auch die **Pizzeria Oaza** an der Hauptstraße, Tel. 051-292674.
- Das gute **Restaurant Najade,** Tel. 051-291866, gegenüber der Agentur Lovran serviert hervorragende Fischgerichte zu moderaten Preisen.
- Für einen Drink oder zum abendlichen Erholen bietet sich der **Lovranski Pub** direkt am Ufer an (kurz vor dem südlichen Ortsende).
- Selbstversorger finden einen größeren **Konzum-Supermarkt** am Ortseingang rechter Hand.

Sonstiges

- **Medizinische Versorgung:** Das Kreiskrankenhaus, Tel. 051-291122, liegt zwischen Lovran und Ika nahe der Badebucht.
- Eine **Ambulanz,** Tel. 051-291042, befindet sich oberhalb vom großen Parkplatz.
- Vom Parkplatz halbrechts 100 m die Brajdice hinauf liegt ein großer **Supermarkt.**
- **Post** und **Apotheke** findet man an der Hauptstraße M. Tita, 200 m vom Zentrum Richtung Opatija.
- **Internet-Café** „Car-Wash" nahe der Tankstelle an der Hauptstraße.
- **Disco-Club** „Oscar", an der Hauptstraße im Zentrum kurz hinter dem Hotel Lovran rechter Hand.

Ika und Ičići

↗C1

Marina ACI Grassetto

Weiter entlang der dicht besiedelten Riviera folgen nach 2 km Ika und Ičići, einstmals kleine Siedlungen, die früher vom Fischfang und heute vom Tourismus leben. Hier befinden sich zwei international renommierte **Hotelfachschulen** sowie die beliebte Marina ACI Grassetto mit über 300 Liegeplätzen (überwiegend Segler, keine Betankung, Tel. 051-271740, Fax 271374). Zudem liegt in Ičići der einzige Campingplatz im Bereich Opatija. **Bademöglichkeiten** gibt es in den kleinen Steinbuchten entlang des befestigten Uferweges.

Infos

- Informationen erteilt (nur Juli/Aug.) das örtliche **Turist Biro,** Liburnijska bb, Tel. 051-271187, www.tourism-icici.hr.

Unterkunft

●€€**Hotel Ika**
Tel. 051-291777, Fax 292044, hotelika@ri.t-com.hr. Direkt an der Strandpromenade mit hübschen DZ zu 50–90 Euro. Zimmer und Apartments können unter www.tourism-icici.hr/privatangebote.html gebucht werden.

●€€**AC Opatija-Ičići**
Tel. 051-704387, Fax 704046, www.rivijera-opatija.hr. Gute Campinganlage mit Tennis, Spielplatz, Minimarkt, Kiesstrand und Bootsanlegestelle in einer terrassenförmig angelegten Parklandschaft. Geöffnet Anfang April bis Ende Sept.

Sonstiges

●**Ribarnica/Fischgeschäft:** aus Opatija kommend am Ortseingang rechter Hand.

Opatija

↗C1

Mondänes Seebad

Die **Kleinstadt** Opatija, ital. Abbazia (ca. 16.000 Einwohner), sollte man einmal besucht haben. Nicht, weil sie einzigartige kulturhistorische Monumente beherbergen würde, auch nicht, weil die Stadt etwa der Knüller unter den Riviera-Ansiedlungen Kroatiens wäre. Nein, im Gegenteil: Opatija kann weder auf eine Jahrtausende lange Tradition zurückblicken, noch geht hier abends die „Post ab". Und dennoch, ohne Opatija hat man die gleichnamige Riviera im Grenzbereich zwischen Istrien und dem Kvarner Land nicht kennen gelernt!

Ab 1843 und nach Fertigstellung der Verbindungsstraße nach Rijeka begann eine rasante Entwicklung als mondäner **k.u.k.-Erholungsort:** 1843 baute der Handelsmagnat *Higinio* die Villa Angiolina, noch heute das Prunkstück im Herzen der Stadt. 1844 folgte das **Hotel Quarnero** (Kvarner; errichtet von der österreichischen „Gesellschaft der südlichen Eisenbahnen") als **erstes Hotel der**

Opatija – mondäner Badeort in der Kvarner Bucht

073is Foto: wl

kroatischen Adria. 1860 bekam *Maria-Anna,* Gattin von Ex-Kaiser *Ferdinand,* Seeluft verordnet – *Higinio* stellte daraufhin seine Villa Angiolina zur Verfügung, und der Ruf Opatijas als exklusives Seebad war begründet. Weitere stilvolle Villenbauten folgten, das elektrische Licht kam 1896, ein Jahr darauf ein Wasserwerk und 1908 sogar eine Straßenbahn. Opatija war so berühmt geworden, dass höchste Würdenträger den Ort mit ihrem Besuch beehrten: Prinzessin *Luise von Sachsen-Coburg,* der schwedisch-norwegische König *Oskar* und *Karel I.,* König von Rumänien.

Das noble Ambiente vergangener Tage konnte Opatija bis in die Gegenwart sicht- und spürbar bewahren: Luxushotels und Nobelrestaurants, Spielcasino, Palmen, Avocado-Bäume. Mit einem solchen Erscheinungsbild verwundert es nicht, dass Opatija als das **„adriatische Nizza"** bezeichnet wird. Und genau dieses in Kroatien einmalige Flair macht einen Besuch der Stadt zu etwas ganz Besonderem.

Sehenswertes

Flaniermeilen

Besonders interessant erscheint ein Gang entlang der **Maršala Tita** mit den prachtvollen Villen, Hotelbauten, Cafés und modernen Geschäften. Auch an der **befestigten Uferpromenade** promenieren Alt und Jung, nutzen die Bademöglichkeiten der Stadt, tanken frische Seeluft unter einem der markanten, regenbogenfarbenen Sonnenschirme oder begutachten die kleinen Andenken-, Gewürz- und Kunsthandwerksstände. Dieser Abschnitt gehört zur 8 km langen Uferpromenade Lungomare, die von Volosko (zwischen Opatija und Rijeka) bis Lovran führt.

Park 1. Maja

Paradestück der Gründungs- und Blütezeit des Seebades Opatija ist und bleibt der Park 1. Maja (1. Mai) mit der zauberhaften **Villa Angiolina.** Sein **exotischer Bewuchs** mit Bambus, Zedern, Zypressen, Eukalyptus- und Mammutbäumen, Dattelpalmen, Akazien, Agaven und japanischer Kamelie versetzt den Besucher in angenehmes Entzücken. Im Park finden sich auch **Büsten historischer Persönlichkeiten,** etwa die von *Friedrich Schüler* und *Ivan Matičič Runjgov.* Im Gebäude selbst wurde Ende 2007 das Tourismusmuseum (Winterhalbjahr Di–So 10–18 Uhr, Sommerhalbjahr Di–So 9–13 und 17–20 Uhr) eingerichtet – interessante historische Dokumentation über den frühen Tourismus der Region, aber auch zur Stadtentwicklung.

Sv Marija

Zur **Pfarrkirche** Sv Marija gelangt man über eine kleine, stufige Gasse, die 50 m südlich des Busbahnhofs vor dem Buffet-Grill Elija rechts aufwärts

Die beeindruckende Marienkirche von Opatija

072is Foto: wl

führt. Sie stammt aus dem späten 19. Jh. und besticht durch ihre Holzkuppel, Ziegelwände und prachtvollen, farbigen Glasfenster.

Transport und Verkehr

Busverkehr Der **Busbahnhof,** Tel. 051-271617, liegt am Trg Vladimira mitten im Zentrum an der Durchgangsstraße Maršala Tita. Wichtige **Regionalbuslinien** sind: 32 (Rijeka – Opatija – Lovran – Mošćenička Draga), 35 (Opatija – Ičići) und 36 (Lovran).

Am Busbahnhof befindet sich die **Kartenverkaufsstelle Auto-Trans** (Tel. 051-271553) für **Langstrecken.** Busse fahren von 7–22 Uhr tgl. 13–16x nach Rijeka, 7x nach Zagreb, 1x nach Dubrovnik, 3x nach Split/Zadar, 6x nach Rovinj, 3x nach Poreč und 4x nach Triest. Hier werden auch diverse **Ausflüge** angeboten: Plitvice 290 K, Krk 200 K, Istrien-Rundfahrt 250 K, Venedig 475 K.

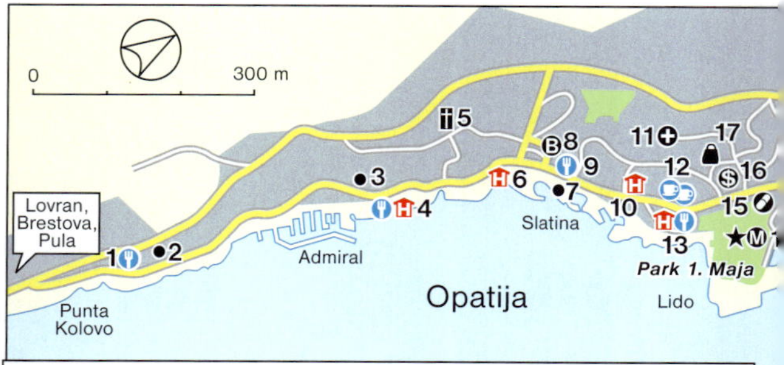

1	Gusto-Grill		13	Hotel Kvarner und Rest. Zelengaj
2	Casino		14	Vila Angiolina und Tourismusmuseum
3	Thalassotherapie		15	Apotheke
4	Rest. Madonnina & Hotels Kristal, Residenz, Admiral		16	Banken & Agenturen
5	Sv Marija		17	Operetta-Shopping
6	Hotel Belveder		18	Disco Quorum
7	Strandbad		19	Post
8	Busbahnhof		20	Post
9	Pizza-Grill		21	Irish Pub
10	Hotel Imperial		22	Club 51
11	Kreiskrankenhaus		23	TI
12	Cafés Choco Bar und Palma			Bus

Parken

Einen kostenlosen Parkplatz zu finden, ist schwierig bis unmöglich. **Im Zentrum** sind einige Straßen als **gebührenpflichtige Parkmöglichkeit** ausgewiesen, z.B. an der Ecke des Parks zum Ufer hinunter (5 K/Stunde).

Touristische Infrastruktur

Infos

• Die **Touristeninformation** liegt zentral in der Ul. Maršala Tita 101, Tel. 051-271310, Fax 712290, www.opatija-tourism.hr, geöffnet tgl. außer So 7–21 Uhr. Eine **Filiale** im Ortsteil Volosko liegt an der Bushaltestelle, Tel. 051-703145.

Agenturen

Für professionelle **Unterkunftsvermittlung, Geldwechsel und Ausflüge** bieten sich u.a. folgende Agenturen an der Hauptstraße an:

- **GIT,** M. Tita 65, Tel. 051-273030, Fax 271967, gi-trade@ri.htnet.hr.
- **Atlas,** M. Tita 116, Tel. 051-271032, Fax 271562, atlas-tours.opatija@atlas.hr.
- **Generalturist,** M. Tita 109, Tel. 051-271446, Fax 271790, www.generalturist.com.
- **Kvarner Express,** Tel. 051-703723, Fax 703724, office@kvarner-touristik.com.

Unterkunft

Opatija ist extrem **teuer!** Man muss auch, was die Unterkunft anbelangt, tiefer in die Taschen greifen als in anderen Orten der Riviera von Opatija. Privatzimmer, von denen etliche in den sehr netten und stilvollen Villen der Stadt liegen, werden über die Agenturen vermittelt (ab 35 Euro pro DZ).

- Die Nr. 1 vor Ort ist sicher das €€€€€**Hotel Ambasador,** F. Peršica 1, Tel. 051-743333, Fax 743444, ambasador@liburnia.hr. Teuer (DZ ab 180 Euro), nicht weil es besonders attraktiv ist, sondern wegen des „Opatija-Feeling".
- €€€€**Hotel Kvarner**
P. Tomašica 1-4, Tel. 051-271233, Fax 271202, kvarner@liburnia.hr. Ungebrochen stilvolles Ambiente. Wurde Ende des 19. Jh. gebaut und beherbergte illustre Gäste der k.u.k. High Society.
- Beliebt bei Seglern wegen der unterhalb gelegenen Admiral-Marina Opatija ist das €€€€**Hotel Admiral,** M. Tita 139, Tel. 051-271533, Fax 271708, admiral@liburnia.hr.
- Zu den bezahlbaren Hotels zählt das €€€**Hotel Belvedere,** Tel. 051-271044, Fax 271484, belvedere@liburnia.hr, sehr zentral und nahe dem Busbahnhof gelegen, ebenso das €€€**Hotel Residenz,** M. Tita 205, Tel. 051-271700, Fax 271225, residenz@liburnia.hr. Beide verlangen ca. 100 Euro pro DZ, in der Nebensaison bis zu 50 % Rabatt.

Noch vor 10 Jahren, als diese kleine Auswahl an Hotels erstmals zusammengestellt wurde, existierten alle unabhängig voneinander; heute gehören sie zur Liburnia Gruppe, einem der aggressiven Aufkäufer der Kvarner Bucht im Raum Opatija. Alle genannten Häuser sind auch im Web unter www.liburnia.hr vertreten; die Gruppe verfügt in Opatija auch über einige einfache €€-Hotels, wie etwa das **Palace** (M. Tita 144) oder das **Belvedere II** (I. Kaline 7). Privatzimmer arrangiert man besser vor der Reise über die TI-Seite (Unterkunft - Privatunterkunft - Zimmer), die in Opatija aber ihren Preis haben - unter 50 Euro ist zumindest im Sommer kaum ein Zimmer zu haben.

Camping

●€€€**AC Preluk**
Tel. 051-621913, Fax 214429, 6 km außerhalb Richtung Rijeka. Der nächste Platz in südlicher Richtung befindet sich in Ičići.

Essen & Trinken

Gerade in Opatija bemühen sich die Gastgeber, den Erwartungen und Ansprüchen der Oberklasse-Klientel nachzukommen; so sind es denn auch gehobenere Restaurants und edel anmutende Cafés, die das Straßenbild prägen.

● Sehr nette und qualitativ ausgezeichnete **Caféhäuser** der Wiener Schule findet man vor allem im Zentrum entlang der M. Tita, u.a. **Café Paris, Café Stephanie** und **Café Camelia.** Besondere Erwähnung verdient dabei das **Café Choco Bar** (M. Tita 94, Tel. 603562), geführt von Kroatiens Schokoladenproduzenten Nr. 1 *(Kraš)* - dementsprechend genial gelten hier die kakaobasierten warmen und kalten Getränke; geöffnet tgl. 8-24 Uhr. Gelobt für Wiener Kaffeehausatmosphäre und geradezu unverschämt gute Kuchen und Gebäckkreationen wird vor allem das **Café Palma** (M. Tita 108, Tel. 706318, tgl. 8-23 Uhr) am Hotel Bristol.

● Gut und günstig isst man im hübschen **Pizza-Grill** unmittelbar vor dem Busbahnhof.

● Preiswerte Gerichte bietet auch der **Buffet-Grill Elija** an der Hauptstraße.

● Sehr empfehlenswert, da direkt im Zentrum an der Promenade gelegen, ist das **Buffet Vongola** mit Snacks und moderner Musik.

● Als besonderer Tipp der Mittelklasse sei das **Gusto,** M. Tita 264, Tel. 051-6704026, 400 m ab Busbahnhof Richtung Lovran, empfohlen - eines der wenigen Restaurants in Opatija, wo man auch im Freien sitzen kann.

● Am Hotel Residenz liegt das Oberklasse-Restaurant **Madonnina,** Tel. 051-272579, das aber auch recht preiswerte Pizzen (rund 50 K) und Salate (ab 25 K) anbietet - das Ambiente ist es wert.

● Zu den ganz Großen zählen das **Fourchette d'Or,** Tel. 051-271211, im Hotel Ambasador sowie das **Zelengaj,** Tel. 051-271450, M. Tita 95, im Zentrum (trinken Sie einen Schnaps, bevor Sie die Rechnung in Empfang nehmen ...!).

Unterhaltung

Auch an abendlicher Unterhaltung geizt Opatija nicht mit seinen Reizen.

- Beliebt sind im Zentrum die **Disco Quorum House,** M. Tita nahe Park 1. Maja, die **Disco Imperial** (zum Hotel gehörend) sowie der **Hard Rock Club,** M. Tita, gegenüber der Treppe zu den Meerwasserpools.
- Absolut „in" ist derzeit der **Nightclub 51** (tgl. 20–4 Uhr) in Volosko an der Hauptstraße.
- Tipp für die Jugend: Nun, Opatija ist nicht unbedingt ein Traum unverstandener Teenager, die noch mit den Eltern in den Urlaub fahren (müssen). Aber einen gewaltigen Lichtblick, also da wo was abgeht, gibt es doch. Erst vor kurzem haben die Betreiber der Hemmingway-Bar von Rijeka die **Disco Seven** (M. Tita 125, Tel. 099-4777000, www.discoseven.hr) eröffnet. Viele Themenabende wie sonntags 80er/90er Hits, Disco Vibes (samstags) oder donnerstags mit dem lokalen und internationalen DJ-Größen wie *Harem B, James Tucker, Frankie-the-dj, Alex Ivanov, Tommy* u.v.m. Geöffnet tgl. 22–06 Uhr (Stimmung frühestens ab 23 Uhr), Eintritt je nach Event ab 30 K.
- Ebenfalls im Bezirk Volosko, an der Marina, liegt der nette **Irish Pub.**
- Eher gediegene und „verlustträchtigere" Unterhaltung bietet das **Casino Opatija** des Hotel Adriatic, Tel. 051-272011. Gespielt wird tgl. von 12–4 Uhr amerikanisches Roulette, Stud-Poker, Black Jack usw.

Sonstiges

- **Ambulanz:** V. Nazora 2, Tel. 051-271266.
- **Post:** Vjekoslava Spiničica 1; Mo bis Fr 7–19 Uhr, Sa bis 14 Uhr, kleine Filiale in der M. Tita 207.
- **Bank/Maestro-Geldautomat:** Zagrebačka und Riadria Banka an der M. Tita gegenüber vom Hotel Kvarner; sehr gute Kurse gibt die Wechselstube am Busbahnhof.
- **Einkaufen:** Entlang der Uferpromenade bieten etliche **Souvenirstände** und fliegende Händler ihre Waren an, meist aus dem Textilbereich: Ledergürtel kosten 100 K, Shorts 120 K, T-Shirts 80 K (bessere Qualität 170 K). Ältere Frauen verkaufen gelegentlich selbst gehäkelte **Deckchen** und **Strickjacken.** Den Alltags-Großeinkauf erledigt man aber besser im nahe gelegenen Rijeka (z.B. Rijeka-Tower; ausgeschildert).

296is08 Foto: wl

Anhang

Literaturtipps

- *Bodrožić, Marica:* **Tito ist tot,** Suhrkamp Verlag. Kurzgeschichten und Erzählungen zum neuen Kroatien.
- *Deschner, Kh. & Petrovic, M.:* **Der ewige Kreuzzug auf dem Balkan.** München, 1999.
- *Dubravka Ugrešić:* **Kultur der Lüge,** Suhrkamp Verlag. Auseinandersetzung mit dem jugoslawischen bzw. kroatischen Nationalstaat.
- *Dubravka Ugrešić:* **Lesen verboten,** Suhrkamp Verlag. Weitere Auseinandersetzung mit dem jugoslawischen bzw. kroatischen Nationalstaat.
- *Elsässer, Jürgen:* **Kriegslügen,** Kai Homilius Verlag, 2004. Erläutert die unselige Geschichte des Balkankonfliktes bis zum Milošević-Prozess.
- *Held, Kurt* (eigentl. *Kurt Kläber*): **Die rote Zora und ihre Bande.** Patmos-Verlagsgruppe, 2007. Der berühmte Jugoslawien-Kinderroman wurde nach Erlebnissen des Schweizer Autors 1941 erstmals und inzwischen in der 37. Ausgabe veröffentlicht. Jugendbuch-Klassiker, 1979 als TV-Serie und 2008 als Kinofilm mit *Linn Reusse* als Zora sowie *Ben Becker* und *Mario Adorf* verfilmt.
- *Hösch, Edgar:* **Geschichte der Balkanländer,** C. H. Beck Verlag. Grundlagenwerk zur Geschichte des ehemaligen Jugoslawien und seiner Nachfolgestaaten.
- *Jovanović, Dragoslav:* **Kroatisch – Wort für Wort,** Kauderwelsch Band 98, REISE KNOW-HOW Verlag, Bielefeld. Kroatisch für den einfachen Einstieg und die schnelle Verständigung im Reisealltag. Der „AusspracheTrainer Kroatisch" (Audio-CD, ca. 60 Min. Laufzeit) enthält die wichtigsten Sätze und Redewendungen des Kauderwelsch-Bandes zum Hören und Nachsprechen.
- *Mappes-Nieldick, Norbert:* **Balkan Mafia,** Berlin 2003. Beschreibt die Balkanstaaten in der Hand krimineller Banden und Politiker, sehr aktuell bis zum Djindić-Attentat.
- *Schmidt, H. & Barth, E.W.:* **Hafenhandbuch Mittelmeer,** in 6 Bänden, Nautik-Verlag. Detaillierte Pläne und Be-

Bild auf den Seiten zuvor: Hotelinsel Katarina vor Rovinj

schreibungen aller adriatischen Hafenanlagen und Segelreviere.

- *West, Rebecca:* **Schwarzes Lamm und grauer Falke,** Berlin, 2002. Geschichtlicher und kultureller Hintergrund des Balkan basierend auf einer Reise einer Engländerin in den 1930er Jahren.

Glossar

- **Abecedarium:** Alphabet (lateinisch, kyrillisch oder griechisch), welches vom Bischof bei der Kirchweihe in den Boden graviert wird.
- **Antolčić, Ivan** (*15.5.1928 in Komarevo, Sisak): In Zagreb ausgebildeter Bildhauer, von 1954–1991 Bühnendekorateur und Skulpteur des Nationaltheaters in Zagreb, gleichzeitig gefragter Poster-Zeichner (Ballett Zagreb) und Maskenbildner. Seit 1963 stellt er selbst aus und arbeitet bevorzugt für Kinderzeitungen („Radost", „Modra"), gestaltet Folianten, Medaillen, Plaketten u. Ä. *Antolčić* gilt als Aushängeschild der kroatischen Allround-Kunst des 20. Jh.
- **Aquilea** (ital. Aquileja): Ab 181 v.Chr. als römische Kolonie erwähnt, wurde als zweite italienische Stadt christianisiert und war eine der größten Städte Italiens überhaupt. Ab Mitte des 6. Jh. war es Patriarchat („Patriarch" ursprünglich: Vorsteher des Sanhedrin, des höchsten jüdischen Gerichtes, dann ähnlich einem Erzbischof). Ab 1421 gehörte das Patriarchat Aquilea zu Venedig, verlor 1445 seine weltliche Macht und wurde schließlich von Papst *Benedikt XIV.* aufgelöst. Heute Ruinenstadt in Nordost-Italien (Grado). Mit dem Zusammenbruch Westroms (476) fielen zahlreiche Städte Nordkroatiens, insbesondere Istriens, an das Patriarchat Aquilea.
- **Archidiaconus:** geistlicher Titel (Erzdiakon), ursprünglich erster Diakon und Vertreter des Bischofs, oft in Personalunion Dompropst, beteiligt an Vermögensverwaltung und Kirchenrechtsprechung.

- **Ban:** Vizekönig, Statthalter.
- **Byzanz:** Hauptstadt des byzantinischen Weltreichs (später Konstantinopel, heute Istanbul), gleichzeitig Bezeichnung für das oströmische Reich nach der Abspaltung von Westrom (Reichsteilung 395 n.Chr.). Während Westrom schon 476 n.Chr. von den germanischen Goten zerschlagen wurde (Odoaker), blieb Byzanz (Ostrom) bis zur Eroberung durch die Türken 1453 ein wichtiger Machtfaktor und Bollwerk gegen den Islam im östlichen Mittelmeerraum. Obgleich die kroatische Adria im Allgemeinen und Istrien im Besonderen eher dem weströmischen Einfluss zuzurechnen sind, war Ostrom nicht unbedeutend, was an der nur allmählichen Trennung von Kirche und Staat lag:

Kirchlich unterstanden viele Städte weiterhin dem Patriarchen von Konstantinopel, während sie politisch an die Nachfolger Westroms fielen (etwa Venedig) und so erst später unter römisch-katholischen Einfluss gerieten.

• **Campanile:** Glockenturm, der abgesetzt neben der Kirche steht, sehr häufig in Italien und in vielen Kirchen Kroatiens, die während der venezianischen Phase errichtet worden sind.

• **Dalmatinac, Juraj** (1410–1473): Dalmatischer Innenarchitekt und Künstler aus Zadar in der Übergangsphase von der Spätgotik zur Renaissance. Seine Werke sind von außerordentlicher Bedeutung für Kroatien und sogar Italien, wo *Dalmatinac* in Ancona und Venedig (Kaufmannsloge) tätig war. Die Gesamtanlage der Stadt Pag, Wohnhäuser und Befestigungsmauern von Dubrovnik sowie die Kathedrale von Šibenik gehören zu seinen bedeutendsten Werken.

• **Exarchat:** Verwaltungsrat und Statthalter von Byzanz.

• **Frankopanen:** Kroatisches Fürstengeschlecht in Hoch- und Spätmittelalter sowie der frühen Neuzeit, welches insbesondere die Kvarner Bucht südlich von Rijeka kontrollierte und mit Wehrschlössern befestigte. Architektonische Musterbeispiele findet man in der Kvarner Bucht von Bakar bis Novi Vinodolski sowie auf den Inseln.

• **Garibaldi:** Nach der Kapitulation des faschistischen Italien (1943) schlossen sich etliche der bis dahin für die Achsenmächte auf dem Balkan kämpfenden Italiener den Partisanen *Titos* im Kampf gegen die Deutschen an. Diese italienischen Einheiten wurden als „Division Garibaldi" bekannt und erlangten einiges Ansehen in den befreiten jugoslawischen Landesteilen. Ihnen zu Ehren findet man in einigen Städten Istriens eine „Ulica Garibaldi" (Garibaldi-Straße).

• **Gespanschaft:** Die Republik Kroatien ist administrativ in 20 Gespanschaften gegliedert, die etwa einem Bundesland bzw. Kanton entsprechen (die Stadt Zagreb bildet zusätzlich eine eigene Verwaltungseinheit). Der Begriff stammt aus der k.u.k. Zeit und wurde 1918 übernommen (Königreich der Serben und Kroaten), nach dem Zweiten Weltkrieg abgeschafft und 1992 reaktiviert.

• **Glagolitisch:** altslawische Schrift, die im 9. Jh. entwickelt wurde, um Bibeltexte ins Altslawische zu übersetzen.

• **Gregor von Nin (Grgur Ninski):** Hochmittelalterlicher Bischof (10. Jh.) der Stadt Nin sowie Zeitgenosse und Berater, später Kanzler des kroatischen Königs *Tomislav. Gregor* trat für die Erhaltung der slawischen Sprache (statt Latein) in den Gottesdiensten ein, wandte sich stets gegen den dominanten Klerus von Split und wird als eine Art erster kroatischer Freiheitskämpfer verehrt.

- **Histrer & Liburner:** Im Nordwesten des heutigen Kroatien, insbesondere in Istrien verbreitete regionale ethnische Gruppe der Illyrer des Altertums. Der Name der Halbinsel „Istrien" (lat. Histria) wird oft auf die dort einst ansässigen „Histrer" zurückgeführt.

- **Ikonostase:** dreiteilige, mit Ikonenbildern versehene Trennwand zwischen Altar und Kirchenhauptschiff in serbisch- und griechisch-orthodoxen Kirchen.
- **Illyrer:** Bedeutende indoeuropäische, staatlich organisierte Volksgruppe des Altertums, die im Nordwesten des Balkans und entlang der Adria beheimatet war; einzelne Stämme sind auch in Italien und sogar Griechenland nachgewiesen. Nach der Zeitenwende wurden die Illyrer schnell romanisiert; ab Mitte des 3. Jh. gingen zahlreiche römische Imperatoren („Zeit der illyrischen Kaiser", *Diokletian)* aus ihren Reihen hervor. Auf der Halbinsel Pelješac bei Dubrovnik wurde im Jahr 2000 in einer Höhle eine 8000 Jahre alte, unberührte Tempelstätte gefunden, deren Auswertung noch andauert. Die Annahme, dass ihre Herkunft in Mitteldeutschland (Lausitzer Kultur) liegt, blieb bislang ohne zwingende Beweise.

- **Konoba:** etwa Landgasthof, bietet i.d.R. „gutbürgerliche Küche" mit regionalen Spezialitäten und lokalen Weinerzeugnissen.

- **Lapidarium:** Für kleine Museen und Ausstellungen wird oft der Begriff Lapidarium verwendet. Es handelt sich dabei um Sammlungen steinerner Relikte (lat. *lapidarius* = steinern) wie Fußböden, Wandplatten oder andere Fragmente bzw. Bauteile (etwa Säulen).

- **Meštrović, Ivan** (*1883 in Otavice/Šibenik, †1962): Bildhauer und Urheber zahlreicher Büsten und Denkmäler in den Küstenorten Kroatiens. Er emigrierte wegen der italienischen Besatzung in die USA und gilt heute als bedeutendster kroatischer Vertreter des modernen Expressionismus und Neoklassizismus. Sein einstiges Atelier liegt in der Zagreber Altstadt (Gradec) in der Mletačka-Straße nahe des Markusplatzes.
- **Militärgrenze:** In der Zeit vom 16. bis 19. Jh. ein militärisch organisierter und mit zahlreichen Festungsbauten bestückter Landstrich an der türkischen Grenze Österreich-Ungarns (wurde 1849–1866 ein eigenes österreichisches Kronland). 1881 wurde die kroatisch-slawonische Militärgrenze mit Kroatien-Slawonien vereinigt. Die Grenzer waren örtliche Bauernsoldaten, die Wehrdienst in Grenzregimentern leisteten und dafür zu meist keine Abgaben zu entrichten hatten.

Polyptychon: Meist holzgeschnitzte, baldachinähnliche Kirchenaltäre oder Seitenschreine mit einer Vielzahl von Bildnissen christlicher Heiliger. Das äußere Erscheinungsbild eines Polyptychon ist dem einer Ikonostase nicht unähnlich, man geht daher von einem byzantinischen Ursprung aus. Der für Kroatien bedeutendste Künstler ist *Antonio Vivarini.*

Portikus: Von Säulen getragenes Vordach einer Kirche, Kathedrale oder Basilika, das häufig bei Sakralbauten byzantinischen Ursprungs zu sehen ist.

Sanmichele, Michele: Venezianischer Architekt, der Mitte des 16. Jh. im Auftrag der Dogenrepublik zahlreiche weltliche und geistliche Baudenkmäler in Nord- und Zentraldalmatien schuf (Zadar).

SFOR (Stabilisation Forces Of Restjugoslavia): Internationales Kontingent unter deutscher Beteiligung zur Überwachung des Daytoner Friedensabkommens in Bosnien-Herzegowina. Das deutsche Kontingent in Bataillonsstärke ist bei Sarajevo (Rajlovac) stationiert und untersteht dem Kommando der französisch-multinationalen DMNSE (Division Multinationale Sudeste) mit Hauptquartier in Mostar-Ortijes. Das Divisionsgebiet erstreckt sich von der Gegend um Sarajevo über Mostar bis zur kroatischen Grenze. Die SFOR-Truppen wurden 2005 von einer EU-geführten internationalen Truppe („Operation Athea") abgelöst.

Štrossmayer: Fast jeder größere Ort Kroatiens hat eine Hauptstraße mit dem Namen „Ulica Štrossmayera". Dahinter verbirgt sich *Josip Juraj Štrossmayer* (1815–1905), Bischof von Djakovo und Beichtvater Kaiser *Franz Josephs.* Er war ein Vordenker des Panslawismus (Streben nach Einheit aller Slawen von Russland bis Kroatien). Da aber hierzu die slawisch-orthodoxe und die römisch-katholische Kirche vereinigt werden mussten, war er ein Gegner aller die Kirchen trennenden Dogmen, v.a. der katholischen Theorie der unbefleckten Empfängnis, womit er in scharfer Opposition zum Papst stand (Erstes Vaticanum 1870).

Tesla, Nikola: In vielen kroatischen Gemeinden wird der Besucher auf eine Ulica N. Tesla (Nikola-Tesla-Straße) treffen, wobei es sich um den Erfinder und Elektroingenieur *N. Tesla* (1856–1943) aus Lika bei Gospić (Dalmatien) handelt. Der Sohn serbischer Eltern machte den Wechselstrom nutzbar und gilt auch in Kroatien als einer der bedeutendsten Serben des Landes.

Uškoken: Mittelalterliche Seeräuberbande, die sich gegen die türkische und die venezianische Fremdbestimmung auflehnte und entlang der norddalmatischen Küste mit Zentrum in Senj ihr Unwesen trieb.

sound))) trip®
in cooperation with
(((piranha)))
Neu im
REISE KNOW-HOW Verlag
REISE KNOW-HOW
Northern Africa
The Andes
Argentina
Australia
The Balkans
Barbados
Oriental Belly Dance
Northeast Brazil
Canada
Chile
China
Cuba
Finland
Iceland
India
Ireland
Japan
Mexico
New Zealand
Norway
Russia,
St. Petersburg
Scotland
South Africa
Switzerland
Turkey
Uruguay
Die Compilations der CD-Reihe sound))) trip stellen aktuelle, typische Musik eines Landes oder einer Region vor.
Jede CD 50–60 Min., 22- oder 46-seitiges Booklet.
Im Buchhandel erhältlich.
Unverbindl. Preisempf.:
EURO 15,90 [D]
Kostenlose Hörprobe im Internet.
www.reise-know-how.de

Register

A

B

C

D

E

F

G

H

I

J

K

L

M

N

Der Autor

Werner Lips, Jahrgang 1961, betätigte sich nach dem Studium der Ostsprachen und Geschichte in verschiedenen Bereichen: als Offizier im Balkaneinsatz, als Manager bei Markenunternehmen und Betriebsleiter in der Baunebenbranche, als Fachhochschuldozent für Sprachen und Kulturwissenschaften. Als gefragter Experte im Bereich Osteuropa/Asien beriet er wiederholt Fernsehen (WDR, VOX, ZDF/Arte) und Behörden. Der Taucher, Motorradfahrer und Trekker ist seit vielen Jahren intensiv über und unter Wasser rund um das Mittelmeer, dabei besonders in dessen Osthälfte, unterwegs auf der Suche nach interessanten Reisezielen. Kroatien bzw. Istrien fasziniert ihn landschaftlich, kulturell und in geschichtlicher Hinsicht, nicht zuletzt wegen der zahlreichen historischen Stätten, aber auch wegen der politischen Besonderheiten auf dem Balkan. Von ihm sind bei REISE KNOW-HOW auch Reisebücher zu Kroatien, der Kvarner Bucht, Dalmatien (Süd und Nord), Montenegro, Malta und Zypern (Süd und Nord) erschienen.

Danksagung

Zahlreiche Leserinnen und Leser trugen zur Verbesserung dieses Buches bei. Mein herzlicher Dank richtet sich dabei insbesondere an: *N. Hartge, M. Albrich & K. Bradl, M. Linke, K. Rosenfeld, P. Huber, A. Vilim, S. & B. Meier-Neiss, B. Carlson, Dr. D. Martin, S. Kagerer, B. Kier & F. Friedrich, S. Burkert, S. Hermann, Y. Dalferth, B. Schönegger, A. Kuck, M. Klotzbach, B. Patocka, T. Dipper, M. Jogwich, M. Kölbl, W. Guerten, H. Temmel und G. Zink.*